무슨 영화를 보겠다고

좋은 **영화**를 찾아 방황하는 히치하이커들을 위한 **유쾌한 안내서**

무슨
영화를
보겠다고

권오섭 최상훈 지음

오늘산책

무슨 영화를 보겠는가

지인들을 만나면 묻곤 한다.

"요즘 본 영화 중에 어떤 게 좋았어?"

대부분 최근 극장에서 본 영화들과 그 소감을 얘기한다. 그런데 질문을 살짝 바꿔서 "어떤 스타일 영화 좋아해?" 혹은 "인생 영화가 뭐야?"라고 물어보면 의외로 많은 이들이 쭈뼛쭈뼛 대답을 잘 못 한다.

최신 개봉작들을 줄줄이 꿰고 있고, 이른바 '핫한' 영화들은 캠코더로 찍은 해적판이라도 구해서 보고야 마는 영화팬들과 대화를 나누다보면, 우리에게 어쩌면 영화란 '취향'보다는 '유행'에 그 소비의 초점이 맞취져 있는 것이 아닌가 하는 생각도 든다.

사람들은 최신 드라마, 최신 히트곡, 최신 영화에 집착한다. 거리에 나가봐도 20년 전, 30년 전 자동차는 찾아보기 힘들다. 뭐든 새것이 미덕인 시대에 살고 있는 것이다.

초중고 시절부터 경쟁이 체질화되어버린 우리에게 시청률 높은 드라마를 못 보고, 최근 뜨고 있는 아이돌 그룹을 모르고 1천만 명이 본 영화를 놓쳤다는 건, 뭔가 뒤처졌다는 공포심과 불이익을 받을지 모른다는 불안함으로 다가온다. 그래서 다들 한다는 것 열심히 하고 살다가 어느 순간 '쿠궁' 하고 나 자신과 대면한다. 그 순간 도대체 나는 누구이며 무엇을 위해 살고 있는지, 무얼 진정으로 원하고 사랑하는지 알 수가 없는 심각한 형편을 맞닥뜨린다면 과연 누구를 탓하겠는가.

한국인들은 1년에 대략 대여섯 번쯤 극장을 찾는다고 한다. 그러나 21세기를 사는 우리에게 영화란 영화관에만 있는 것이 아니다. DVD, 케이블 TV, IPTV, 파일 다운로드 등 맘만 먹으면 손쉽게 동서고금의 그 어떤 영화도 손쉽게 감상할 수 있게 되었다.

부지불식간에 우리는 거대한 뷔페 레스토랑에 처음 와서 망연자실한 채 접시와 포크를 들고 서 있는 촌뜨기가 되어버렸다. 문제는 내 위장이 저 산더미같이 쌓인 음식 중 몇 가지만 소화할 수 있다는 사실. 이런 상황에서 뷔페를 제대로 즐기는 방법은 사람들이 퍼다 먹는 음식보다 내가 좋아하는 음식을 찾아 먹는 것일 테다.

영화도 그러하다.

나이가 들면서 나는 최신 영화를 보는 것보다 좋았던 영화를 한 번 더 보는 것이 훨씬 더 유용하다는 걸 깨달았다. 이 깨달음을 주변의 영화 애호가들에게 틈틈이 설파하고 공감도 얻은 김에 팟캐스트를 통해 좀 더 스피커를 키워보기로 했다. 팟캐스트 〈무슨 영화를 보겠다고〉는 그 모토 문자 그대로 '좋은 영화를 찾는 사람들을 위한 안내서'이다.

우리도 촌뜨기지만 뷔페 레스토랑을 처음 와본 친한 친구 촌뜨기를 코치하는 기분으로 주제를 고르고 탑10 리스트를 만들었다.

"이 집은 활어초밥이 맛있어."

"저 즉석 바비큐는 꼭 먹어보도록 해."

"김밥이랑 탕수육은 좀 별로야."

물론 당신이 초밥을 싫어하고 김밥을 좋아할 수도 있다. 그럼에도 이 식당에 이미 몇 번 와본 사람의 얘기가 도움이 될 터, 당신도 당신만의 메뉴를 만들어 또다른 촌뜨기들에게 가이드가 되어주었으면 한다. 그래서 영화 좀 압네 하는 누군가 "너 무슨 영화 좋아해?" 하고 물어오면 "응. 난 ○○장르랑 ××스타일이 좋더라." "△△감독의 90년대 영화들이랑 □□배우의 초기작들이 요즘 좋더라." 정도로 대답해 즐겁고 알찬 대화를 이어나갔으면 하는 바람이다.

2019년 4월
권오섭

일러두기

- 팟캐스트 〈무슨 영화를 보겠다고〉에서 꼽은 주제별 영화 TOP10 리스트를 10위에서 1위의 순서로 소개하였다.
- 영화의 제목은 국내 개봉 당시의 표기를 따랐으며, 그 아래에 원제를 실어두었다.
- 이 책의 외래어는 국립국어원이 정한 외래어표기법을 따랐으나 관용어로 굳어진 일부 표현은 예외로 하였다.
- 팟캐스트의 특징을 지면에서 최대한 살리기 위해 줄임말이나 구어, 신조어를 일부 허용하였다.

알고 보면 더 재미있는 책 속 코너 소개

- 무영보브로스 코멘트 : 〈무슨 영화를 보겠다고〉 팟캐스터들의 영화 그리고 수다 (이니셜 ㅇ = 오쌤, ㄱ = 김PD, ♣ = 최과장, ㅈ = 지누기)
- ABOUT과 BEHIND : 검색창이 알려주지 않는 영화에 관한 뒷담화
- WHY NOT : 최과장이 강력 추천하는 세 편의 번외 리스트

차례

〈무슨 영화를 보겠다고〉의 팟캐스터들

오샥(권오섭)

- 작곡가 / 프로듀서 / 칼럼니스트 / 대학교수
- 밴드 WERO의 리더
- 가요, 뮤지컬, 방송음악 등의 작사 작곡 및 프로듀싱으로 중견 음악가의 길을 걷다가 돌연 어린 시절 꿈이 영화감독이었다는 사실을 깨닫고 꿩 대신 닭, 영화 팟캐스트를 시작
  - 저서 : 〈무인도에 떨어져도 음악〉(시공아트)
  - 동덕여대 방송연예과 출강
- 곰 같은 외모 속 푸근한 반전 인품과 끝을 알 수 없는 문화적 통찰력으로 각 주제별 추천영화 TOP10 리스트를 선정하는 '무영보 호'의 캡틴
- 맛깔나는 글솜씨와 해박한 영화 지식의 소유자로, 이 책 본문을 씀

김PD(김동주)

- 현직 방송사 PD
- 여러 방송사에서 PD, 기자, 스포츠캐스터, 아나운서 등 다양한 직종을 섭렵해 온 프로페셔널 방송인이자 무영보의 간판 MC
- 오샥과 어린 시절부터 친구이자 앙숙으로 무영보의 앤타고니스트를 자처
- 뭐든 아주 조금씩 잘못 알고 있는 엉뚱함 속에서도 뚝딱뚝딱 문제 해결 능력과 넘치는 인간미, 남다른 의협심을 보여주는 매력파 의리남

- 얄팍과 비범을 오가는 모호한 깊이의 아마추어 영화 덕후지만, 럭비공처럼 튀는 '무영보 호'의 산만함을 특유의 차분함과 진지함으로 정리하는 숨은 조타수
- 외모에서는 상상이 어려운 섬세한 감수성을 지닌 감성 로맨티시스트로 일부 무영보 팬들에게 '사랑꾼'이라 불림
- 감성과 이성의 겸비자답게 이 책의 WHY NOT과 BEHIND, ABOUT을 집필

최과장(최상훈)

- 평범한 직장인인 듯 보이나 사실 끼 넘치는 재기발랄 만능맨
- 프로페셔널 요리사, 비디오자키, 래퍼, 뮤지컬 배우, 행사 진행자
- 무영보의 웃음코드를 생산하는 재간둥이지만 조금만 건드려도 툭하고 눈물샘이 폭발하는 이른바 '무영보 글썽 클럽' 회장, 공식 인증 울보. 오쌕, 최과장과 함께 대학시절 음악동아리 '쌍투스'에서 활동, 무영보의 막내로 걸핏하면 동네북이 되지만 의외로 섬세하고 날카로운 영화 시선을 자랑함. 영화 속 '옥의 티'를 찾아내는 데 혈안이 되는 경우가 많음

지누기(노진욱)

1

심장이 뻐근해지는
라스트 신
TOP10

윌리엄 셰익스피어의 「끝이 좋으면 다 좋아 All's Well that Ends Well」란 희곡이 있다. 400년이 흘렀어도 진리다. 인생만사가 대개 그렇다. 특히 영화에서는 더욱 그러하다. 예전엔 영화가 끝나면 친절하게도 웅장한 음악과 함께 '끝', 'The End', 'fine', 'Fin', '終' 등의 글씨를 커다랗게 화면에 박아준 덕에 '감상의 매듭'을 지을 수 있었다. 하지만 요즘은 영화가 끝났는데도 끝났는지 몰라 그저 엔딩 크레디트만 멍하니 바라보곤 한다. 왠지 억지로 만들어낸 듯한 '반전의 묘'가 오히려 작품성을 훼손하기도 하고 잔뜩 멋을 부린 세련됨이 과유불급의 안타까움을 자아내기도 일쑤다. 게다가 쿠키 영상에 NG 장면, 보너스 영상까지 확인해야 하니 21세기의 영화 관객들은 영 편치가 않다. 만드는 자와 보는 자가 서로 지략 대결이라도 하는 꼴이다. 다 자업자득이다.

영화란 모름지기 대단원과 라스트 신에 한껏 감동한 채 극장을 나서야 한다는 게 나의 다소 보수적이고 올드스쿨스러운 사고방식인 바, 이 생각에 대문호 셰익스피어 선생님도 끄덕이실 듯하다.

마지막 장면을 도무지 잊기 힘든 영화 열 편을 소개한다.

'마지막 장면만' 좋은 영화도 많지만 고르고 보니 전반적으로 모든 장면이 훌륭한 이른바 '대작'들이다. 대체로 콧잔등이 찡하고 여운이 오래가며 영화팬이라면 두어 번씩 봤을 영화들이기도 하다. 이 책을 시작하며 첫 번째 다룰 주제로 일부러 '마지막'을 골랐다.

끝이 좋으면 다 좋다는데 우린 시작부터 끝낼 생각을 했나 보다.

10⁺ 인생은 아름다워
Life is Beautiful. 1997 / Roberto Benigni

평생을 사랑만 하며 살다 간 한 이탈리아 남자의 이야기. 영화는 평화롭고 로맨틱한 전반부와 살벌하고 긴장타는 후반부로 나뉜다. 앞부분은 여인에 대한 사랑, 뒷부분은 아들에 대한 사랑으로 꽉 차 있다.

〈콰이강의 다리〉부터 〈쉰들러리스트〉까지 포로수용소를 소재로 한 영화들이 주는 재미와 감동은 결국 '희망'이라는 단어로 수렴하곤 하는데, 희망적이고 낙천적인 걸로 따지자면 〈인생은 아름다워〉의 귀도(로베르토 베니니)를 따라올 자 없어 보인다.

마지막 장면, 숨어 있는 아들에게 윙크를 찡긋 하고 우스꽝스럽게 '앞으로 가'를 시전하는 귀도의 부정父情과 희생에 관객들은 미소와 눈물을 동시에 경험한다.

다소 현실성 떨어진다는 비판이 있긴 하지만 제2차 세계대전 당시의 포로수용소와 나치의 유대인 학살을 다룬 이른바 홀로코스트 영화, 그 수많은 홀로코스트 영화 중에 이처럼 따뜻한 영화가 또 있을까?

관전포인트 아이를 키우는 아빠라면 필감

무영보브로스 코멘트

- ㅇ 죽음을 맞이하는 그 순간까지 사랑하는 아들을 안심시키려는 간절한 부정이 뻐근한 감동을 줘요.

- ㄱ 비극을 희극으로 풀어내니 더 비극적으로 느껴지지요?

- ㅊ 테스트를 통과하면 탱크를 선물로 준다는 아빠의 말이 현실로 이루어지는 순간 환호하는 아들의 표정이 더 먹먹하고 가슴 아프게 다가와요.

ABOUT __ 제목 'Life is Beautiful'의 유래

감독 로베르토 베니니에 따르면 이 아이러니한 영화 제목은 러시아 혁명가 레온 트로츠키(1879~1940)의 말에서 따온 것이라고.

러시아 사회주의 혁명의 주역이었지만 독재자 스탈린의 숙적이 되어 1929년 국외로 추방된 트로츠키는, 10여 년간 터키, 프랑스, 노르웨이, 멕시코 등 망명지를 떠돌며 암살 위협을 받고 있었다. 암살당하기 6개월 전, 힘겨운 시간을 보내고 있던 그가 정원에 있는 아내의 모습을 보면서 일기에 이렇게 적었다고 한다.

"그래도 삶은 아름답다."

09⁺ 어바웃 슈미트

About Schmidt. 2002 / Alexander Payne

예민하고 괴팍한 은퇴백수 워렌 슈미
트(잭 니콜슨). 그는 과연 누구를, 무엇
을 위한 인생을 살아왔을까? 가족이
란 무엇이고 친구란 무엇일까?
인간의 나약한 모습과 추악한 작태를
늘 감각적인 블랙코미디로 승화시키는
알렉산더 페인, 그의 이름을 비로소
전 세계에 알린 작품이다.

마지막 장면은 좌충우돌 여행을 마치
고 비로소 집에 돌아온 워렌의 서재이다. 지구 반대편 아프리카 탄자
니아에서 날아온, 한 번도 만난 적 없는 여섯 살짜리 꼬마의 크레용
그림. 그 그림을 보며 주룩주룩 눈물 흘리는 늙은 남자의 모습에 아둥
바둥 살아가는 우리의 오늘날이 데칼코마니처럼 겹친다.
우리는 과연 무엇을 위해 사는가?

관전포인트 어서 와, 잭 니콜슨의 '까칠하고 괴팍한 남자' 역은 이미 여
러 번째지?

무영보브로스 코멘트

o   인생은 어차피 혼자라며 큰 슬픔을 겪으면서도 울지 않던 그 남

자, 긴 여행을 마치고서야 비로소 눈물을 터트리지요.

★   제가 알렉산더 페인 감독을 좋아하는 이유는, 제아무리 우울한
     상황을 그리더라도 결코 바닥을 치지 않고 희망의 여지를 남겨
     둔다는 점 때문이에요.

BEHIND __ '어바웃 슈미트' 소설 원작자의 반응

이 영화의 원작은 1996년에 나온 루이스 베글리Louis Begley의 동명소설
이다. 영화화 과정에서 제목과 주연 캐릭터를 제외하고는 많은 부분이
달라졌지만 베글리는 원작 소설의 정신이 살아 있어 맘에 든다고 밝혔
다. 다만 소설에서 중요한 캐릭터였던 슈미트의 히스패닉 여자친구가 빠
졌다는 점은 아쉬워했다고. 어떤 캐릭터인지 궁금하다면 원작 소설을
사 보는 수밖에.

08⁺ 뷰티풀 마인드
Beautiful Mind. 2001 / Ron Howard

'게임이론'으로 유명한 노벨경제학상 수상자 존 내시(1928~2015)의 믿기지 않는 과거가 드라마틱하게 펼쳐지는 영화로, 대중이 좋아하는 소재 '불행한 천재'의 삶을 조망한다.

영화의 마지막 장면은 내시 박사가 노벨경제학상을 수락하는 연설이지만, 그보다 더한 감동은 바로 앞의 만년필 신에서 전해져온다. 버젓한 연구실도 없이 조현병과 씨름하는 그에게 교수들이 존경의 뜻으로 자신들의 만년필을 선사하는 모습에 영화를 보는 내내 느꼈던 안타까움과 동정심이 눈 녹듯 사라진다. '천재와 바보는 종이 한 장 차이'란 교훈과 함께 정신병을 극복하려면 주위 사람의 도움이 필수란 팁도 제공한다.

액션 스타인 줄로만 알았던 호주 배우 러셀 크로의 급부상. 그의 과대망상증 연기는 3년 후 받게 되는 오스카 연기상의 중요한 포석이 된다. 러셀 크로의 연기에 불만을 토로하는 사람들도 더러 있으나, 검투사에서 경제학자까지 폭넓게 소화할 수 있는 배우가 어디 흔한가?

관전포인트 영화의 부제는 '내조의 여왕'

무영보브로스 코멘트

ㅇ 뭐니 뭐니 해도 존 내시의 곁을 끝까지 묵묵히 지킨 아내가 일 등공신 아닐까요?

ㄱ 동료 교수들이 존경심을 담아 내시에게 만년필을 건네는 장면 은 언제 봐도 가슴이 뜨거워져요.

ABOUT __ 존 내시John Forbes Nash, Jr는 누구인가?

MIT와 프린스턴 대학에서 교수로 재직했고, 1950년 프린스턴 대학에서 박사학위 논문으로 제출한 '비협력 게임Non-Cooperative Games'으로 1994 년 노벨경제학상을 수상한 수학계의 석학이다. 논문 제출 시기와 노벨 상 수상이 무려 44년이나 차이가 나는 것은, 내시가 심한 조현병을 앓 는다는 이유로 오랜 기간 차별을 받아왔기 때문이다. 응용수학 영역인 '게임이론Game theory'에서는 그가 만든 '내시 균형Nash equilibrium●'이 매 우 중요한 개념으로 자리잡고 있다.

● 다른 경기 참여자의 대응 방식을 전제하고 각자 최선의 선택을 할 경우, 서로가 자신의 전략을 바꾸지 않는 균형 상태로 남게 된다는 이론.

07⁺ 왕의 남자

2005 / 이준익

연산군과 장녹수의 세기말적인 가학
놀음에 말려든 장생과 공길, 그들의
사랑과 우정 사이 그 무엇.
'시대극 스페셜리스트' 이준익 감독의
감수성에 동성애 코드가 더해졌다.
라스트 신, 두 광대가 줄타기에서 풀
쩍 뛰어오르는 명장면에 "너 거기 있
고 나 여기 있다."라는 단순하면서도
철학적인 명대사도 히트시켰다.

500년 전 이 땅의 연예인들은 어떻게 웃고 울고 놀았을까?

요즘이야 연예인을 동경하고 지망하는 분위기라지만, 불과 몇십 년 전
만 하더라도 이 땅의 부모들은 통기타를 부수고 화장품과 짧은 치마
를 압수해가며 자식들이 속칭 '딴따라'가 되는 걸 반대했다. 하물며
반상의 차별이 엄연했던 조선시대는 오죽했으랴. 그럼에도 불구하고
엔터테인Entertain의 본질과 속성은 그때나 지금이나 변한 것이 없다.

〈왕의 남자〉는 왕과 귀족에게만 맞춰지던 사극의 포커스를 천대받는
광대에게로 옮겼다는 것만으로도 평가받을 가치가 있다. 21세기 대한
민국 '사극영화 르네상스'의 신호탄을 쏘아올린 작품이기도.

관전포인트 '장녹수 강성연'보다 예쁜 '공길 이준익'의 여자 연기

무슨 영화를 보겠다고

무영보브로스 코멘트

o 쇼비즈니스 업계에 있는 딴따라들에게 이 영화는 남의 얘기로 만 볼 수 없어요. 그래서 더 먹먹하죠.

ㄱ 실제로 보면 남사당패 줄타기가 정말 긴장감이 넘치거든요. 그런 긴장감을 영화에 잘 녹여낸 점이 인상적이에요.

ABOUT __ 〈왕의 남자〉의 원작 연극 〈이爾〉

조선왕조실록 중 연산군일기에 '공길'이라는 이름이 등장한 것을 창작의 모티프로 삼아 2000년 초연된 김태웅 작가의 연극 작품이다.

> 배우 공길이 늙은 선비 장난을 하며 아뢰기를 "전하는 요·순과 같은 임금이고 저는 고요皐陶와 같은 신하입니다. 요·순은 항상 있지 아니하나 고요는 항상 존재합니다." 또 논어를 외워 말하기를 "임금은 임금다워야 하고, 신하는 신하다워야 하고, 아비는 아비다워야 하고, 아들은 아들다워야 한다. 임금이 임금답지 못하고 신하가 신하답지 못하면 곡식이 있더라도 어찌 먹을 수 있으랴?" 왕이 이를 불경에 가깝다 여겨 곤장을 치고 멀리 유배하였다. (연산군 11년 12월 29일)

'이'는 조선시대 왕의 신하를 높여 부를 때 사용하던 호칭이다. 극중 천한 광대 출신인 공길이 벼슬을 얻어 임금에게서 '이'라는 호칭을 듣게 되었다.

06⁺ 쇼생크 탈출

The Shawshank Redemption. 1994 / Frank Darabont

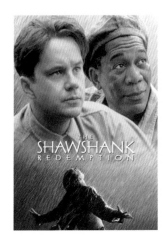

이른바 '탈출에픽'의 새로운 고전. 〈몬테크리스토 백작〉, 〈빠삐용〉에서 〈프리즌 브레이크〉, 〈7번방의 선물〉까지 우린 끊임없이 자유를 찾아 탈출을 꿈꿔 왔다. 〈쇼생크 탈출〉은 탈출영화란 장르를 넘어 동서고금 남녀노소를 불문하고 20세기 가장 사랑받는 영화 중 하나가 되었다. 평론가들이 뭐라 하든 수많은 관객과 네티즌들이 이 영화를 자신의 인생영화라 꼽는 덕에 '최고의 영화' 투표나 설문을 하면 늘 상위권을 차지하곤 한다.

탈출영화답게 억울하게 감옥에 갇힌 무고한 사람이 주인공이란 클리셰는 피할 수 없었지만, 팀 로빈스의 죄수답지 않은 우아함과 젠틀함, 조연인 모건 프리먼의 명품 연기와 내레이션으로 영화는 무난히 명작의 반열에 올랐다.

멕시코의 해변에서 앤디와 레드가 해후하는 모습을 멀찍이 보여주며 줌아웃되는 라스트 신은 언제 봐도 아름답고 흐뭇하다.

관전포인트 죄수들이 옥상에서 앤디 덕분에 맥주 마시는 신. 그때 함께 마셔보자, 차가운 맥주. 진짜 맛있다.

무영보브로스 코멘트

o '자유란 무엇인가'라는 질문에 대한 심오한 통찰이 느껴져요. 레드(모건 프리먼)에게는 앤디(팀 로빈스)가 자유 그 자체 아니었을까요?

ㄱ 레드는 나중에 감옥에서 출소한 후에도 자유롭지 못해요. 반면 앤디는 감옥 안에 갇혀 있을 때조차 자유로운 사람이라는 느낌이 들죠.

★ 앤디가 방송실에 들어가 문을 걸어 잠그고 모차르트의 '피가로의 결혼'을 트는 장면이 기억에 남아요. 마치 제가 그 수감자들 사이에 멍하니 서 있는 것 같았지요.

BEHIND __ 모건 프리먼이 팔걸이를 하고 나타난 이유

교도소 운동장에서 앤디와 레드가 캐치볼을 하면서 대화하는 장면은 무려 아홉 시간에 걸쳐 촬영했다고. 당시 50대 후반이었던 모건 프리먼은 한 마디 불평도 없이 촬영에 임했다는데, 결국 이 미련한 열정으로 인해 다음 날 촬영장에 팔걸이를 한 채 나타났다고 한다. 이렇게 열정을 쏟은 만큼 모건 프리먼은 자신의 수많은 작품 가운데 가장 좋아하는 작품으로 바로 이 영화를 꼽는다고.

05⁺ 피셔 킹

The Fisher King. 1991 / Terry Gilliam

말 한 마디 잘못 했다가 자신을 포함해 여러 사람의 인생을 망쳐버린 인기 디제이 잭 루카스(제프 브리지스). 삽시간에 나락으로 굴러 떨어졌지만 떨어진 그곳도 그리 호락호락하지는 않다. 의욕을 상실한 잭은 백수건달로 살고 싶어하지만 그를 사랑하는 앤(메르세데스 룰)과 친구들의 도움으로 인생 리셋 작업이 시작된다.

죄와 벌, 그리고 용서에 대한 테리 길리엄 감독의 비범한 시선이 제프 브리지스와 로빈 윌리엄스의 압도적인 연기력과 만나 명작을 탄생시켰다. 특히 트라우마 후 강박과 망상에 시달리다가 노숙자로 전락한 대학교수 역을 해낸 로빈 윌리엄스는 코미디 전문 배우라는 꼬리표를 떼어버리기에 충분한 퍼포먼스를 보여준다.

뉴욕 맨해튼 밤하늘에 불꽃놀이가 펼쳐지며 흐르는 해리 닐슨의 'How About You'는 다소 우울했던 전반적인 영화 분위기와는 다르게 더없이 행복한 라스트 신을 선사한다.

관전포인트 앤 나폴리타노. 누가 이 여자에게 돌을 던지랴.

무영보브로스 코멘트

o　상처받은 두 남자가 부둥켜안고 서로를 치유해가는 과정이라고 할 수 있겠네요.

BEHIND __ 그 유명한 그랜드 센트럴역 왈츠 장면은 어떻게 찍었나?

리디아(아만다 플러머)에게 한눈에 반한 패리(로빈 윌리엄스)를 묘사하는 판타지 장면은 참으로 매력적이다. 두 사람을 중심으로 지나가는 모든 사람들이 왈츠를 추기 시작하는 이 환상적인 신은 맨해튼에 있는 그랜드 센트럴역에서 촬영되었다. 우리로 따지면 서울역 같은 곳이라 늘 인파가 북적이는데, 촬영을 위해 저녁 8시부터 다음 날 새벽 5시 30분까지 역사를 통제했다고 한다. 금쪽 같은 시간과 장소를 빌린지라 엑스트라 400여 명이 밤새도록 돌아가는 미러볼 불빛 아래서 왈츠를 추고 추고 또 추어야 했다. 실제로 새해가 되면 이곳에서는 오케스트라가 연주를 하고 지나던 사람들이 왈츠를 추기도 한다고.

04⁺ 여인의 향기
Scent of a Woman. 1992 / Martin Brest

존슨 대통령의 참모로 승승장구하다가 사고로 시력을 잃은 군인 프랭크 슬레이드(알 파치노). 그는 비루하게 사느니 있는 돈 다 쓰고 생을 마감하겠다며 여행을 떠난다. 영문도 모르고 이 여행의 도우미 알바로 동행하게 된 착하고 심지 있는 고교생 찰리 심즈(크리스 오도넬)는 명문 사립학교에서 나름 중대한 사건에 휘말려 곤궁한 처지다.

영화는 자신만의 '구덩이'에 빠져 허우적대는 두 사람이 이 마지막 여행을 통해 서로에게 결정적인 '구원자'가 되어주는 이야기다. 〈여인의 향기〉는 그래서 버디영화이자 로드무비이다.

다작은 하지 않지만 출연하는 영화마다 강렬한 카리스마를 보여주는 알 파치노가 마이클 코를레오네와 토니 몬타나 같은 조폭 두목의 그림자에서 벗어나 비로소 연기력을 인정받은 영화이기도 하다(범죄자에서 실패자 혹은 낙오자로 소폭 상승?).

마지막 장면, 알 파치노의 길고 긴 연설은 그야말로 명불허전.

관전포인트 슬레이드 중령의 두 종류 운전 솜씨 '페라리와 탱고'

무영보브로스 코멘트

- ○ 인생 꼬인 시각장애 퇴역장교와 고딩 알바생 간 의외의 케미폭발.
- ㅈ 영화 속 알 파치노의 칼로 베는 듯한 목소리는 시간이 흘러도 언제든 기억해낼 수 있지요.

BEHIND __ 전설적인 탱고 장면의 탄생

시각장애인인 프랭크 슬레이드(알 파치노)가 호텔 레스토랑에서 마주친 도나(가브리엘 앤워)와 음악에 맞춰 즉석으로 탱고를 추는 모습은 영화사에 길이 남을 명장면이다. 이 장면을 위해 알 파치노와 가브리엘 앤워는 2주간 함께 맹연습을 했고, 총 3일에 걸쳐 정성을 다해 촬영했다. 가브리엘 앤워의 도나Donna라는 극 중 이름은 이탈리아어로 여인woman이란 뜻이다. '여인의 향기'라는 제목과 그야말로 '깔맞춤'.

03⁺ 시네마 천국

Cinema Paradiso. 1988 / Giuseppe Tornatore

이탈리아의 한 시골마을 〈시네마 파라디소〉 극장의 영사기사 알프레도와 무비키드 토토. 두 사람의 나이를 초월한 우정, 전쟁 후 선량한 백성들이 겪어야 했던 혼란과 빈곤, 성질 급하고 화끈하지만 인심은 좋은 것이 우리와 무척 닮은 반도나라 이탈리아에 사는 사람들의 순수함, 그리고 마지막 장면에 흐르던 엔니오 모리코네의 테마 음악과 그 유명한 키스 신 메들리. 이 모든 걸 예쁘게 담아낸 주세페 토르나토레 감독(그러나 나중에 나온 감독판은 사족이 너무나 거대해서 안 보는 게 차라리 나을 수도).

〈시네마 천국〉과 주세페 토르나토레는 슬럼프에 빠진 이탈리아 시네마의 구원투수 역할을 훌륭히 해냈고 펠리니, 안토니오니, 제퍼럴리, 베르톨루치 등 이탈리아를 빛낸 선배들의 명맥을 이었다.

제2차 세계대전 직후 이탈리아 시골마을에서 영화는 누군가에게 문화생활의 모든 것이었다. 지금 21세기 대한민국에서도 누군가에겐 그러하다.

관전포인트 R.I.P. 필립 느와레

무슨 영화를 보겠다고

무영보브로스 코멘트

- **ㅇ** 동네 한가운데에 있던 오래된 극장이 허물어지는 것을 바라보는 사람들의 망연자실한 표정에 마치 내 추억의 한 귀퉁이도 함께 허물어지는 것 같았어요.

- **ㄱ** 1980년대, 어둡고 칙칙했던 그때의 극장을 정말 좋아했어요.

- **★** 우리 추억 속에도 수많은 문화 공간들이 있는데, 대한민국이란 개발공화국에 살면서 너무 쉽게 사라져버린 것만 같아요.

BEHIND __ 알프레도가 프랑스 사람이라고?

이탈리아 한 작은 극장의 영사기사 알프레도 역을 맡은 배우 필립 느와레Phillippe Noiret는 사실은 프랑스를 대표하는 배우 중 한 명이다. 이탈리아어로 만들어진 이 영화의 촬영 현장에서 필립 느와레는 모국어인 프랑스어로 연기를 했다. 다만, 개봉을 위해 이탈리아 배우 비토리오 디 프리마Vittorio Di Prima가 후시 녹음을 했고, 프랑스어 버전에서만 필립 느와레 본인 목소리를 더빙해 개봉했다. 더빙문화가 일반적인 이탈리아라 가능했던 일.

02⁺ 디어 헌터

Deer Hunter. 1978 / Michael Cimino

베트남 전쟁을 다룬 영화 중 처음으로 아카데미 작품상을 받은 영화(다른 하나는 9년 뒤 개봉한 올리버 스톤의 〈플래툰〉이다). 오스카 트로피로 거실 인테리어가 가능한 대배우들, 로버트 드 니로와 메릴 스트립, 그리고 크리스토퍼 월켄의 젊고 파릇파릇한 모습이 고스란히 담겨 있다.

〈디어 헌터〉는 미국이 패한 베트남 전쟁을 통해 전쟁 영웅, 무용담, 영광적 승리 등으로 전쟁을 미화했던 이전의 영화 관행에 종말을 고한 영화이기도 하다.

권총을 머리에 대고 방아쇠를 당기는 러시안룰렛 신들은 너무나 충격적이고 스릴 넘쳐서 지금 봐도 심장이 쫄깃쫄깃해진다.

비록 전쟁에선 살아 돌아왔지만 사랑과 우정, 그리고 자신의 삶에 치명상을 입은 드 니로의 우수에 찬 눈빛이 잊히지 않는 영화이기도.

라스트 신, 살아남은 자들이 부르는 미국의 국민가요 'God Bless America'가 찬가가 아닌 레퀴엠이 되어 귓가를 맴돈다.

관전포인트 긴 긴 결혼식 장면 버티기. 참는 자에게 복이 온다.

무영보브로스 코멘트

o 전쟁의 고통을 온몸으로 감당해내고 허망하게 세상을 등진 친
   구를 기억하는 친구들의 나지막한 노래가 비통하게 느껴져요.
   로버트 드 니로가 사슴을 결국 쏘지 못하는 것은 마치 그것이
   자기 친구나 자기 자신처럼 느껴져서가 아닐까요.

BEHIND __ 드 니로 얼굴에 침을 뱉어라

닉(크리스토퍼 월켄)이 러시안룰렛을 앞두고 마이클(로버트 드 니로)의 얼
굴에 침을 뱉는 장면은 원래 계획에 있던 것이 아니라 크리스토퍼 월켄
이 생각해낸 애드립이었다. 치미노 감독은 월켄의 아이디어를 듣고 배우
에게 권한을 일임했고, 예상 못하던 타액 세례에 매우 당황한 드 니로의
반응은 영화에서 그대로 확인할 수 있다.

이 장면을 촬영하자마자 드 니로는 버럭버럭 화를 내며 세트를 떠났고,
치미노 감독은 "정말 배짱 있네!"라며 월켄을 칭찬했다고.

01⁺ 빌리 엘리어트

Billy Elliot. 2000 / Stephen Daldry

'열정이란 무엇인가?' 그 질문에 대한 해답을 유쾌하고도 먹먹하게 보여주는 영화.

1980년대 중반 영국 마가렛 대처 시절의 폐광정책과 광산노동자 파업 현장. 그 한가운데 빌리와 그 가족이 서 있다. 상당히 불우한 환경이지만 열한 살 소년 빌리는 티렉스의 노래 가사처럼 '마냥 춤이 좋아' 춤을 춘다.

궁지에 몰린 가족은 어머니의 유품인 피아노를 땔감으로 태우고 탄광은 결국 문을 닫는다. 빌리의 현실은 점점 팍팍해진다(그런데 학원과 성적표, 입시로 점철된 삶을 사는 지금의 우리 아이들이 그 시절의 빌리보다 훨씬 더 불쌍해 보이는 건 왜인지).

권투 레슨을 받는 줄로만 알았던 아들이 여자아이들 틈에 섞여 발레를 배우는 걸 알게 된 아버지의 '깊은 빡침'이 빌리의 즉흥 댄스를 보고 '깊은 깨달음'으로 변하는 모습은 영화의 백미.

14년 후의 마지막 장면, 우리는 대사 한 마디 없는 빌리를 한눈에 알아볼 수 있다. '심쿵'이란 이럴 때 쓰는 말이다.

관전포인트 차이코프스키와 티렉스

무영보브로스 코멘트

- 별다른 설명 없이도 '백조의 호수' 음악에 맞춰 하늘로 솟구쳐 오르는 저 발레리노가 빌리라는 걸 누구라도 눈치챌 수 있지요. 가난 속에서도 열정을 잃지 않았던 빌리의 도전이 우리에게 희망의 메시지를 던져줘요.

- 라스트 신의 '백조의 호수'는 오리지널 작품이 아닌, 무용계의 이단아 매튜 본이 새롭게 창조한 '백조의 호수'예요. 오리지널 작품과 달리 남자 무용수로만 구성해 현대적으로 재해석한 작품이지요. 빌리가 여전히 미답의 영역을 향해 도전을 멈추지 않고 있음을 암시하는 장면이네요.

BEHIND __ 칸 영화제 헷갈렸던 '댄서'들

2000년 칸 영화제에서 황금종려상을 받은 작품은 라스 폰 트리에 감독의 〈어둠 속의 댄서Dancer in the Dark〉이다. 〈빌리 엘리어트〉도 마침 같은 영화제에 출품되어 있었는데 당시 출품된 최초의 제목이 〈어둠 속의 댄서〉와 비슷한 〈댄서Dancer〉였다. 비슷한 제목 때문에 황금종려상 수상 결과를 오해한 유니버설 스튜디오 측이 〈빌리 엘리어트〉의 감독과 프로듀서, 작가에게 축하 전화를 하는 해프닝이 있었고, 제작진은 그제야 문제의 심각성을 느껴 비로소 우리가 아끼고 사랑하는 이름 〈빌리 엘리어트〉를 최종 제목으로 정했다고 한다.

뭐, 〈빌리 엘리어트〉가 황금종려상을 받았어도 아무도 이의를 제기하지 못했겠지만서도.

최과장의
WHY NOT

그랜 토리노

Gran Torino. 2008 / Clint Eastwood

미국의 보수주의를 대표하는 위대한 배우이자 위대한 연출가, 클린트 이스트우드. 어느 순간부터 그의 작품들은 그가 세상에 미리 남겨두는 유언이 아닌가 하는 생각이 든다. 그만큼 한 편 한 편이 진지하고 신중하다.

베트남 참전용사이자 매우 보수적이고 까칠한 월트(클린트 이스트우드)가 옆집으로 이사 온 베트남계 이민자 소년에게 꽉 닫혀 있던 마음을 열기 시작하고, 동네 갱들에게 괴롭힘을 당하던 그 소년을 대신해 결국 목숨까지 바친다. 그리고 평생 애지중지 아끼며 차고에 모셔놓았던 72년산 '그랜 토리노'를 소년에게 남긴 월트. 그 차를 몰고 가는 소년의 뒷모습에 클린트 이스트우드가 직접 부른 '그랜 토리노' 음악이 흐르기 시작하면, 그 묵직함에 아마도 음악이 끝날 때까지 정지화면처럼 멈춰 있어야만 할 것이다.

굿바이

おくりびと 2008 / Yojiro Takita

오케스트라에서 첼리스트로 활동하던 남자는 어린 시절 아버지에게 버림받았다는 남모르는 상처를 안고 있다. 어느 날 활동하던 오케스트라에서 해고되고 실업자가 되어 고향마을로 내려간 그는, '나이 무관! 고수익 보장!'이라는 구인광고를 보고 한 여행사에 면접을 보러 간다. 알고 보니 그곳은 여행사가 아니라 장의사 사무실. 처음에는 모든 게 불편하고 힘들었지만, 인생의 마지막 여행을 떠나는 사람들을 누구보다 정성스럽게 배웅하는 장의사의 모습에 감동을 받으며 자신도 모르게 점점 그 일에 빠져든다.

그런 그가, 외롭게 살다 세상을 떠난 아버지의 시신을 직접 염하기 시작하면서 기억 속 지워버렸던 어린 시절 아버지와의 시간을 기억해내는 라스트 신은 눈물 쏙 콧물 쏙.

대부 3
The Godfather Part lll. 1990 / Francis Ford Coppola

대부 1, 2편 이후 약 20여 년이나 흘러 제작된 3편에 대해서는 혹평이 쏟아졌다. 그러나 시간의 켜가 쌓인 후 다시 돌아보니 결국 3편이 있었기에 대부 시리즈가 비로소 완성될 수 있었다는 깨달음이 온다.

자신을 노린 암살범의 총탄에 맞아 쓰러진 딸 메리를 부둥켜안고 소리조차 나지 않는 비명을 내지르는 알 파치노의 모습 위로 오페라 〈카발레리아 루스티카나〉의 '인터메조'가 흐른다.

음악이 고조되는 동안 시칠리아에서 결혼한 첫 아내, 두 번째 아내 케이, 그리고 사랑하는 딸 메리와 춤추는 모습이 차례로 오버랩되다가 아무도 없는 마당에서 쓸쓸히 쓰러져 죽어가는 늙은 대부…. 그 모습을 보며 어찌 연민의 정을 느끼지 않을 수 있으랴.

2

눈물샘 고갈되는
최루탄 영화
TOP10

'공감'은 인간만이 가지는 숭고한 감정이다.

가족과 친구의 고민에 함께 괴로워하고 타인의 불행에 눈물 흘리는 것이 이상하다고 느껴진다면 그 사람은 소시오패스일 가능성이 높다. 빙판길에서 미끄러져 엉덩방아를 찧은 사람을 보며 깔깔 웃다가도 혹시 다치진 않았는지 걱정스런 마음이 드는 건 공감의 인간성이 작동하기 때문일 것.

영화는 공감의 예술이다.

"그 영화 정말 슬퍼." "너 울었어? 어느 장면에서 울었어?"

이른바 '눈물지수'는 우리가 영화를 판가름하는 중요한 잣대이다.

눈물은 아프거나 슬플 때만 나오는 것이 아니다. 올림픽 시상식장에서 흐르는 애국가와 펄럭이는 태극기의 조합, 광화문 광장에 모여 "대한민국!"을 연호하는 사람들의 함성소리는 감동과 환희의 눈물을 선사한다. 영화는 이 모든 종류의 눈물을 압축하거나 확대해서 경험하게 해준다. 우리는 주인공이 불쌍해서 울고, 사랑스러워서 울고, 멋있어서 울고, 답답해서 운다.

'남자는 눈물을 보이지 않는다'는 봉건시대의 고정관념에 사로잡힌 대한민국의 뭇 남자들도 이제는 그만 좀 참고, 울고 싶을 땐 맘껏 울 수 있었으면 좋겠다. 그 연습을 하기에 가장 좋은 것이 바로 영화다. 자신의 감정을 다스리고 잘 참는 사람은 훌륭한 인간이지만 감정에 충실하고 솔직한 사람은 사랑스러운 인간이다.

무영보에서 추천한 영화들을 보고도 눈물이 나지 않는다면 당신은 어쩌면 소시오패스일지도.

10⁺ 우리들의 행복한 시간

2006 / 송해성

불행하고 끔찍한 어린 시절을 겪은 두 남녀.

사랑과 행복은 이 둘에게 멀고도 먼 사치 같아 보이지만 결국 상처 입은 두 영혼은 짧고도 진한 소통에 성공한다.

설정이 다소 비현실적이고(우리나라는 사실상 사형폐지국) 신파스럽지만 활동량에 비해 관객 호감도가 월등히 높은 두 배우, 강동원과 이나영이 던지는 눈물 폭탄에 많은 이들이 피해(?)를 입었고 영화팬들에게 '우행시'란 애칭도 얻었다.

〈파이란〉으로 먹먹하고 묵직한 감동을 선사한 송해성 감독은 〈우행시〉로 21세기에 한국형 멜로영화가 살아남는 법을 보여준다.

관전포인트 미남 미녀 강동원 이나영의 '안 멋있게 보이기'

무영보브로스 코멘트

o 두 주인공이 면회소에서 매주 만나는 날이 바로 목요일이지요. 큰 상처를 가진 두 남녀가 마음을 열고 서로의 상처를 치유하는 이야기와 영어 제목 'Maundy Thursday'(성목요일)가 참 잘

어울리는 것 같아요.

- ㄱ 눈물샘을 폭발시키는 극적 장치가 여기저기 지뢰처럼 설치되어 있어서 주의가 필요합니다. 한 대 얻어맞기 십상.

- ★ 송해성 감독의 또다른 작품 〈파이란〉도 최루탄 영화지요. 다만 〈우행시〉는 눈물샘을 한번에 폭발시키는 반면, 〈파이란〉은 감정을 분산시키고 천천히 누적시켜 먹먹한 느낌을 준다는 차이점이 있네요.

ABOUT __ 영어 제목 'Maundy Thursday'의 의미

영화 '우리들의 행복한 시간'의 영어 제목 'Maundy Thursday'는 성경에 기록된 예수의 수난 전날, 최후의 만찬과 제자들의 발을 씻긴 세족식이 거행된 성주간의 목요일을 의미한다. 'maundy'는 '세족식'이란 뜻이다. 기독교에서 '세족洗足'은 육체의 정결뿐 아니라 정신과 영혼의 정결을 가져다주는 행위로 여겨진다. 시간의 끝이 정해진 두 남녀가 마치 서로의 발을 씻어주는 것처럼 깊은 공감과 치유를 나눈다는 점에서 잘 어울리는 제목. 다만 발음에 주의해야 한다. 경상도 악센트는 금물.

09+ 아이 엠 샘

I am Sam. 2001 / Jessie Nelson

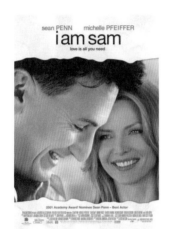

예리하고 도시적이며 나쁜 남자 이미지를 지닌 숀 펜이 이른바 '바보 연기'에 도전한다.

스타벅스에서 일하고 비틀즈를 사랑하는 발달장애인 샘과 아빠보다 지능지수가 몇 배는 높아 보이는 딸 루시. 이 둘이 함께 살기 위해 세상과 벌이는 싸움이 문자 그대로 '눈물겹다'.

숀 펜의 바보 연기 도전은 지나칠 정도로 성공적이어서 후속작인 〈미스틱 리버〉, 〈21그램〉 등의 심각한 캐릭터에 그 모습이 겹쳐 보일 정도였다. 미셸 파이퍼, 다이안 위스트의 조연도 좋았지만 신데렐라처럼 등장한 다코타 패닝의 '똑소리 나는' 귀여움과 가공할 연기력이 단연 발군(패닝은 이 영화 이후 성인이 되기 전까지 짧고도 굵은 전성기를 구가하고 그 배턴을 동생인 엘르 패닝에게 넘긴 듯 보인다). 평론가들은 신파네 구식이네 입을 모았지만 그들도 아마 눈물을 찔끔거렸을 것.

관전포인트 비틀 마니아라면 지나칠 수 없는 OST

무영보브로스 코멘트

o 낮은 지능을 가진 어머니 밑에서 훌륭하게 성장한 의사 블레이
   크 박사(메리 스틴버겐)가 양육권 재판에서 '믿음과 사랑만 있다
   면 충분히 양육할 수 있다.'라고 증언한 것이 인상적이었어요.
   그 증언이 끝나자 재판석 앞으로 나가 그녀를 꼭 끌어안는 샘
   의 순수함과 딸에 대한 사랑이 큰 감동으로 다가왔어요.

* 어쩌면 부끄럽게 여겨질 수도 있는 바보 아빠를 무조건적으로
   따르다 못해 가끔은 마치 보호자처럼 행동하는 어린 딸이 참
   기특하지요?

BEHIND __ 〈아이 엠 샘〉에 나타난 비틀즈 오마주

'비틀 마니아' 샘에 관한 이야기를 다룬 만큼 영화에서 비틀즈에 관한
여러 상징을 곳곳에서 찾아볼 수 있다. 다코타 패닝의 극 중 이름 루시
다이아몬드는 비틀즈의 노래인 'Lucy in the Sky with Diamonds'에
서 가져온 것이고, 미셸 파이퍼의 극 중 이름 리타 해리슨도 비틀즈 노
래 제목 'Lovely Rita'와 비틀즈 멤버 조지 해리슨의 성을 합성해 만든
이름이다. 샘, 루시와 샘의 친구들이 풍선을 들고 길을 건너는 장면은
비틀즈 앨범 'Abbey Road'의 그 유명한 표지 사진의 오마주. 숀 펜은
진짜 비틀즈 음악을 OST로 사용하고 싶었으나 권리 확보에 실패하자,
다양한 아티스트들에게 영화에 삽입할 노래들을 리메이크해 달라고 요
청했다. 오리지널 곡을 염두에 두고 만든 영화의 장면들과 타임라인을
맞추기 위해, 이 OST 프로젝트에 참여한 모든 아티스트들은 원곡과 동
일한 템포(BPM)를 적용하느라 진땀을 뺐다고.

08⁺ 에브리바디스 파인

Everybody's Fine. 2009 / Kirk Jones

부모와 자식 간의 애환은 동서고금이 다르지 않다.

자식 넷을 출가시키고 은퇴해 살다가 아내를 여읜 프랭크(로버트 드 니로). 그는 자식들이 저마다 핑계를 대고 자기를 보러 오지 않자 의사의 경고도 뿌리치고 직접 아들딸들을 방문하러 먼길을 나선다. 뉴욕, 시카고, 덴버, 라스베이거스를 차례로 들르며 죽은 아내가 딱히 얘기해주지 않았던 자식들의 구질구질한 민낯을 목도한다. 나름 로드무비다.

로버트 드 니로의 늙고 추레한 모습이 안 그래도 슬픈 영화를 더욱 울적하게 만드는 데다가 마지막 병원 복도에서 아버지에게 "아빠 잘못이 아니에요."라고 말하는 큰아들 데이비드의 모습에 그만 참았던 눈물이 터진다.

오리지널인 주세페 토르나토레 감독의 2001년 작품은 필수, 2016년 중국판 리메이크는 선택.

한국식 리메이크도 나왔음 좋겠는데….

관전포인트 자식들의 모습이 꼬마로 돌아가는 회상 신

무영보브로스 코멘트

○ 아버지 돌아가신 지 얼마 안 돼서 어떤 영화인지도 모르고 봤다가 큰 낭패를 당했어요. 영화 보면서 이렇게 운 것이 신통하기도 하고 억울하기도 해서 우리 형제들에게 '이 영화 진짜 재밌다. 꼭 봐라.' 하고 추천 문자를 날렸지요. 물론 나중에 큰 원망을 듣긴 했습니다만. 하하.

✱ 아버지와 자식 사이는 가깝기가 쉽지 않은 것 같아요. 물론 지금은 많이 달라졌지만, 과거의 아버지들은 늘 밖에 있는 사람이었고, 그런 아버지와 자식을 이어준 건 '아내이자 엄마'라는 존재였죠. 그 매개체가 사라지고 나서 스스로 관계를 이어가려 하니 간극이 상당했던 거지요.

BEHIND __ 아버지의 '전화' 디테일

성인이 되어 독립한 네 명의 자녀를 둔 늙은 홀아비 프랭크(로버트 드 니로)의 캐릭터를 잘 설명하는 작은 디테일. 고지식하고 시대에 뒤떨어진 아버지임을 은근히 드러내듯 영화 내내 프랭크는 뿔뿔이 흩어져 사는 자식들에게 휴대전화가 아닌 유선전화만 사용한다. 반면 자녀들은 하나같이 휴대전화로만 통화한다. 영화를 볼 땐 쉽게 인지하기 어려운 작은 디테일이지만, 커버린 자식들과 어느새 멀어져버린 아버지가 느끼는 마음의 거리를 테크놀로지 활용도에 빗대어 효과적으로 표현했다.

07⁺ 천국의 아이들
Children of Heaven. 1997 / Majid Majidi

한국과 일본에서 각각 큰 인기를 끌었던 애니메이션 〈검정고무신〉과 〈마루코는 아홉 살〉은 아이들의 눈을 통해 1960-70년대를 되돌아본 아련한 추억과 기억의 단편들이었다. 〈천국의 아이들〉은 그런 '순수함과 가난함'의 실사 버전이다. 무엇보다 페르시아인들의 순박함이 놀랍다. 영화에서 삼사십 년 전 우리의 모습도 떠오르고, 우리도 가난과 순수함을 벗어난 지 그리 오래되지 않았다는 걸 새삼 깨닫게도 된다.

동생을 위해 달리고 또 달리는 이란 소년의 모습에 영악하고 자기중심적인 요즘 아이들이 겹쳐 보이며, 짧은 시간 동안 우리가 얼마나 이기적인 동물이 되었나 싶어 몸서리가 쳐진다.

각종 국제 영화제나 시상식에서 이란 영화의 얼굴마담 노릇을 톡톡히 하는 마지드 마지디 감독. 그가 평범하고 가난한 가족을 통해 오늘날의 이란을 감동적으로 담아내는 솜씨는 언제나 감탄을 자아낸다.

관전포인트 운동화가 대체 뭐간다….

무영보브로스 코멘트

- **ㅇ** 우리나라에서 어쩌면 가난을 경험한 마지막 세대로서 안타까운 향수를 느끼게 되죠. 주인공 알리 얼굴만 봐도 우는 사람이 있었을 정도예요. 운동화를 상품으로 받으려면 3등을 해야 하는데 전력 질주하다 그만 1등을 해버린 알리가 상을 받으며 슬피 우는 모습은 귀엽기도 하고 안쓰럽기도 해요.

- **ㄱ** 어릴 때 배고파본 경험도 있고 알리처럼 여동생도 있어서 이 영화를 보는 게 조금은 무섭네요. 동생과 함께 물을 한강처럼 붓고 라면을 끓여먹던 일도 생각나고요. 가난과 동심이 합쳐진 영화라니요. (후덜덜)

ABOUT __ 이란의 영화

초기 이란 영화는 외국인과 서구 교육을 받은 지식인층을 중심으로 발전했다. 내용 검열이 엄격해 서구의 영화가 들어올 수 없었던 것은 오히려 이란 영화 성장의 촉매제가 되었다. 1950년대 팔레비 왕조하의 이란에서 오일 붐을 타고 경제가 성장하면서 영화 산업도 성장했는데, 특히 선전용 기록영화의 발전이 두드러졌다. 이란이 배출한 세계적 거장 압바스 키아로스타미 감독 역시 이러한 친팔레비 기록영화를 다수 연출한 것으로 알려진다.

이란 영화는 1980년대 초 프랑스 등 유럽에서 상영되면서 본격적으로 세계에 알려지기 시작한다.

키아로스타미 감독의 〈내 친구의 집은 어디인가?〉(1987), 〈그리고 삶은 계속되고〉(1991), 〈클로즈업〉(1990) 등이 먼저 알려졌으며, 이후 마흐말

바프 일가, 바박 파야미, 아볼파즐 잘릴리, 자파르 파나히, 마지드 마지디 감독 등의 영화가 국제적인 명성을 얻고 있다. 2002년 한 해에만 이란 영화가 각종 국제 영화제에서 100여 개의 상을 휩쓸기도.

여전히 보수적 무슬림 정권하에서 강력한 검열을 받고 있다는 한계가 있으나, 3천 년 역사의 페르시아 문학을 바탕에 둔 이란 영화는 이성 중심의 서구 영화와 다르게 감성적이고 직관적인 정체성을 지니고 있다는 평가를 받는다.

06⁺ 쉰들러 리스트

Schindler's List. 1993 / Steven Spielberg

참상慘狀이란 단어가 있다. 사전적 의미는 '비참하고 끔찍한 상황이나 상태'이다. 〈쉰들러 리스트〉에서 영화의 귀재 스티븐 스필버그는 작심하고 제2차 세계대전 당시 나치가 자행한 유대인 학살의 '참상'이 뭔지 그 어느 영화보다도 생생하고 끔찍하게 보여준다. 그것도 흑백으로(이 영화가 컬러였다면 오히려 비현실적으로 보였을 것).

〈E.T.〉, 〈인디아나 존스〉, 〈쥬라기공원〉처럼 늘 재밌고 희망찬 영화로 전 세계 영화팬들을 즐겁게 해줬던 스필버그의 배신(?)은 모두를 충격과 경악의 도가니에 빠뜨렸다.

〈쉰들러 리스트〉를 보면서 흘리는 눈물은 슬픔이나 감동이 아니라 역사의 진실 앞에서 느끼는 각성과 연민이다. 따라서 짠 눈물이 아닌 쓴 눈물. 당시 리암 니슨에 대한 관객의 반응은 '저 배우 누구야?'였고, 벤 킹슬리는 '역시 연기 잘 한다.' 정도였지만 악역으로 등장한 괴트 대위(랄프 파인즈)는 그야말로 놀라움 그 자체였다. 아마도 영화 역사상 가장 나쁜 놈 TOP10 리스트를 꼽는다면 1-2위를 다툴 듯.

관전포인트 붉은 옷의 소녀

무영보브로스 코멘트

- **o** 의도적으로 흑백으로 찍고 마치 다큐멘터리처럼 연출한 것이 더 큰 충격을 주는 것 같아요. 공포와 증오 때문에 다시 보기가 두려울 정도지요. 실제로 존재했던 이 폭력이 제게는 〈링〉의 귀신보다 더 무섭게 다가왔어요(믿을 순 없지만).

- **ㄱ** 제게는 이 리스트에 있는 영화 중 눈물샘을 가장 크게 자극하는 영화예요. 내내 흑백이다가 뜬금없이 컬러가 섞인 장면이 나오잖아요. 사람들 사이를 돌아다니던 빨간 옷의 소녀를 나중에 시체더미 속에서 발견하는 순간의 충격이란 실로 엄청나지요. 스필버그는 어떻게 이런 놀라운 연출을 할 수 있었을까요?

BEHIND __ 거장들의 문답

거장 감독 스티븐 스필버그는 영화음악의 거장 존 윌리엄스에게 이 영화의 OST를 맡기고 싶어했다. 첫 편집본을 본 뒤 존 윌리엄스는 감정을 추스르기 위해 잠시 산책을 해야 할 정도였다고. 고뇌의 산책에서 돌아온 윌리엄스는 스필버그에게 "당신은 더 훌륭한 작곡가를 만날 자격이 있어요."라며 완곡한 거절의 의사를 밝혔다고 한다. 이에 대한 스필버그의 대답이 참으로 기가 막히다. "맞아요. 저는 그럴 자격이 있죠. 그런데 문제는 그들(당신보다 더 훌륭한 작곡가)은 이미 모두 죽었다는 거예요."라고 말했다니, 뭐가 달라도 다른 거장들의 대화법이다. 이로써 우리의 가슴을 한층 더 저미게 하는 〈쉰들러 리스트〉의 그 유명한 '쉰들러의 테마'가 탄생한 셈.

05⁺ 메리와 맥스

Mary and Max. 2009 / Adam Elliot

살다 보면 왠지 나는 이 세상에서 주연도 조연도 아닌 엑스트라나 들러리인 것 같다는 느낌이 들 때가 있다. 어떤 땐 나라는 인간은 신이 실수로 만든 불량품일지도 모른다는 생각마저 든다.

〈메리와 맥스〉는 이런 생각을 하는 수많은 평범한 영혼들을 위한 영화다.

학교에선 이마의 반점 때문에 왕따당하고 집에서도 외톨이인 8세 소녀 메리. 유대인이자 무신론자이고 대인기피증을 앓고 있는 44세 독거남 맥스. 우연히 펜팔을 하게 되는 두 사람. 호주의 멜버른과 미국의 뉴욕을 오가는 편지들. 그리고 교감.

영웅들이 악당을 소탕하고 스타들이 미모를 뽐내는 영화들 틈에서 찬연히 빛나는 보석 같은 영화다. 게다가 무려 클레이 애니메이션이다. 클레이라 그런지 진흙 속에서만 빛나 흥행엔 참패했지만 많은 이들이 이 영화의 진가를 시간이 지나고서야 알아보는 중.

'케세라 세라'라는 노래가 이리도 슬픈지 예전엔 미처 몰랐다.

관전포인트 성우로도 훌륭한 필립 시모어 호프만과 토니 콜렛

무영보브로스 코멘트

- ⊙ 클레이 애니메이션이지만 아름답게 포장하지 않은 사실적인 묘사가 인상적이에요. 이 영화는 외로움에 관한 영화예요. 우리 대부분은 그다지 예쁘지 않고, 주목받지도 못하고, 존재감도 딱히 없는 메리라는 캐릭터에 공감합니다. 갑작스럽게 '케세라 세라' 노래가 흘러나오는 장면에서는 메리의 절망감이 너무 크게 느껴져서 예상치 못한 눈물 폭탄을 맞았어요.

- ★ 영화 끝나면서 인용되는 엔딩 자막이 참 좋았어요. "우리에게 친구를 선택할 수 있도록 해주셔서 감사합니다." 나의 외로움을 이해해주는 친구가 있다는 건 정말 감사한 일이에요.

BEHIND __ 클레이오그래피??

감독 애덤 엘리어트는 자신이 만든 일련의 클레이 애니메이션 작품에 '클레이오그래피'라는 이름을 붙였다. 늘 '사람'의 이야기를 다루어왔기 때문에 '클레이clay'와 '바이오그래피biography'를 합성한 신조어를 통해 자신의 작품세계를 명확히 드러내고자 한 것이다.

호주 멜버른 출신의 애덤 엘리어트는 대학 재학시절부터 작품을 만들기 시작해 가족과 친척에 관한 클레이오그래피 트릴로지 〈삼촌Uncle〉(1996), 〈사촌Cousin〉(1999), 〈형제Brother〉(2000)를 완성했다. 이어 투렛 증후군을 가진 한 남자의 일대기를 다룬 〈하비 크럼펫Harvie Krumpet〉(2003)으로 아카데미 단편 애니메이션 작품상을 수상한 후, 5년 동안 공들여 제작한 첫 장편 애니메이션 〈메리와 맥스Mary and Max〉로 베를린 영화제 크리스탈베어상을 수상했다.

실제로 감독은 자신과 주변 사람의 이야기를 작품의 주요 소재로 다루고 있는데, 〈메리와 맥스〉도 자신이 20년 넘게 유지해온 펜팔 친구를 모델로 삼았다고. 작품에 등장하는 대부분의 인물들은 장애를 앓고 있거나 빈곤을 겪고 있는 소외된 사람들. 이들에 대한 따뜻한 시선이 엘리어트 감독의 시선이기도 하다.

04⁺ 반딧불이의 묘
火垂るの墓. 1988 / Isao Takahata

누군가 뇌까렸다.

"미야자키 하야오가 스필버그라면 다 카하타 이사오는 저메키스지…."

1960년대부터 지금까지 반백 년 가량 일본 애니메이션계를 지켜온 다카하 타 감독의 문제작 〈반딧불이의 묘〉. 이 영화는 제2차 세계대전의 전범국 가인 일본의 국민들이 전쟁 중에 어 떻게 살았는지를 대략 들여다볼 수 있게 하는 장편 애니메이션이다.

10살 터울의 오누이 세이타와 세츠코가 겪어야 하는 전쟁통의 야박한 인심과 잔인한 현실에, 관객은 전범국가고 뭐고 그저 가슴이 아프다. 특히 천진난만한 네 살짜리 꼬마 세츠코가 배가 고프다고 칭얼대는 모습은 영화를 보고 많은 시간이 지나도 잊히지가 않는다. 무엇보다 '일본도 저랬는데 우린 어땠을까?'란 생각이 아니 들 수 없는 영화.

관전포인트 아… 세츠코

무영보브로스 코멘트

○　　전쟁의 희생자는 힘 없고 죄 없는 민간인들이지만, 어쨌든 이

영화는 한국 사람 입장에서 논쟁을 불러일으키는 작품임에는 틀림없어요. 일본의 침략전쟁으로 더 참혹한 상황을 겪었던 우리는 두 배로 아프다는 느낌이 들기 때문이에요. 어쨌든 날이 밝으면 사라지는 반딧불이처럼 짧은 인생을 살다 간 전쟁통 어린 오누이의 이야기는 정말 가슴을 아프게 하죠.

★ 제게 가장 슬프게 남아 있는 장면은 참혹한 상황보다 바닷가에서 잠시 즐거운 시간을 보내는 오누이의 모습이에요. '아, 마냥 행복하고 즐겁게 지내야 할 나이의 어린아이들이구나…'라는 걸 불현듯 깨닫게 되기 때문이죠.

ABOUT __ 지브리 스튜디오에 나도 있다고! 다카하타 이사오

일본 애니메이션계를 대표하는 '지브리 스튜디오' 하면 대개는 미야자키 하야오를 떠올리기 마련이지만, 사실 이 영화의 감독 다카하타 이사오를 빼고는 지브리의 역사를 논하기 힘들다. 1980년대에 어린 시절을 보낸 사람이라면 누구라도 흠뻑 빠져 보았을 TV 만화 〈알프스소녀 하이디〉, 〈엄마 찾아 삼만리〉, 〈빨강머리 앤〉, 〈세계 명작 극장〉 등이 이 '전설의 레전드'의 손에서 창조된 작품들이다. 극장용 작품인 〈추억은 방울방울〉, 〈폼포코 너구리 대작전〉, 〈이웃집 야마다군〉, 〈가구야 공주 이야기〉 등 주옥 같은 명작도 빼놓을 수 없다.

03⁺ 블랙

Black. 2005 / Sanjay Leela Bahnsali

앤 밴크로프트가 앤 설리번(헬렌 켈러의 선생님)으로 나왔던 〈미라클 워커〉의 '인도식 리메이크'라고 정리하고 지나치기엔 너무나 아까운 영화. 어둠 속에서 빛을 향해 나아가려는 시각-청각 장애인 미셸과, 열정과 사명감으로 무장한 사하이 선생님. 이 둘의 줄탁동시啐啄同時에 눈물을 참을 수가 없다. 아미타브 바찬이 왜 발리우드⁎를 대표하는 인도의 국민배우인지 여실히 보여준다. 인도 영화의 수준 높은 영화 만듦새에 새삼 놀라게 된다.

관전포인트 미셸을 연기한 라니 무케르지. 이 사람 배우 맞다.

무영보브로스 코멘트

o 부모와 미셸, 사하이 선생님과 미셸의 관계가 주로 보여지지만, 의외로 제겐 미셸과 동생 간의 감정 라인이 상당히 인상적이었어요. 장애가 있는 언니 미셸에게 부모가 전적으로 매달려 있기 때문에 동생은 늘 제대로 사랑받지 못했다는 결핍감에 시달리거든요. 형제 중에 장애가 있는 경우 다른 형제들이 실제로 이

렇게 느끼는 일이 많다고 하더라고요.

★ 워낙 영상이 유려하고 배경이나 사용되는 언어도 모호해서 인도 영화라는 걸 깨닫기까지 상당한 시간이 걸렸어요. 제겐 발리우드의 저력을 확인시켜준 영화예요.

BEHIND __ 눈 내리는 장면 한번 찍기 힘드네

미셸과 사하이 선생님이 수년 만에 재회하게 되는 감동 충만의 순간 나풀나풀 하늘에서 눈이 내리는 장면은 이 영화의 하이라이트가 아닐 수 없다. 하지만 제작진이 이렇게 소중한 영화적 장치(?)인 눈을 얻는 과정은 매우 힘들었다고.

눈 오는 장면을 찍기 위해 제작팀 전체가 1월 중순 인도 북부 펀잡 지방의 심라로 이동해 노심초사 눈을 기다렸지만, 칼바람이 부는 추운 날씨에도 불구하고 도통 눈은 내릴 기미가 보이지 않았다. 스케줄 압박에 마냥 기다릴 수 없었던 제작팀은 결국 비행기로 6시간, 차로 30시간이 걸리는 뭄바이에서 인공 강설 기계를 가져와 어마어마한 양의 소금을 사용해 촬영을 마쳐야 했다. 지역 주민들은 진짜 같은 엄청난 양의 눈에 놀라지 않을 수 없었다고. 그런데 아이러니하게도 제작팀이 촬영을 마치고 떠난 다음 날부터 그 지역에 진짜 폭설이 내리기 시작했다.

---

* 봄베이(Bombay, 현재의 뭄바이)와 할리우드(Hollywood)의 합성어로 인도의 영화산업을 통칭하는 표현. 인도의 영화제작 중심 도시인 뭄바이를 거점으로 인도의 공식 언어 중 하나인 힌디어로 1년에 1,000편 이상의 상업영화를 만들어내고 있다. 발리우드 영화는 노래와 춤을 기본으로 로맨스, 액션 등 다양한 장르를 섞어 만들어 '마살라(masala : 혼합향신료) 영화'라고 부르기도 한다.

02⁺ 세상에서 가장 아름다운 이별

2011 / 민규동

1996년 MBC에서 4부작 드라마로 선보였던 작품을 민규동 감독이 두 시간짜리 영화로 만들었다. 각종 클리셰와 신파 코드, TV 드라마스러운 요소들을 사뿐히 뛰어넘었다. 어쩌면 우린 모두 약간은 기구하고 약간은 억울하고 약간은 아름다운 이야기의 일부분이란 걸 일깨워준다.

언뜻 두 시간짜리 TV 연속극 같아 보이지만, 각각의 분명한 캐릭터와 한국적인 현실감은 영화 시작하고 곧바로 스토리에 몰입하는 현상을 경험하게 해준다.

눈물도 우리 영화에 흘리는 눈물이 더 짭조름하다.

관전포인트 R.I.P. 김지영 선생님

무영보브로스 코멘트

○ 　작위적이지 않은, 있음직한 이야기를 아주 평범하게 그려냈다는 점이 이 영화의 강점인 것 같아요. 사실 가족 중 누구라도 그 자리에서 사라지지 않으면 고마움을 모르고 사는 것이 우리들의 미련함이거든요. 희미하게나마 그런 부분을 간접 경험하게

해준다는 것이 이 영화의 탁월함이지요.

ㄱ   치매 걸린 시어머니가 아픈 며느리를 홍두깨로 내려치는 장면
    이 있잖아요? 그날 밤 며느리는 베개로 시어머니를 죽이려고
    하죠. 그것이 미움이나 지긋지긋함에서 비롯된 행동이 아니라
    고 느꼈어요. 본인이 죽으면 누가 이 어머니를 돌보나 하는 걱정
    인 것이지요.

★   사실 어느 정도 사연 없는 집안은 없죠. 뿔뿔이 흩어져 사연 많
    던 이 가족도 어머니의 병과 죽음으로 인해 마침내 하나로 완
    성되어 가요.

ABOUT __ 원작 드라마 〈세상에서 가장 아름다운 이별〉

이 영화는 1996년 방송된 동명의 MBC 창사특집 드라마를 원작으로
만들어졌다. 배우 나문희 씨가 주인공을 맡았던 이 드라마는 큰 반향
을 일으켰고, 방송된 지 불과 2, 3주 후 크리스마스에 시청자들의 요청
으로 네 시간 연속 재방송이 되기도 했다. 원작자인 노희경 작가는 이
듬해 이 이야기를 소설로 출판했고, 2008년과 2010년에는 각각 창극과
연극으로도 선보였다. 2017년 tvN에서 21년 만에 리메이크하여 다시
한번 시청자들의 눈물을 쏙 뺐다.

01⁺ 사랑의 기적

Awakenings. 1990 / Penny Marshall

로버트 드 니로와 로빈 윌리엄스. 사랑 받는 대배우들이 전성기 때 만난 귀한 필름. 두 배우의 장기이자 특기인 코미디(윌리엄스)도, 범죄물(드 니로)도 아니어서 더욱 각별한 영화다.

영화 〈빅〉(1988)으로 배우에서 감독으로 깜짝 전업에 성공한 페니 마셜의 섬세한 연출력이 빛나고 조연들, 특히 이런저런 사연을 가진 환자들의 '깨어남'이 기쁘고도 슬픈 감정을 선사한다(색소폰 연주자 덱스터 고든의 유작이기도 해서 재즈팬들에겐 더욱 슬픈 영화가 되었다).

무엇보다 실화라는 단서가 감동의 순도를 더욱 진하게 만들어준다. '병 주고 약 주고'란 속담의 애잔하고도 먹먹한 실례.

관전포인트 세상에서 가장 슬픈 춤

무영보브로스 코멘트

- ○ 뇌질환을 앓고 있는 환자로 나온 로버트 드 니로의 연기는 역시 일품입니다. 특히 잠시 깨어난 틈에 사랑하게 된 한 여자와 마지막 이별의 춤을 추는 장면은 단연 압권이죠. 그 춤이 끝나고 떠

나는 여자의 모습을 보기 위해 절뚝거리며 홀을 지나 창문으로 걸어가는 장면에서는 가슴이 찢어집니다. 삶이 얼마나 소중하고 아름다운 것인지 생각하게 해줘요.

★ 환자들 모두에게 약효가 떨어지면서 활기차게 들떠 있던 병동엔 어느새 다시 적막만이 감돌지요. 환자들의 생기 있던 모습을 촬영한 영상을 보며 축 처진 모습으로 앉아 흐느끼는 의사 로빈 윌리엄스의 열정과 실패도 비애감을 안기기에 충분하죠.

BEHIND __ 파킨슨병 치료제, 레보도파

이 영화에서 기적처럼 사람들을 깨어나게 하는 약물은 지금도 파킨슨병 치료제로 널리 사용되고 있는 레보도파이며, 〈사랑의 기적〉은 이 약이 처음 개발된 시기에 벌어진 일들을 다룬 이야기다.

파킨슨병은 뇌에서 신경전달물질인 도파민이 점차 줄어들면서 생기는 퇴행성 질환인데, 아직도 완치는 어렵고 이 약물로 부족해진 도파민을 보충해주며 관리해주는 수준이다. 초기의 투약 효과는 매우 좋지만 10여 년이 지나면 내성이 생겨 약효가 나타나지 않는다고 한다. 아이러니하게도 영화에서 환자들에게 이 약을 투여하는 의사 역으로 출연한 로빈 윌리엄스도 안타까운 죽음 전에 파킨슨 유사 질환을 앓으며 이 약을 써야 했다고.

최과장의
WHY NOT

P.S. 아이 러브 유

P.S. I Love You. 2007 / Richard LaGravenese

'죽음이 두 사람을 갈라놓을 때까지'라는 주례사의 상투적 표현처럼 영원한 사랑처럼 보이는 관계도 냉정하게 보면 인간의 유한한 삶을 극복할 수 없는 '시한부 사랑'이다. 그럼에도 불구하고 한날 한시에 같이 세상을 떠나지 않는 이상 사랑하는 사람들이 겪어야 하는 '죽음의 시차'는 언제나 비극적이다. 더구나 그 죽음이 너무나 갑작스럽거나 이른 경우라면 남겨진 자의 고통을 이루 가늠이나 할 수 있으랴.

여기 서로를 끔찍하게 사랑하는 한 부부가 있다. 그들의 사랑은 운명적이었고, 로맨틱했고, 완벽했다. 그러나 산이 높을수록 계곡도 깊다던가. 갑작스러운 남편의 죽음은 아내를 깊이를 알 수 없는 절망의 수렁으로 빠뜨렸다. 아내는 남편의 체취가 희미하게 남아 있는 옷을 걸쳐 입고 미친 사람처럼 행동하기도 하고, 목소리가 녹음된 전화번호로 계속 전화를 걸며 그리움을 삭이기도 한다. 그렇게 1년이 지난 후, 커다란 '죽음의 시차'를 온몸으로 감당하고 있는 아내를 위로하는 남편의 선물들이 속속 도착한다. 먼저 떠난 자의 남겨진 자에 대한 섬세한 배려는 보는 이의 상처마저 어루만져 준다.

어웨이 프롬 허

Away From Her. 2006 / Sarah Polley

아름답건 서글프건 황혼의 부부를 다룬 영화는 생각보다 많다. 하지만 대중적으로 크게 알려지지 않은 이 캐나다 영화가 다른 유사 영화들과 구별되는 지점은, 두 주인공의 사랑이 젊은이들의 뜨거운 사랑 못지않게 명백한 현재진행형이라는 점이다. 두 사람은 상대에게 추한 모습을 보이거나 짐이 되려고 하지 않으며, 여전히 불타는 질투심을 느끼기도 하고, 사랑하는 이의 행복을 위해 욕심을 버리기도 한다.

알츠하이머가 발병하자 남편에게 짐이 될까 스스로 요양원으로 들어간 아내. 요양원에 있다 해도 남편의 지극정성 보살핌은 변함이 없지만, 병세가 악화되면서 남편에 대한 기억은 서서히 사라져간다. 그리고 요양원 내에서 그녀에게 나타난 새로운 사랑. 남편은 견딜 수 없는 배신감과 질투심에 사로잡히지만 결국 아내의 남은 생의 행복을 위해 꼭 잡았던 손을 놓아주기로 결심한다. '사랑하기에 보내준다'는 오랜 유행가 가사가 사무치게 느껴지는 황혼의 사모곡.

도쿄타워

東京タワー. 2007 / Joji Matsuoka

부모가 자식을 낳아 보호하며 제 역할을 할 때까지 키우는 것은 인류 보편의 본능에 가까운 일이라지만, 이 과업의 엄청난 무게는 아이를 낳아 키울 때에야 비로소 깨닫게 된다.

이 영화는 방탕한 아버지 대신 아들 뒷바라지하는 데 몸이 부서져라 평생을 올인한 엄마와 이별하는 이야기다. 미련하게도 고된 어머니의 삶을 잘 몰랐거나, 안다 해도 어찌 표현할지 몰라 매번 다음으로 미루며 어물쩍거리고 있는 대다수 아들들의 정신을 번쩍 차리게 해준다.

가끔은 다 버리고 멀리 도망가 자신만의 인생을 살고도 싶었을 테고 고되고 서러운 삶에 남모르게 뒤돌아 눈물도 많이 흘리셨을 테지만, 늘 자식에게는 지나치게 명랑한 모습만을 보여주신 어머니…. 흘러가는 시간은 붙잡을 수 없는데 오늘도 아들들은 미련하게 머뭇거리고만 있다.

3

눈동자 하트로 변하는
로맨틱 코미디
TOP10

세상엔 내 마음대로 되는 일이 없다.

사랑에 관해서라면 더욱 그러하다. 내가 좋아하는 사람은 날 좋아하지 않고 날 좋아하는 사람은 어쩜 영 맘에 들지가 않는다. 어렵사리 사랑의 작대기가 일치한다 해도 어느 순간 '이게 내가 꿈꾸던 사랑인가?' 후회와 허무의 회한이 휘몰아친다. 일상과 매너리즘의 수렁에 빠진 우리의 사랑은 더 이상 아름답지도 애틋하지도 않다.

이런 현실의 구질구질함을 산뜻하고 예쁘게 포장해서 보여주는 장르가 바로 로맨틱 코미디다. 서양에선 흔히 로미디romedy, 롬콤romcom이라 하고 우리는 '로코'라고 줄여 부른다.

영화를 보고 나서 드는 만족도나 행복감을 따지자면 로코만 한 장르도 없다. 나의 그것과 별반 다를 게 없는 일상에서 출발해 적당한 갈등과 오해의 골짜기를 지나 해피엔딩의 환희로 마무리되는 스토리는 주인공 남녀에게 부지불식간 나를 동기화시켜 버리기 때문이다. 한 걸음 더 나아가 '저 인간을 설렘과 두근거림으로 바라보던 때가 있었지.' 일깨워주기도 하고 가물가물한 첫사랑의 추억도 떠올리게 해준다.

두 남녀가 거짓말 같은 결정적 순간 키스를 한다거나, 잠시 헤어져 무지 괴로워하는 신이 서정적인 BGM과 함께 나온다거나, 클라이맥스 부분에서 주인공들이 열심히 달린다거나, 그럼에도 불구하고 무조건 해피엔딩이라거나 하는 클리셰들은 로코의 어쩔 수 없는 장치들이라 이런 류의 영화를 꺼리는 '너무 많이 아는' 영화팬들도 더러 있다. 그러나 이러한 '불량식품'스러운 달달한 맛에 자꾸만 찾게 되는 것이 또한 로맨틱 코미디가 아닐까?

이 장르의 영화는 이미 너무 많고 지금도 신상이 늘 출하되고 있어 선정에 고민이 많았으나 일단 꼭 추천하고 싶은 영화들 먼저 휘휘 건져 접시에 올렸다. 나머지는 또 다룰 기회가 있으리라.

로맨틱 코미디 영화를 보며 사랑의 초심으로 돌아가 보는 행위는 우리 삶의 의외로 유의미한 작업이라 굳게 믿으면서….

10⁺ 고양이와 개에 관한 진실
The Truth about Cats & Dogs. 1996 / Michael Lehmann

미운오리새끼 콤플렉스는 수많은 남녀가 사춘기와 청년기를 거치며 겪는 시련이다. 방법은 각기 다르지만 성인이 되어가며 대부분 이 콤플렉스를 극복하고 비로소 자아와 자존감을 찾게 되지만, 요즘같이 외모 지상주의가 기승을 부리는 천박한 사회에서 외모로부터 자유롭기란 정말 어려운 일이다.

에드몽 로스탕의 유명한 희곡 〈시라노〉에서 남녀를 바꿔 현대화한 영화 〈고양이와 개에 관한 진실〉은 주변의 웬만한 여자들은 죄다 오징어로 만들어버리는 '여신급' 외모 우마 서먼과 '오징어' 재닌 가로팔로가 주인공으로 나온다. 남성들의 '예쁜 여자 밝힘증'을 코믹하고 경쾌하게 풍자한 로코.

관전포인트 눈부신 26세의 우마 서먼

무영보브로스 코멘트

o   우마 서먼에게 완전히 콩깍지가 씌어 있던 시절이라 마치 화면에서 빛이 나는 것 같았죠. 지금 다시 보니 그 정도는 아닌데 옛정을 생각해서 10위에 올렸습니다. 하하. 트렌디한 특성이 있

무슨 영화를 보겠다고

는 로맨틱 코미디 장르인만큼 시간이 지나면 다소 매력이 반감할 수도 있지만, 대배우 제이미 폭스의 젊은 날 조연 시절 연기를 볼 수 있다는 것만으로도 충분히 가치는 있는 것 같네요.

BEHIND __ 재닌 가로팔로의 불만

영화 속에서는 결국 사랑을 이루는 해피엔딩의 주인공이지만, 제닌 가로팔로에게 실제 이 영화는 악몽처럼 남아 있다고 한다. 복잡다단한 캐릭터들이 등장하는 적은 예산의 독립영화로 제작될 예정이었던 이 영화가, 우마 서먼의 참여로 인해 빅 스튜디오 상업영화로 방향이 바뀌며 원작의 의도가 과도하게 변질되어 버렸다는 것.

재닌 가로팔로는 본인이 주연한 이 영화를 두고 '말랑하다 못해 진부하고, 사운드트랙은 토하고 싶을 지경이며, 모든 출연자는 바나나 리퍼블릭 옷을 입고 연기를 한다. 게다가 반페미니스트 영화이기도 하다.'라며 맹비난을 퍼부었다. 자신이 출연한 영화를 이렇게 공개적으로 비난하며 각을 세우는 것이 마치 발톱과 이빨을 세운 '고양이와 개'의 싸움을 보는 듯하다.

09⁺ 브리짓 존스의 일기

Bridget Jones's Diary. 2001 / Sharon Maguire

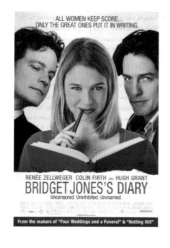

전통적인 로맨틱 코미디의 주인공들은 십중팔구 예쁜 여자, 멋있는 남자이다. 소박하고 현실적인 듯하며 대체로 연애생활 하는 데 큰 애로가 없어 보이는 외모를 가졌다.

21세기를 시작하며 영국에서 날아온 이 재기발랄한 로코의 주인공은, 술담배를 좋아하는 뚱뚱한 33세 미혼 여성이다. 이 브리짓 존스란 프로타고니스트에게 전 세계 영화팬이 열광한 건 그녀가 전통적인 여성의 아름다움에 대한 고정관념을 살짝 뒤틀었기 때문. 제인 오스틴의 고전 『오만과 편견』을 현대식으로 각색한 영화 〈브리짓 존스의 일기〉는 원작도, 각색도, 감독도, 주인공도 여자다. 그렇다고 의식적으로 여성해방이나 양성평등을 주장하지는 않는다. 브리짓의 좌충우돌 우당탕탕을 지켜보며 자연스레 여성의 시각에 공감하게 되는 것이 포인트.

관전포인트 10년 안에 주요배역 세 명이 오스카상을 받는다면서?

무영보브로스 코멘트

- 그 전에도 많은 작품들을 했지만 콜린 퍼스가 본격적으로 주목

무슨 영화를 보겠다고

을 받기 시작한 게 이 영화부터인 것 같아요. 이 영화를 본 주변의 많은 여성들이 콜린 퍼스의 숨은 매력을 얘기하더라요. 이제는 집에 오스카 트로피를 보유하고 있는 당당한 대배우가 되었지요.

BEHIND __ 브리짓 존스의 '브리짓 존스 되기'

텍사스 출신 미국 배우 르네 젤위거가 영국 노처녀 브리짓 존스로 완벽히 거듭나기까지는 많은 노력이 필요했다. 우선 12kg 가까이 살을 쪘었고, 영국의 악센트와 분위기를 익히기 위해 영국의 출판사에 가명으로 취직해 실제로 한 달 정도 일을 하기도 했다. 그 기간 동안 동료들은 그녀가 누구인지 알아채지 못했다는 후문.

그녀는 촬영에 들어가서도 자연스러운 영국 악센트를 계속 유지하기 위해 카메라가 돌아가지 않는 순간에도 계속 브리짓 존스 모드로 남아 있었다고. 촬영 쫑파티까지 한번도 르네 젤위거의 실제 말투를 경험한 적이 없던 휴 그랜트가 본래 모습으로 돌아간 그녀를 보고 화들짝 놀랐다는 후문도 전해진다.

08⁺ 김씨 표류기
2009 / 이해준

로맨틱 코미디의 주인공은 대개는 지극히 평범한 사람들이지만, 어떤 로코에선 종종 멜로드라마의 비극적인 주인공들을 빌려와 영화를 살짝 적셔주기도 한다.

〈김씨 표류기〉의 두 남녀 주인공은 상처 입은 영혼들. 남자 김씨(정재영)는 빚 독촉을 못 이기고 한강에서 투신자살을 시도했다가 밤섬에 표류하게 된 절망에 빠진 남자이고, 여자 김씨(정려원)는 이유는 알 수 없지만(외상 후 스트레스 증상으로 보임) 외부와의 모든 접촉을 끊고 자신의 방에 스스로를 감금한, 얼굴에 큰 흉터가 있는 여성이다. 영화는 전체적으로 코미디이지만 이 가련한 두 영혼이 소통하는 지점에 감동 포인트도 있다.

한국식 〈로빈슨 크루소〉나 〈캐스트 어웨이〉가 한강의 밤섬에서 구현되는 설정은 가히 절묘해서 서강대교나 마포대교를 지날 때면 꼭 한번 밤섬 언저리를 살펴보게 되기도. 개봉 당시 크게 흥행은 못 했으나 한국식 로코의 새로운 지평을 연 수작이다.

관전포인트 정재영의 '자작 짜장면' 먹방(짜파＊＊ 무지 당김)

무영보브로스 코멘트

◯ 생각해보면 상당히 무거울 수도 있는 주제를 가볍고 코믹하게 잘 터치한 것 같아요. 영화 한 편 속에 너무 많은 요소를 버무려 넣으려다가 과유불급이 되는 경우가 종종 있지요. 그런 유혹에 빠지지 않은, 국내 로맨틱 코미디 영화 중 단연 발군이라고 봅니다.

ㄱ 자기 방이 '섬'인 여자 김씨와 실제 '섬'에 갇혀 있는 남자 김씨. 이 두 남녀가 소통하며 사랑인지 아닌지 애매한 감정의 교류를 하게 되는 특이한 이야기지요.

★ 자기 방에서만 숨어 살던 여자 김씨가 엄마에게 옥수수를 키울 재료를 사달라고 부탁할 때 그 변화에 깜짝 놀라는 엄마의 표정이 가슴 찡했어요. 그 표정 하나로 '도대체 저 가족에게 무슨 사연이 있었을까?' 많은 상상을 하게 되었지요. 참으로 깊이 있는 디테일이었어요.

ABOUT __ 김씨의 표류지, 밤섬

김씨가 자의 반 타의 반으로 표류(?)하게 되는 여의도 옆 밤섬은 매일 그 주변을 오가는 서울 시민들조차 잘 인지하지 못할 정도로 존재감이 크지 않은 섬이다. 하지만 이 작은 섬은 불과 50년 전만 해도 60가구가 넘는 주민들이 살던 어엿한 유인도였다. 생긴 모양이 밤톨 같다고 해서 율도栗島라고도 불렸으며, 이 섬을 둘러싼 넓은 백사장은 마포 8경의 하나로 꼽힐 만큼 절경이었다.

밤섬은 예로부터 배를 만드는 마을로 유명했는데 '배 만드는 기술을 배우려면 밤섬으로 가라'는 말이 있을 정도였다. 대대로 훌륭한 기술을 가진 배 목수가 이곳에 정착하고 있었다고 한다.

여의도 개발에 필요한 잡석을 구할 목적으로 1968년 2월 10일 폭파하면서 사라진 밤섬은 이후 놀라운 복원력으로 자연 재생되었고, 사람들의 손길로부터 완전히 분리되어 자생하며 도심 속 철새들의 보금자리가 되고 있다. 1999년부터 서울시가 생태계 보전지역으로 지정해 특별 관리하고 있으며, 2012년에는 람사르습지(국제 협약에 근거해 희귀 동식물 서식지 또는 물새 서식지로의 중요성을 가진 습지를 보호하기 위해 지정된 곳)로 공식 지정되었다.

07+ 플립

Flipped. 2010 / Rob Reiner

미국판 '응답하라 1963'.
그 무섭다는 중2가 미국의 60년대엔 이처럼 순수했구나 싶어 새삼 흐뭇해진다. 소소한 시골의 일상이 주인공 줄리 베이커(매들린 캐롤)의 눈을 통해 펼쳐진다.
1980년대 개봉한 〈스탠 바이 미〉로 이미 청소년 영화에 일가견을 보여준 바 있는 로브 라이너 감독이 야심차게 기획하고 감독했으나 흥행에 참패하고 평단에서도 좋은 평가를 받지 못했다. 그러나 라이너식 섬세한 연출이 녹슨 건 전혀 아니다. 오히려 소년과 소녀의 사랑은 마치 황순원의 「소나기」처럼 우리를 '순수함의 정원'으로 안내한다.
우리 정서에도 잘 맞는 로맨틱 코미디 드라마. 따라서 흥행이나 비평이 그다지 믿을 게 못 된다는 걸 증명해준 영화이기도.

관전포인트 달걀 파동

무영보브로스 코멘트

○　　예민한 사춘기에는 별 것 아닌 작은 사건도 큰 일로 느끼기 마

련이죠. 그 불완전하고 그래서 예쁘기도 한 시기의 감성을 따뜻하고 순수하게 보여주는 영화예요. 우리는 틴에이저들의 그 사랑을 그저 흐뭇하게 바라볼 수밖에 없고요.

ㄱ 길 하나를 사이에 두고 마주보고 있는 두 가정의 분위기가 대조적이에요. 소년의 가정은 겉으로는 꽤 완벽해 보이지만 사실 불완전하고 불안한 요소가 많아요. 반면 문제도 많고 살림도 빠듯해 보이는 소녀의 가정엔 따뜻함과 사랑이 넘치지요. 살아보니 눈에 보이는 게 전부가 아니더라구요.

BEHIND __ 마니아들이 이끌어낸 7년 지각 개봉

〈플립〉은 2010년 작품이지만, 무영보에서 다룰 당시만 해도 국내에서는 소개되지 않은 미개봉작이었다. 하지만 다양한 루트를 통해 이 영화를 접한 국내 관객들 사이에 '첫사랑 바이블 무비'라는 입소문이 퍼지면서 큰 사랑을 받았고, 결국 극장에서 보길 원한 열혈팬들의 소원대로 작품 공개 후 무려 7년이나 지난 2017년 7월에야 국내 개봉이 성사되었다.

큰 티켓파워를 가진 배우가 출연한 것도 아니고 북미 개봉 당시 별다른 흥행을 거두지 못했음에도, 국내 개봉 2주 만에 20만 관객을 돌파하는 기염을 토하며 '지각 개봉 신화'를 썼다.

무슨 영화를 보겠다고

06+ 노팅 힐
Notting Hill. 1999 / Roger Michell

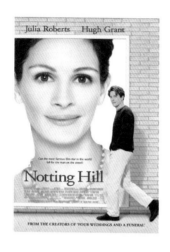

수백 수천 년을 인류와 함께한 〈신데렐라〉 이야기의 남녀 바꾼 영화 버전. 또는 〈로마의 휴일〉의 최신 버전이자 〈네 번의 결혼식과 한 번의 장례식〉의 작가 리처드 커티스가 때린 두 번째 홈런이다(세 번째 홈런은 〈브리짓 존스의 일기〉, 네 번째 홈런은 〈러브 액츄얼리〉).

영국 런던의 노팅 힐에서 조그만 서점을 운영하며 사는 이혼남 윌(휴 그랜트) 앞에 홀연히 나타난 할리우드 배우 안나 스코트(줄리아 로버츠). 평범한 영국인 남자와 슈퍼스타 여배우의 사랑이 조연들의 인상적인 연기와 커티스의 스마트한 대본에 힘입어 사랑스런 작품으로 태어났다. 점잖고 지적이며 순정만화 주인공스러운 휴 그랜트의 영국식 악센트에 전 세계 여성들이 매료되었고, 서른 살을 훌쩍 넘긴 줄리아 로버츠의 눈부신 미소에 수많은 남성들의 가슴 역시 두근두근 설레었던 영화. 빌 위더스, 엘비스 코스텔로, 알 그린, 로난 키팅의 노래들도 영상과 딱 맞아떨어져 로맨틱 코미디의 강점을 십분 살려준다.

관전포인트 스파이크

무영보브로스 코멘트

O 품격 있는 영국식 조크가 빛나는 영화이기도 해요. 대표적인 것이 여동생 생일파티에서의 내기 장면이죠. '이중에 가장 불행한 사람이 마지막 남은 브라우니 먹기' 내기를 하는데, 사실 굉장히 심각한 얘기들이죠? 하지만 브라우니 하나에 다들 아무렇지도 않게 자신의 아픈 이야기를 경쟁적으로 꺼내놓는 장면이 쓸쓸하면서도 재미있어요.

ㄱ 휴 그랜트가 아니라 줄리아 로버츠가 먼저 기습키스를 하죠. 그 슈퍼스타가 말예요. 이건 완전히 남자의 판타지가 아닐까요?

★ 내게 가장 편안하고 친밀한 모임에 아름다운 여배우와 동행해 함께 저녁을 먹는 것. 상상만으로도 가슴이 뛰네요. 남자들이 좋아하는 로맨틱 코미디 1위가 아닐까 감히 예단해봅니다.

ㅈ 줄리아 로버츠의 아름다움이 제대로 빛나는 영화지요. 그녀가 웃을 때면 대체 치아가 몇 개나 보이는 건가요?

BEHIND __ 자신의 '직업상 비밀'을 순순히 털어놓은 줄리아 로버츠

〈노팅 힐〉에서 가장 매력적인 장면 중 하나는 할리우드 스타 안나 스코트(줄리아 로버츠)가 윌리엄 대커(휴 그랜트) 친구의 평범하고도 조촐한 생일파티에 함께하는 신이다. 여기에서 친구들이 안나에게 최근 영화에서 번 돈이 얼마냐고 묻는 장면이 나오는데 그녀의 대답은 '1,500만 불'이다. 재미있는 것은 바로 그것이 줄리아 로버츠가 〈노팅 힐〉로 받은 개런티라는 사실. 이렇게 줄리아 로버츠와 안나 스코트는 관객들로 하여금 현실과 판타지를 오가게 하는 묘한 마력의 캐스팅이었다.

05⁺ 키핑 더 페이스
Keeping the Faith. 2000 / Edward Norton

유대교 랍비(벤 스틸러)와 가톨릭 신부 (에드워드 노튼) 두 죽마고우가 매력적인 여성이 되어 금의환향한 '여자사람친구' 애나(지나 엘프만)를 사이에 두고 벌이는 사랑과 우정 그리고 종교 사이의 좌충우돌.

삼각관계는 로맨틱 코미디뿐만 아니라 멜로드라마, 심지어는 호러나 범죄스릴러 장르에도 심심찮게 등장하는 고전적인 설정. 희극과 비극적 요소를 모두 내재하고 있는 삼각관계에다 유대교와 가톨릭이라는 오월동주를 버무린 것이 이 영화의 매력이다. 엘리 웰라치, 앤 밴크로프트, 밀로스 포만 등 레전드급 배우와 감독들이 출연해 작품의 무게를 더해준다. 〈키핑 더 페이스〉는 에드워드 노튼의 감독 데뷔작이면서 〈대탈주〉, 〈황야의 7인〉, 〈십계〉 등의 영화음악으로 유명한 마에스트로 엘머 번스타인의 유작이기도 하다. 노튼은 비교적 영화가 성공했음에도 불구하고 이때 고생이 심했는지 이후 감독보단 배우 쪽으로 '한 우물'을 파는 듯.

관전포인트 사랑에 빠진 사제

무영보브로스 코멘트

- ○ 친구의 친구를 사랑하는 것, 나의 베프가 내가 좋아하는 여자와 사귀는 일…. 남자들에겐 최악의 악몽 중 하나죠. 아이러니하게도 참 흔한 일이기도 해요. 베프 둘이 여자 한 명을 두고 싸우다가 소중한 랍비 카드 하나를 건네주며 화해하는 장면에 공감하지 않을 수 없었어요.

- ★ 미묘한 삼각관계를 예감케 하는 초반 장면이 재미있었어요. 두 친구가 농구를 마치고 벤치에 앉아 (남자들이 늘 그러하듯) 여자 얘기를 하다 인생에서 가장 쿨한 여자로 둘 다 애나를 꼽죠. 아, 왜 슬픈 예감은 틀린 적이 없을까요.

BEHIND __ 에드워드 노튼의 작은 일탈?

수많은 작품에서 인상적인 연기를 선보여온 명배우 에드워드 노튼에게 이 영화는 여러 측면에서 특이한 지점을 차지한다. 우선 그가 직접 연출한 처음이자 마지막 영화라는 사실. 또 한 가지는 이 영화가 R등급 (Restricted:Under 17 Requires Accompanying Parent Or Adult Guardian), 즉 우리로 치면 19금 등급을 받지 않은 그의 첫 번째 작품이라는 점이다. 그가 선한 외모와 달리 강렬하고 인상적인 역할로 커리어를 쌓아온 탓인 듯.

04⁺ 해리가 샐리를 만났을 때
When Harry Met Sally. 1989 / Rob Reiner

감독 로브 라이너, 작가 노라 에프론, 배우 빌리 크리스털. 이 다이내믹 삼인조가 만나 발휘한 맥시멈 시너지. 거기에다 혜성처럼 나타난 천사? 선녀? 요정? 멕 라이언.

작가와 감독의 자전적 이야기에서 출발한 해리와 샐리의 10년은 '과연 남자와 여자는 친구로 지낼 수 있는가?' 라는 현대 사회의 '거대 담론'을 코믹하게 담아내고 있다.

경쾌한 진행, 스마트한 편집, 흥미진진한 대사…. 자타 공히 〈해리가 샐리를 만났을 때〉는 로맨틱 코미디의 새로운 장을 쓴 이정표적인 작품이었고, 이후 수많은 영화들에게 영향을 주었다. 게다가 다행인지 불행인지 멕 라이언은 이 영화 이후 약 20년간 로맨틱 코미디의 여왕으로 군림한다. 덤으로 '로코의 성지' 뉴욕의 봄 여름 가을 겨울이 루이 암스트롱, 빙 크로스비, 레이 찰스, 엘라 피츠제랄드 등 레전드들의 재즈 스탠다드와 멋지게 어우러져 영화의 때깔을 더한다.

관전포인트 그 유명한 멕 라이언의 '식당 오르가즘 신'

무영보브로스 코멘트

○   애매한 관계의 두 남녀가 오랜 기간 동안 붙었다 떨어졌다(?) 하는 이야기지요. 로맨틱 코미디 특유의 재치있는 양념들이 많은 영화예요. 특히 다음 이야기로 넘어갈 때마다 나오는 노인 커플들의 사랑스러운 인터뷰가 이 영화의 백미죠. '남녀가 친구가 될 수 있는가?'라는 화두에 대해 저는 해리의 입장에 동조하는 편이에요. 남자와 여자 사이에 놓인 섹스라는 거대한 강을 건너는 건 참 어려운 문제 같거든요.

ㄱ   멕 라이언의 매력으로는 여러 가지를 꼽을 수 있어요. 특유의 목소리, 로리타 콤플렉스를 불러일으키는 극강의 동안, 무엇보다 슬랩스틱 코미디가 가능한 배우라는 것이 정말 큰 강점이죠.

★   멕 라이언도 멕 라이언이지만, 능청맞고 방정맞은 귀여운 아저씨 빌리 크리스털 없이 이 영화만의 넘치는 매력이 과연 가능했을까요? 참 독보적인 캐릭터라고 생각합니다.

ABOUT __ 맛의 오르가즘, 카츠 델리카트슨 Katz's Delicatessen

그 유명한 '오르가즘 신'은 1888년에 오픈, 오랜 역사와 전통을 자랑하는 맛집 '카츠 델리카트슨'에서 촬영되었다. 지미 카터, 로널드 레이건, 빌 클린턴 등 미국 대통령들이 뉴욕을 방문하면 반드시 들렀던 곳으로도 유명하고, 여전히 주말이면 긴 줄을 서야 할 만큼 성업 중이다. 해리와 샐리가 앉아 대화를 나눴던 테이블에는 이런 글이 적힌 안내판이 걸려 있다. "해리가 샐리를 만났던 곳. 당신도 그녀가 느낀 것을 느끼길 바랍니다!" 뉴욕에 간다면 꼭 그곳에 들러 '맛의 오르가즘'을 느껴보시길.

03⁺ 러브 액츄얼리

Love Actually. 2003 / Richard Curtis

아홉 가지 사랑 이야기를 이리저리 잘 엮고 꿰매고 누벼 만든 로맨틱 코미디의 멋진 퀼트 이불 〈러브 액츄얼리〉.〈네 번의 결혼식과 한 번의 장례식〉,〈브리짓 존스의 일기〉,〈노팅 힐〉의 작가 리처드 커티스가 직접 감독으로 데뷔, '영국 로코의 자존심'을 만방에 떨친 작품이다.

휴 그랜트, 콜린 퍼스, 리암 니슨, 엠마 톰슨, 앨런 릭먼, 키이라 나이틀리 등 영국을 대표하는 배우들이 대거 출연해 각자 맡은 톱니바퀴 역할을 충실히 소화했다. 미스터 빈 로완 앳킨슨도 감초 역할로 등장한다.

흥미로운 건 영국보다 한 주 앞서 개봉한 미국에서 다수의 영화 평론가들이 이 영화에 뜨뜻미지근한 반응을 보였다는 점. 아마도 에피소드 중에 미국 대통령(빌리 밥 손튼 분)을 노골적으로 '호색한 마초'로 묘사한 장면들 때문일 거라 짐작해본다.

실제로는 2000년대 중반 이라크 전쟁을 치르며 토니 블레어 영국 총리가 '부시의 푸들'이라는 굴욕적인 별명까지 얻은 바 있으니 영화와 현실이 서로 물고 물리는 아이러니라 하지 않을 수 없다. 어쨌거나 영화는 세계적으로 히트해 3천억 원에 달하는 돈을 벌어들였다.

관전포인트 친구의 친구를 사랑한 마크가 문 앞에서 벌이는 카드섹션

무영보브로스 코멘트

- 많은 등장인물이 만들어가는 다양한 이야기들이 모두 연결되면서 경이로울 정도로 매끄럽게 진행이 돼요. 비틀즈, 비치보이스를 비롯한 수많은 뮤지션들의 주옥 같은 음악들은 어쩌면 또 이렇게 영화에 착착 감기는지요.

- 가히 로맨틱 코미디계의 블록버스터라고 할 만합니다.

- 그저 밝고 재미있는 영화로만 기억하기 쉽지만, 사실 슬픈 장면도 꽤 있어요. 아내 장례식에서 생전에 가장 좋아하던 밝은 록 음악을 세상에서 가장 슬픈 표정으로 듣고 있는 리암 니슨의 모습이라든가, 남편의 깜짝 선물을 기대하던 엠마 톰슨이 남편의 바람을 예감하며 허물어지는 장면 같은 것들요. 인생의 희극과 비극을 자연스럽게 버무려 보여주는 영화입니다.

ABOUT __ 〈러브 액츄얼리〉의 속편, 〈Red Nose Day Actually〉

〈러브 액츄얼리〉가 많은 이들에게 훈훈한 크리스마스를 만들어준 것이 바로 엊그제 같은데 벌써 10여 년이 훌쩍 지나버렸다. 리처드 커티스 감독은 2017년 봄, 13년 만에 같은 멤버와 스토리를 가지고 재기발랄한 〈러브 액츄얼리〉 속편을 TV 영화로 선보였는데 〈Red Nose Day Actually〉가 그것이다.

유쾌한 홈커밍데이를 하듯 휴 그랜트, 리암 니슨, 콜린 퍼스, 앤드류 링컨, 치웨텔 웨지오포, 키이라 나이틀리, 빌 나이, 로라 린니, 토마스 브로

무슨 영화를 보겠다고

더 생스터, 로완 앳킨슨 등 원년 멤버들이 다시 뭉쳤다. 13년 후 그들이 어떤 모습으로 살고 있는지 들여다볼 수 있는 15분짜리 이 유쾌한 속편은 2017년 3월 24일에 BBC에서 처음 방송되었고, 미국에서는 5월 25일에 방송되었다. 미국판은 2분이 더 길어 17분.

든 자리보다 난 자리가 더 티가 난다고 했던가? 그 사이 유명을 달리한 앨런 릭먼의 모습을 더 이상 볼 수 없는 것이 못내 아쉽다.

02⁺ 파리가 당신을 부를 때

Forget Paris. 1995 / Billy Crystal

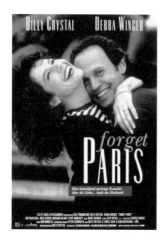

아카데미 시상식 사회를 무려 아홉 번이나 봤지만 오스카 트로피는 한 개도 없는 배우 빌리 크리스털. 그가 〈해리가 샐리를 만났을 때〉의 기세를 몰아 직접 제작, 감독한 영화다. 〈파리가 당신을 부를 때〉는 1989년 〈해리가 샐리를 만났을 때〉의 속편이라고 해도 무방할 정도. 기실 모든 로맨틱 코미디는 게나 고둥, 그 밥에 그 반찬, 초록은 동색이라는 '안티 로코'들의 비난을 받아온 바, 빌리 크리스털이 주인공인데다가 여주인공 데브라 윙거마저 묘하게 맥 라이언과 닮아 있다.

그러나 〈파리가 당신을 부를 때〉를 특정 영화의 속편이나 아류로 폄하했다간 큰코다칠지도. 미키와 엘렌의 요지경 연애스토리는 언제나 우리를 호기심 가득한 얼굴로 뉴욕의 한 레스토랑 구석진 테이블에 앉아 있게 만든다.

결론 : 인생은 복잡하지만 사랑은 아름답다. 뭐가 더 필요해?

관전포인트 주인공 미키는 농구 심판. 덕분에 1990년대를 풍미한 NBA 농구스타들을 한자리에서 구경할 수 있다.

무영보브로스 코멘트

○ 데브라 윙거는 사실 로코의 여왕 맥 라이언의 '세례 요한' 격이라고 할 수 있는 배우예요. 나이 마흔 정도 된 주인공의 사랑 이야기를 이렇게 로맨틱하고 위트 있게 만들 수 있을까요? 남녀가 처음에 느낀 매력만으로 계속 함께하기는 어렵다는 만고불변의 진리를 다시 한번 느끼게 해주는 영화지요.

ㄱ 결국 두 사람이 잘 안 맞는 것 아닌가요? 하하.

ㅊ 이 영화가 다른 로맨틱 코미디와 구별되는 지점은 둘 사이의 사랑이 정점에 올랐을 때 영화가 끝나는 게 아니고, 정점 이후 낭만이 사라진 부부에게 어떤 현실이 기다리고 있는가를 현실적으로 다루고 있다는 거예요. 엘렌에 대한 그리움에 예민해질 대로 예민해진 미키가 카림 압둘 자바의 은퇴경기에서 다름 아닌 압둘 자바를 퇴장시켜 버리면서 벌어지는 한바탕 난리법석 에피소드는 언제 봐도 대폭소를 불러오는 명장면입니다.

BEHIND __ 현실 속 부부들의 수다가 영화가 되다

빌리 크리스털과 그의 아내 제니스는 평소 친구들과 함께 식당에 모여 수다 떨기를 좋아했다. 특히 밀월기간이 끝나고 현실만 남아 있는 부부들의 일상에 대한 재미있는 순간들이 주로 화제에 올랐는데 바로 그 수다들이 이 영화의 핵심 아이디어가 되었다고 한다. 파티가 끝난 뒤 몰려오는 묵직한 현실마저도 친구들과 함께 수다로 풀어내면 또 다른 인생의 재미가 되는 법.

01⁺ 굿바이 걸

The Goodbye Girl. 1977 / Herbert Ross

미국이 자랑하는 극작가 닐 사이먼이 시나리오를 쓴 〈굿바이 걸〉. 국내엔 비교적 덜 알려졌지만 로맨틱 코미디의 정수를 품고 있는 명작이다.

여자 주인공은 젊거나 섹시하지 않으며 남자 주인공 역시 백마 탄 왕자님이 아니다. 로코에서 흔히 볼 수 있는 로맨틱한 우연도, 재치 있는 트릭이나 설정도 없다. 다만 생활고에 시달리는 두 예술가가 눈앞의 삶에 치여 하루하루 힘겹게 살아갈 뿐이다.

버림받는 데 익숙해져 '굿바이 걸'이 되어버린 폴라(마샤 메이슨)는 열 살짜리 딸을 홀로 키우는 한물간 댄서이다. 그런 그녀 앞에 열정만 가득한 배우 엘리엇(리처드 드레이퍼스)이 나타나고 둘 사이에 예쁘지만 조심스러운 사랑이 시작된다.

〈아메리칸 그래피티〉, 〈죠스〉, 〈미지와의 조우〉 등의 작품에서 인상적인 연기를 보여줬던 배우 리처드 드레이퍼스는 이 영화로 마침내 대망의 오스카 트로피를 품에 안았다.

너무나도 가벼워서 훅 불면 날아갈 지경인 것이 로맨틱 코미디라지만, 이 영화 〈굿바이 걸〉은 진실한 사랑과 남녀의 의리에 관해 묵직한 가르침을 준다.

무슨 영화를 보겠다고

관전포인트 점점 망가져가는 리처드 3세

무영보브로스 코멘트

o 오늘날 로맨틱 코미디의 교과서이자 시조새 같은 작품이에요. 늘 차이기만 했던 '굿바이 걸'이 힘들게 다시 사랑을 얻지만, 예술가로서 큰 기회를 잡기 위해 떠나는 남자를 못 믿고 실의에 빠지죠. 하지만 그가 애지중지하던 기타를 남겨놓은 것을 보고 비 내리는 테라스로 뛰어나와 아이처럼 마냥 좋아하는 모습이 참 순수하고도 사랑스러워요.

★ 70-80년대 로맨틱 코미디는 90년대 이후 작품들에 비해 매끄럽다는 느낌은 덜해요. 하지만 설명하기 쉽지 않은, 뭔가 다른 품격이 있어요. 이별을 통보받는 폴라의 모습에서 요즘 영화라면 보기 힘든 순수함이 전해지지요.

BEHIND __ 뮤지컬, TV 영화로 리메이크된 〈굿바이 걸〉

〈굿바이 걸〉은 로맨틱 코미디 팬들을 매료시키는 매력 넘치는 작품인만큼 형식을 바꿔가며 여러 차례 리메이크되었다. 1993년 3월에는 마틴 숏이 주연을 맡고 닐 사이먼이 각색한 뮤지컬 버전이 브로드웨이에 올려져 총 188회 공연되었고, 그 해 토니상에서 최우수 작품상, 연출상, 안무상 등 여러 부문에 노미네이트되었다. 2004년에는 TV 영화로도 리메이크되었는데, 미드 〈뉴스룸〉의 앵커 역으로 유명한 제프 다니엘스가 엘리엇 역에 캐스팅되다. 원작에서 큰 즐거움을 느꼈다면 비교적 가까운 때에 때깔 좋게 재탄생한 리메이크 버전도 한번 찾아보시길.

최과장의
WHY NOT

시애틀의 잠 못 이루는 밤

Sleepless in Seattle. 1993 / Norah Ephron

뉴욕, 그리고 엠파이어 스테이트 빌딩을 로맨틱한 장소로 그린 영화들은 꽤 많이 있다. 그중에서도 사라진 아이를 찾으러 놀란 가슴으로 뉴욕을 찾은 '시애틀의 불면증남'이, 오랫동안 엇갈리기만 하던 뉴욕의 그녀를 전망대 엘리베이터에서 마주쳐 한눈에 서로를 알아보는 이 영화의 라스트 신은 로코 역사에 굵은 한 획을 그었다. 너무 큰 개연성을 기대하지만 않는다면 로맨스 영화로서 이보다 더 좋을 수는 없다.

아내를 잃은 한 남자의 비극에서 시작해 한바탕 해프닝이 벌어지다가 마침내 가슴 뛰는 사랑을 만나는 기적 같은 이야기에 현대적 로코를 완성하는 대부분의 공식들이 오롯이 담겨 있다. 가히 로맨틱 코드의 보물상자라고 부르기에 부족함이 없다. 코미디와 비극의 냉온탕을 오가도 한 치의 어색함이 없는 희한한 만능 배우 톰 행크스의 전성기 연기를 볼 수 있다는 점도 강추 요소.

케이트와 레오폴드

Kate and Leopold. 2001 / James Mangold

'지는 해' 멕 라이언과 '뜨는 해' 휴 잭맨이 크로스되는 길지 않은 시점에 특이하게도 타임머신 양념을 버무려 묘한 낭만코드를 만들어낸 독보적 SF 로맨틱 코미디.

19세기 후반 뉴욕의 노총각 귀공자가 우연히 시간을 타고 넘어 21세기 초 뉴욕의 현대 여성을 만나 겪게 되는 좌충우돌 사건들이 관객의 로맨틱 판타지를 한껏 채워준다.

날치기 강도를 당한 케이트를 위해 관광객 마차에서 끌어낸 백마를 타고 센트럴파크를 누비며 강도를 해치우는 레오폴드는 '백마 탄 왕자'라는 관용어를 현실로 보여준다. 레오폴드의 매력적인 19세기 악센트를 광고에 활용하는 케이트의 재기발랄함도 신선하다.

거친 야성미로 알려졌던 휴 잭맨의 달달한 모습을 처음으로 접할 수 있었던 반전작.

댄 인 러브

Dan in Real Life. 2007 / Peter Hedges

늘 실없는 모습으로 웃기는 코미디 배우가 정색하고 연기할 땐 어색하기 마련. 하지만 그 연기에서 진정성이 느껴질 때면 그 슬픔은 한층 더 무겁게 다가온다.

코미디로 어느 누구 못지않은 커리어를 지닌 스티브 카렐이 아내를 잃고 딸 셋을 혼자 키우며 힘겨워하는 외로운 싱글 대디로 분했다.

며칠 간의 대규모 가족모임을 앞두고 고향 서점에서 우연히 한 여인과 마주쳐 수년 만에 설렘을 느낀 남자. 하지만 하필이면 그녀가 가족모임에 초대된 남동생의 여자친구더라는 '운명의 장난' 속에 가족들 몰래 끙끙 맘고생을 하는 남자의 모습이 애처롭다. 몰래 하던 두 사람만의 사랑의 줄다리기가 가족들 모두에게 발각되는 경악의 순간엔 관객들도 함께 괴성을 지를 수밖에.

사건 사고의 넘실대는 파도를 넘어 삶의 통찰, 가족의 소중함, 따뜻한 인간미를 전해주는 로맨틱하고도 사랑스러운 코미디.

4

눈과 귀의 겹경사,
뮤지컬 영화
TOP10

한국인처럼 가무歌舞를 사랑하는 민족이 없다고들 한다.

이 가설엔 두 가지 오류가 있다.

첫째, 세계 어디에도 가무를 싫어하는 민족은 없다는 것.

둘째, 위 명제의 '가무' 앞에 '음주'란 단어가 빠져 있다는 점이다.

술집이나 식당 한편에서 밴드가 연주를 하고 그 앞에서 자연스레 춤을 추는 외국인들을 보고 문화충격을 받았다는 사람들 얘기를 듣고 있노라면, 벌칙으로 노래를 시킨다거나 하는 우리의 모습도 외국인들에겐 무척 생소할 거란 짐작도 해본다. 수천 년 동안 전해 내려온 저마다의 흥과 가락이 인류 전체의 공통 분모일진대 이상하고 어색해도 서로 비난하거나 손가락질할 수 없는 것 또한 문화가 아닐까. 다만, 과연 우리 일상에 춤과 음악이 얼마나 스며들어 있는지, 얼마나 예술로 승화했는지 알아보는 것은 흥미로운 일이 아닐 수 없다.

각 문화권에서는 이런 춤과 노래, 문학과 연극을 아우른 이른바 '악극' 이 제각각의 모습으로 발전해왔는데 그 대표적인 것이 17세기부터 융성한 유럽의 오페라이다. 왕족과 귀족의 향유물이었던 오페라는 미국으로 건너가, 20세기 초 뮤지컬이란 형태로 대중화되기 시작해 1940~60년대 '뮤지컬의 황금기'를 거치며 지금에 이르렀다.

한편, 무성영화의 시대가 가고 토키 시대가 오자 뮤지컬 영화는 1930년 대 이미 봇물을 이룬다. 뮤지컬 영화는 저렴한 비용으로 서민이 즐길 수 있는 최고의 문화서비스가 되었고, 스테이지 뮤지컬이 점점 상류층이 즐기는 '새로운 오페라'가 되어가는 21세기에도 대중에게 사랑받는 영화 장르로 자리잡았다.

영화로 보는 뮤지컬은 스테이지 뮤지컬엔 없는 좋은 점들이 있다. 아무 때나 꺼내볼 수 있는데다 열 번 스무 번 마음대로 돌려볼 수도 있다. 보다가 말아도 그만이다. 게다가 훌륭하고 유명한 뮤지컬은 막대한 제작비를 들여 영화로 만들어지기 마련이라 브로드웨이나 웨스트엔드를 찾아갈 필요가 없다. 배우들의 전성기 외모와 노래가 마법처럼 고스란히 보존되어 있다는 점도 매력이다.

다시 처음 가설로 돌아가, 세 번째 오류 혹은 의문을 제시하지 않을 수 없다. 한국인이 그토록 가무를 사랑하는 민족이라면 왜 우리에겐 변변한 뮤지컬 영화 하나가 없을까? 아래 리스트에 한국의 뮤지컬 영화가 두어 편 자리를 차지하게 될 날을 기대해본다.

10$^+$ 맘마미아!
Mamma mia! 2008 / Phyllida Lloyd

'주크박스 뮤지컬*'은 스토리가 형편 없고 어거지다'라는 통설을 깨고 영화로도 크게 성공한 뮤지컬.

70-80년대 세계적으로 히트한 스웨덴의 혼성그룹 아바^{ABBA}의 히트곡들이 드라마의 영원한 흥행코드인 '출생의 비밀'과 결합, 새롭고 유쾌한 영화로 재탄생했다. 그러나 뮤지컬 전문배우가 아닌 중년의 스타 영화배우들이 캐스팅되어 평단에서는 좋은 소리를 듣지 못했다. 특히 피어스 브로스넌은 각종 매체로부터 '상처 입은 너구리', '꽥꽥거리는 당나귀', '물소 울음소리' 등 각종 동물로 비유되며 골든 래즈베리 남우주연상을 수상하는 '영예'를 견뎌내야 했다. 하지만 많은 영화팬들은 노래 잘하는 무명배우보다 어눌한 브로스넌을 선호했으리라(그리고 뭐 그렇게 못 들어줄 정도는 아니다). 게다가 아만다 사이프리드라는 신데렐라를 발굴했으니 캐스팅이 비난받을 이유는 없다.

무엇보다 시간의 때를 타지 않는 아바의 끝도 없는 히트곡 퍼레이드가 중장년 관객에겐 향수를, 젊은 관객에겐 신선함을 선사한다.

관전포인트 주요 캐스트들이 영화 말미 '워털루'를 부를 때 천상에서 내려다보고 계시는 실제 '아바'를 찾아봅시다.

무영보브로스 코멘트

○ 〈맘마미아〉는 주크박스 뮤지컬이면서 스토리 자체로도 독립적인 영역을 잘 구축하고 있다는 점에서 아주 특별한 작품이에요. 게다가, 메릴 스트립! 정말 대단하죠? 뭐 이런 사람이 다 있나요?

★ 엄마 도나가 딸 소피의 결혼식을 준비하다 'Slipping through my fingers'를 부르는 장면에서는 저도 모르게 눈가가 촉촉해지더군요. 아마 많은 여성들이 자신의 엄마와 딸을 생각하며 이 부분에서 눈물을 쏟지 않았을까 생각합니다.

BEHIND __ 무결점 배우 메릴 스트립

주인공 도나로 분하여 완벽한 연기와 노래를 선보인 메릴 스트립이 한 노래 하신다는 것은 전부터 꽤나 잘 알려진 사실이었지만, 이 영화를 통해 그녀의 실력에 감탄한 사람들도 많았다. 그중엔 아바의 오리지널 멤버이자 작곡가인 베니 안데르손Benny Andersson도 포함되어 있었는데, 스톡홀름에서 있었던 극 중 그녀의 솔로곡 'Winner Takes it All' 녹음을 원테이크 만에 끝내버리는 것을 보고는 벌어진 입을 다물지 못했다고 한다. 메릴 스트립이라는 우아하고 환상적인 배우와 동시대를 살고 있다는 사실이 새삼 행복할 따름이다.

* 왕년의 인기를 누리던 대중음악을 모아 다시 극적 형식과 얼개를 엮어 무대용 뮤지컬로 재탄생시킨 일련의 작품들. 퀸의 〈We will rock you〉(2002), 엘비스 프레슬리의 〈All shook up〉(2004), 포 시즌스의 〈Jersey boys〉(2005) 등이 대표적이다. 국내에서도 故이영훈, 김광석의 작품을 모아 만든 〈광화문연가〉(2011), 〈그날들〉(2013) 등이 소개되고 있다.

09⁺ 어크로스 더 유니버스

Across the Universe. 2007 / Julie Taymor

이른바 '비틀즈 디케이드'라 불리는 1960년대는 이미 역사가 되었고 비틀즈의 절반도 저세상으로 가셨지만, 그들의 음악만큼은 여전히 전성기를 구가 중이다. 뮤지컬 〈라이온 킹〉의 연출로 유명해진 줄리 테이머가 비틀즈의 30곡이 넘는 그야말로 '주옥같은' 노래들을 한 영화에 담아냈다.

소문만 무성하던 비틀즈의 주크박스 뮤지컬이 드디어 나왔다는 뉴스는 수많은 비틀 마니아와 뮤지컬 마니아들의 구미를 당겼지만, 찬사와 악평이 엇갈리는 가운데 영화는 큰 적자를 기록한다. 그도 그럴 것이 비틀즈의 음악은 천의무봉의 완전무결함을 지녔다고 믿는 비틀즈 팬들에게 이 영화는 그야말로 '불경스러움' 그 자체였으니 말이다.

그러나 원리주의자가 아니라면 다양하고 치밀하게 편곡된 비틀즈의 넘버들과 영화만이 보여줄 수 있는 화려한 연출, 편집, 촬영을 감상하다 보면 어느새 133분이 후딱 지나간다는 걸 느낄 것이다. 똑같은 이유로 어떤 이들에겐 133분의 고문일 수 있겠지만.

관전포인트 카메오 : 셀마 헤이엑, 조 카커, 보노

무슨 영화를 보겠다고

무영보브로스 코멘트

○ 영국 리버풀 출신의 주인공이 미국으로 건너와 겪는 이야기라는 점은 어떻게 봐도 비틀즈의 실제 삶과 떨어뜨려 놓고 볼 수가 없지요. 비틀즈의 이야기를 그들의 음악과 함께 상징적으로 잘 엮어낸 것 같아요.

★ 장례식과 'Let it be'가 이렇게 잘 어울리리라고는 생각해본 적이 없네요. 사랑하는 가족과의 이별이 가져오는 깊은 슬픔을 묵직하게 잘 표현한 장면이었어요. 비틀 마니아로서 이런 명장면들을 맘껏 느낄 수 있는 소중한 영화입니다.

BEHIND __ 비틀즈에게 이 영화란?

자신들의 음악으로 만들어진 뮤지컬 영화를 지켜보는 비틀즈의 심경은 과연 어땠을까? 감독 줄리 테이머는 시사회에서 폴 매카트니 바로 옆에 앉아 극도로 초조한 마음으로 그의 반응을 지켜봤다고 한다. 그도 그럴 것이 레전드의 음악들로 만든 영화가 정작 그들로부터 외면당하는 것만큼 창피하고 당황스러운 일이 어디 있겠는가?

극장에 다시 불이 켜지고, 줄리 테이머는 매카트니에게 혹시 어디 마음에 안 드는 부분이라도 있느냐고 조심스럽게 물었다. 이에 매카트니는 비틀즈의 'All My Loving'을 흥얼거리는 것으로 대답을 대신함으로써 테이머에게 형용할 수 없는 안도와 감동을 안겼다. 또 다른 비틀즈 멤버 링고스타, 존 레논의 아내 요코 오노, 조지 해리슨의 아내 올리비아 해리슨도 극찬을 아끼지 않았다고. 레전드도 인정했으니 비틀즈 팬이라면 무조건 감상!

08⁺ 그 남자의 사랑법
Rab Ne Bana Di Jodi. A Match Made by God. 2008 / Aditya Chopra

어쩌면 가무를 가장 사랑하는 민족은 우리가 아니라 인도 사람들인지도 모른다. 인도 영화를 감상할 때면 언제 불쑥 뮤지컬 신이 나올지 모를 정도. 그만큼 발리우드는 춤과 노래를 사랑한다. '발리우드의 제왕'이라 불리며 10억 명의 팬을 자랑하는 인도 국민 배우 샤룩 칸과 인도를 대표하는 영화 감독 아디트야 초프라의 콜라보 〈그 남자의 사랑법〉(인도어 제목을 해석하면 '하늘이 맺어준 인연'쯤 되겠다).

인도의 전설적인 영화감독 사티야지트 레이를 기리며 만들어진 이 유쾌한 뮤지컬은 자신의 아내를 꾀는 한 남편의 흥미로운 로맨스를 다루고 있다. 뮤지컬 넘버는 7곡인 데 비해 러닝타임이 무려 세 시간에 달한다는 게 조그만 함정. 할리우드 뮤지컬 영화의 십분의 일도 안 되는 제작비로 온갖 스펙터클한 뮤지컬 신들을 보여주는 발리우드의 제작력은 가히 경이롭기까지 하다. 베드 신은커녕 키스 신도 보기 힘든 힌디 영화가 기존의 웬만한 로코보다도 달달할 수 있다는 것의 증명.

관전포인트 인도의 모든 여배우가 등장하는 듯한 뮤지컬 신 〈피르 밀렌지 찰테 찰테〉. 이른바 '인도식 떼춤'의 진수를 보여줌.

무슨 영화를 보겠다고

무영보브로스 코멘트

○   뮤지컬 영화는 기술집약적인 장르라 영화 기술이 상당히 발전한 시장이 아니라면 활성화되기 어렵죠. 할리우드 외에 유일하게 그것을 해내는 시장이 바로 발리우드예요. 신의 나라 영화답게 "정말 그 사람을 사랑하게 되면 그에게서 신을 본다."라는 대사가 기억에 남네요.

ㄱ   키스 신 하나 없이도 남녀 간 사랑의 감정을 잘 표현하고 있다는 점에서 큰 점수를 주고 싶어요. 두 사람이 진정한 사랑에 빠지는 신은 무려 1분이 넘는 롱테이크로 진행되지요. 정말 재미있는 영화예요!

ABOUT __ 발리우드의 신성일-안성기-송강호, 샤룩 칸!!

1965년생으로 어느덧 중년에 이른 샤룩 칸은 1988년 데뷔한 후 현재까지 왕성하게 활동하며 엄청난 티켓파워를 자랑하는 인도 최고의 배우다. 2010년에는 타임지가 뽑은 '세계에서 가장 영향력 있는 인물 100인' 중 13위에 오르기도 했다.

인도 내 현대자동차의 광고모델로도 활동했고, 태권도를 매우 좋아해 2009년 한국관광 명예홍보대사까지 맡을 정도로 대표적인 친한파 배우. 그가 출연하고 1995년에 개봉한 〈용감한 자가 신부를 데려가리〉는 아직도 극장에서 상영되고 있어 기네스북에 등재되었을 정도이다.

07+ 8명의 여인들

8 Femmes. 2002 / Francois Ozon

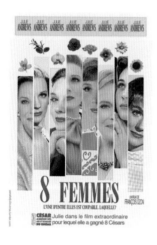

문화강국 프랑스는 영미권에 비해 뮤지컬이 썩 인기 있는 장르가 아니다. 그래서인지 뮤지컬 영화 또한 유서 깊은 프랑스 시네마의 규모에는 못 미친다. 그러나 자크 데미 감독, 미셸 르그랑 음악, 카트린 드뇌브 주연의 〈쉘부르의 우산〉(1964)에서 엄청난 역량을 보여줌으로써 '우리가 못 해서 안 하는 게 아니거든?' 하는 일갈을 날린 바 있다. 그로부터 38년 후 드뇌브는 독특한 뮤지컬 영화에 다시 한번 출연하게 되는데, 프랑스의 스타일리스트 프랑소와 오종 감독의 〈8명의 여인들〉이 그것이다.

한 편의 살롱 뮤지컬을 극장에서 보는 듯한 느낌을 주는 이 작품은 할리우드 뮤지컬들이 '더 크게, 더 화려하게, 더 시끄럽게' 일로를 걷는 것에 조소를 보내듯 단순하고 담백하다. 1930년대부터 현재까지 프랑스의 각 세대를 대표하는 여배우들−다니엘 다리유, 카트린 드뇌브, 파니 아르당, 이자벨 위페르, 엠마누엘 베아르의 부가가치 높은 연기와 노래를 감상하는 재미가 쏠쏠하다.

관전포인트 범인은 누구?

무슨 영화를 보겠다고

무영보브로스 코멘트

- ○ 밀실 살인사건을 풀어가는 내용이 마치 아가사 크리스티의 추리소설을 보는 것 같죠? 압도적인 뮤지컬 신을 보여주지는 않지만 도리어 이렇게 작은 규모의 뮤지컬이 주는 생동감과 임팩트가 있는 것 같아요.

- ★ 뮤지컬 요소가 양념처럼 들어가 있긴 해도 뮤지컬 신이 감동의 포인트가 되지는 못하는데 이 영화를 뮤지컬 영화로 볼 수 있을까요? 전반적으로 상당히 특이한 영화인데, 좀 깬다(?)는 느낌이 들어서 처음 볼 때 꽤 당황했던 기억이 나네요.

ABOUT __ 프랑스에도 훌륭한 뮤지컬이 있다네

뮤지컬의 본고장이라면 보통 뉴욕 브로드웨이와 런던 웨스트엔드를 떠올리기 마련이지만, 이러한 영미권 뮤지컬들과 확실히 차별화된 길을 걷고 있는 프랑스 뮤지컬의 세계도 간과할 수 없다. 프랑스와 벨기에를 제외하고도 아프리카, 유럽 일부, 캐나다 퀘벡과 몬트리올 등 세계적으로 여전히 프랑스어를 사용하는 나라가 많기 때문에 이 시장을 대상으로 생산, 소비되는 프랑스 뮤지컬이 점차 그 영역을 넓혀가는 중이다. 그중 3대 흥행작으로 꼽히는 〈노트르담 드 파리〉(1998), 〈십계〉(2000), 〈로미오와 줄리엣〉(2001)은 영미권 뮤지컬과는 다른 신선한 무대 이미지와 형식 등으로 세계 뮤지컬 시장에 새 바람을 일으키고 있다.

06+ 헤드윅

Hedwig and the Angry Inch. 2001 / John Cameron Mitchell

드래그 퀸, 젠더 퀴어, 트랜스젠더… 우리와는 영 동떨어진 세계의 익숙지 않은 재료라도 음악이라는 천연조미료로 잘 버무리면 그럴듯한 요리가 된다는 사실을 여실히 증명한 영화이다.

〈헤드윅〉은 존 캐머런 미첼(대본, 주연)과 스티븐 트래스크(작사, 작곡) 두 사람의 1998년 오프브로드웨이 뮤지컬을 영화화한 작품으로, 미첼은 이 영화로 성공적인 감독 데뷔전을 치렀다.

〈헤드윅〉의 넘버들은 기본적으로 70년대 유행했던 글램록*을 기반으로 한 곡들. 록뮤지컬의 강점인 강렬한 사운드와 메시지에 시각적 효과가 더해졌다. 특히 3년간 무대공연으로 음악적인 완성도가 한껏 올라가 역시 '뮤지컬은 스토리고 뭐고 음악이 먼저'라는 업계의 황금률을 방증해 보이기도.

사설 : 록음악의 황무지인데다 성소수자들이 탄압(?)받는 대한민국에서 뮤지컬 〈헤드윅〉이 매번 크게 흥행하는 이유를 아직도 잘 모르겠음.

관전포인트 북 치고 장구 치고 노래까지 하는 존 캐머런 미첼

무영보브로스 코멘트

○ 한국 여성들과 밴드를 만들어 'Wicked Little Town'을 부르는 장면에서는 묘한 페이소스가 느껴집니다. 그 여성들이 미군과 결혼한 뒤 버림받은 사람들이거든요. 코믹해 보이기도 하는 신이지만 마냥 웃을 수만은 없었어요. 〈헤드윅〉을 보면서 우리 역사가 읽히는 특이한 경험이었지요.

★ 실제 뮤지컬 무대에서 〈헤드윅〉을 봤을 때는 독백이 너무 많아 좀 지루하게 느껴졌어요. 그래서 뮤지컬임에도 불구하고 이 작품만큼은 영화를 훨씬 선호하는 편이에요. 그런데 우리나라에 뮤지컬 〈헤드윅〉 덕후가 굉장히 많거든요? 도대체 왜 이런 현상이 일어나고 있는지 개인적으로 아주 궁금해요.

BEHIND __ 〈헤드윅〉이 생생한 이유

무대에서 연주하는 공연예술과 달리 영화에서는 미리 녹음해둔 음악에 맞춰 립싱크를 하며 촬영하는 게 일반적이다. 존 캐머런 미첼은 헤드윅에서 보다 생생한 음악을 들려주기 위해 조금 다른 작업 방식을 사용했다. 스튜디오에서 미리 만든 밴드 반주에 맞춰 촬영 현장에서 직접 연기와 함께 노래한 보컬사운드를 녹음한 것. 후반 작업에서 스튜디오 반주와 녹음된 현장 보컬을 다시 합쳐 영화를 완성해 나갔는데 이러한 노력이 헤드윅만의 특별한 감동을 만들었다.

* 1970년대 초반 영국에서부터 시작되어 화려한 의상과 염색 머리, 과장된 화장 등의 시각적 이미지를 특징으로 하는 록음악의 하위 장르. 대표적인 뮤지션으로는 티렉스, 데이빗 보위, 게리 글리터 등을 꼽을 수 있다.

05⁺ 물랑 루즈

Moulin Rouge. 2001 / Baz Luhrmann

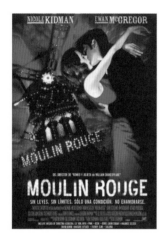

호주의 '극장집 아들' 바즈 루어만 감독이 영화팬들을 위해 준비한 밀레니엄 선물. 루어만의 이른바 '빨간 커튼 3부작*' 중 마지막 작품.

거의 100곡에 달하는 히트곡들을 클래식, 재즈, 팝, 록으로 편곡해 두 시간짜리 영화에 압축해 구겨 넣은 고단백 고칼로리 뮤지컬 영화이다.

이야기의 구조는 문학작품에서 흔히 볼 수 있는 이른바 '이수일과 심순애' 플롯. 팜므파탈의 여주인공 샤틴(니콜 키드먼), 가난하지만 열정적인 작가 크리스티앙(이완 맥그리거), 샤틴에게 눈독을 들이는 백만장자 공작(리처드 록스버그), 그리고 공작을 이용해 극장과 극단을 살리려는 극장주 지들러(짐 브로드벤트) 등 스테레오 타입의 주인공들이 등장한다.

파리 몽마르트르 언덕의 물랑 루즈 극장을 배경으로 이들의 사랑과 암투, 환희와 좌절이 펼쳐지는데, 스테레오 타입이고 뭐고 〈물랑 루즈〉의 백미는 역시 끝도 없이 흘러나오는 주크박스의 노래 퍼레이드이다. 키드먼과 맥그리거의 가창력이 다소 약하지 않느냐는 비판도 있었지만 〈로미오와 줄리엣〉부터 루어만 감독과 호흡을 함께해 온 작곡가 크레이그 암스트롱의 일사불란한 지휘 아래 완벽에 가까운 마스터 녹음을 끌어냈다. 세트, 음악, 안무의 화려함은 인도의 발리우드 뮤지컬을 역수입한 듯한 느낌까지 준다.

관전포인트 미국 영화인데 정작 주요 캐스트 중엔 미국 출신이 한 명도 없음.

무영보브로스 코멘트

o 바즈 루어만이 맘을 단단히 먹고 만든 영화인 것 같아요. 좀 과하다는 느낌이 들 정도로 장르를 가리지 않고 수많은 음악을 다양하고 화려하게 보여줍니다. 마치 두 시간짜리 뮤직비디오를 보는 느낌도 나고요. 니콜 키드먼은 단점이 없는 배우인 것 같아요. 톰 크루즈랑 결혼했던 것 빼고는. 하하.

★ 제게는 감탄을 넘어 경이로운 수준의 영화였어요. 수많은 디테일이 있지만, 영화의 시작과 마무리를 장식하는 붉은 커튼 앞 지휘자의 뒷모습에서는 마치 장엄한 공연 한 편을 본 듯한 느낌마저 들었어요.

BEHIND __ 유일한 오리지널 곡 'Come What May'가 오리지널이 아니라고?

수많은 히트곡들이 사용된 이 주크박스 뮤지컬에는 오리지널 곡이 딱 하나 포함되어 있는데 니콜 키드먼과 이완 맥그리거의 절절한 듀엣곡 'Come What May'가 바로 그것이다. 하지만 이 곡은 자격 미달로 그

* 빨간 커튼 3부작 (Red Curtain Trilogy) : 〈댄싱 히어로〉(Strictly Ballroom, 1992), 〈로미오와 줄리엣〉(1996), 〈물랑 루즈〉(2001)

해 오스카 주제가상에 아예 노미네이트도 되지 못했다. 이 곡이 원래 이 영화를 위해 쓰인 곡이 아니라는 것이 이유. 사실 'Come What May'는 바즈 루어만의 1996년 초기작 〈로미오와 줄리엣〉을 위해 쓰인 곡이었지만 정작 그 영화에서도 사용되지 않았다. 그러다 5년 후 후속 프로젝트인 〈물랑 루즈〉에서 재활용(?)된 것이다. 비록 상은 못 받았지만, 전 세계 수천만 관객들에게 뒤늦게라도 큰 감동을 준 것으로 만족하시길.

04+ 에브리원 세즈 아이 러브 유

Everyone Says I Love You. 1996 / Woody Allen

매년 연례행사 하듯이 영화를 만드는, 의외로 성실한 감독 우디 앨런. 뉴욕 출신인 그는 지독한 재즈광이자 수준급 클라리넷 연주자이기도 하다. 그런 앨런이 1996년 자신이 좋아하는 재즈곡들을 모아 작심하고 만든 뮤지컬 영화가 〈에브리원 세즈 아이 러브 유〉이다. 귀에 익은 15곡의 재즈 클래식들을 에드워드 노튼, 알란 알다, 팀 로스, 나탈리 포트만, 줄리아 로버츠 등 별로 '뮤지컬스럽지 않은' 배우들이 직접 부른다. 배우들에게 앨런은 가창력보다도 '자연스러움'을 강조했는데 골디 혼은 노래를 너무 잘해서, 드류 배리모어는 너무 못해서 문제였다고 한다. 결국 배리모어는 대역 가수가 부른 노래에 립싱크를 하는 굴욕(?)을 겪기도.

이렇게 희소가치가 있는 작품임에도 불구하고 관객의 반응은 영 시큰둥해서 이 영화 이후 우디 앨런은 영화와 음악의 '분리정책'을 실시하시는 듯. 뉴욕, 로맨틱 코미디, 재즈, 그리고 우디 앨런. 모든 것이 한 접시 위에 놓인 어울리는 요리이다.

관전포인트 초보자들의 뮤지컬과 재즈, 그리고 우디 앨런 동시 입문

무영보브로스 코멘트

○ 우디 앨런이 영화사에서 중요한 위치를 차지하는 인물이긴 하지만, 똑같은 말투와 스타일로 늘 비슷한 연기를 하는 게 개인적으로는 그다지 마음에 들지 않아요. 그리고 여성 편력도 좀 맘에 안 드는데, 이 영화에서도 키스 한번 하려고 일부러 줄리아 로버츠를 캐스팅한 것 같아요. 하하. 요즘은 스칼렛 요한슨을 계속 캐스팅하는 것 같더라고요. 쳇. 여자 보는 눈은 있어가지고…. 그래도 영화 제목보다 감독 이름을 먼저 얘기하는 몇 안 되는 감독인 건 사실이죠. 이 영화로 뮤지컬의 영역도 충분히 잘해낼 수 있다는 걸 보여줬고요.

★ 저는 우디 앨런을 좋아하는 편이에요. 일단 그가 가진 취향이 확실해요. 그것으로부터 시작되는 자신만의 매력을 계속 보여주니까 그에게 열광하는 사람들도 있는 법이겠죠. 위대한 예술가의 덕목 중에 성실성도 포함된다고 생각하는데요, 그는 자기 재능의 우물에서 계속 뭔가 퍼내듯 성실하게 창조에 임해요. 그리고 여전히 계속 뭔가 새로운 것을 만들어내고 있고요.

ㅈ 우디 앨런의 성실함과 꾸준함은 정말 깜짝 놀랄 정도네요. 1965년부터 2013년까지 48년 활동하는 동안 1968년, 1974년, 1981년 이렇게 3년을 제외하고는 매년 어떤 작품이든 연출, 각본, 주연을 한 편 이상씩 해왔다고 해요. 그런 우디 앨런이 재정적 후원을 받지 못해 2019년엔 신작을 내지 못할 수도 있다고 하네요. 2018년 8월 다수의 해외 매체가 '우디 앨런이 45년 만에 경력 단절에 직면했다'고 보도했거든요. 사생활을 떠나 그의 꾸준한

무슨 영화를 보겠다고

행보가 갖는 상징성이 꽤 크다고 생각하기에 더욱 안타까워요.

ABOUT __ 〈브로드웨이를 쏴라〉가 브로드웨이에?

이 영화와 달리 우디 앨런의 영화가 정통 뮤지컬 작품으로 재탄생한 케이스도 있다. 1994년작 〈브로드웨이를 쏴라Bullets over Broadway〉가 바로 그것. 브로드웨이에 작품을 올리기 위해 모인 작가, 배우, 제작자, 마피아 보스가 뒤엉켜 벌이는 한바탕 소동을 재미있게 그려낸 이 영화는 우디 앨런표 코미디 영화 중 단연 으뜸이다. 우디 앨런의 영화를 뮤지컬로 만든 최초 사례이기도 하고, 그가 직접 뮤지컬 각본을 맡아 화제가 되기도 했다. 초연은 2014년 3월부터 뉴욕 브로드웨이에서 프리뷰 33회와 정식 공연 156회에 걸쳐 이뤄졌다.

03⁺ 레 미제라블
Les Miserables. 2012 / Tom Hooper

150년이 지나도 그 인기가 식을 줄 모르는 빅토르 위고의 소설 『레 미제라블』은 영화와 드라마로도 수없이 만들어졌다. 뮤지컬은 1980년 프랑스에서 초연되었는데 3개월 공연하고 막을 내려 거의 잊힐 뻔했지만 '뮤지컬계의 미다스' 캐머런 매킨토시가 가사를 모두 영어로 바꾸어 기획 및 제작한 뒤 1985년 웨스트엔드에 다시 올렸다. 이 영국판 〈레 미제라블〉은 초연 당시 평론가들의 혹평에도 불구하고 최장기 공연 기록들을 갈아치우며 지금까지도 흥행하는 대표적인 성-스루 뮤지컬*이 되었다.

2012년 톰 후퍼 감독이 연출한 영화 〈레 미제라블〉은 휴 잭맨(장발장), 러셀 크로(자베르), 앤 해서웨이(팡틴), 아만다 사이프리드(코제트), 에디 레드메인(마리우스) 등을 캐스팅, 뮤지컬을 그대로 영화화하였다. 대사가 한 마디도 없어 오페라를 방불케 한다. 특히 기존의 뮤지컬 녹음방식을 버리고 새롭게 시도한 이른바 '노래 동시녹음'은 〈레 미제라블〉을 이전의 뮤지컬 영화와 완전히 구별짓는 요소가 되었다.

관전포인트 앤 해서웨이의 솔로곡 'I Dreamed a Dream'

무영보브로스 코멘트

○ 이 영화를 보자마자 '앤 해서웨이는 저 노래로 오스카상을 받을 것'이라고 말하고 다녔는데 아무도 귀담아듣지 않더군요. 하지만 그 예언이 적중했어요. 'I Dreamed a Dream' 솔로는 우리가 그동안 어디서도 보지 못한 장면이었죠. 노래보다는 연기의 힘이었고, 동시녹음이 아니었다면 그런 힘을 끌어내지 못했을 거예요. 저도 나름 뮤지컬 작업 많이 한 작곡가인데 이 장면에선 정말 가슴이 쿵쾅거리더라고요.

ㄱ 지금 와서 보니 『레 미제라블』은 비참한 민중의 삶과 프랑스 혁명에 관한 얘기예요. 그런데 왜 우리가 어릴 때 읽었던 『장발장』에는 그 내용이 싹 빠져 있었죠? 그냥 촛대 도둑 이야기였잖아요. 이게 대체 무슨 짓입니까?

★ 저 멀리서 들려오는 희미한 노랫소리와 바리케이드 앞 웅장한 합창이 연결되는 엔딩 장면에선 숨이 멈추는 것 같은 감동을 받았어요. 제가 마치 그 군중 속에 섞여 있는 것처럼 가슴이 뜨거워지더군요.

ABOUT __ 기네스 기록을 가진 뮤지컬들

해마다 새로운 세계 최고의 기록들을 모아 발간하는 기네스북에는 뮤지컬에 관한 기록도 포함되어 있다. 현재 가장 오랫동안 공연된 뮤지컬은 런던 웨스트엔드에서 공연 중인 〈레 미제라블〉. 1985년 12월 4일 개

* 성-스루 뮤지컬(Sung-Through Musical) : 작품의 시작부터 끝까지 대사 없이 노래로만 이뤄진 뮤지컬.

막해 32년째 쉼 없이 열리는 공연은 2012년 영화가 개봉된 이후 더 큰 인기를 얻고 있다. 뉴욕 브로드웨이에서 가장 오랫동안 공연된 작품은 〈오페라의 유령〉인데 1986년 런던에서 초연된 후 1988년 브로드웨이로 넘어와 현재까지 진행되고 있다.

가장 많은 제작비가 들어간 뮤지컬은 2011년 개막한 〈스파이더맨〉. 〈라이언 킹〉의 연출자 줄리 테이머 등이 참여했고 7천 5백만 불(약 850억 원)에 이르는 제작비가 투입되었지만 안전사고와 악평 속에 흥행에 참패, 2014년에 막을 내렸다. 약 6천만 불의 손해가 발생했다고.

02⁺ 스위니 토드 : 어느 잔혹한 이발사 이야기

Sweeney Todd : The Demon Barber of Fleet Street.
2007 / Tim Burton

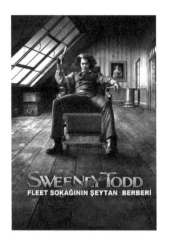

뮤지컬이란 모름지기 멋진 등장인물들이 시종 흥겨운 춤과 노래를 시전하며 화려하고 웅장한 해피엔딩으로 마감, 관객들에게 행복한 여운을 선사하는 것이 불문율이다. 그러나 뮤지컬이 발전을 거듭하면서 기존의 상투적인 패러다임에 반기를 든 실험적 시도 역시 점차 증가하는 추세다.

1979년에 초연된 스티븐 손드하임의 〈스위니 토드〉는 뮤지컬에 스릴러와 호러를 가미해 크게 히트했는데, 이 뮤지컬을 2007년 팀 버튼이 뮤지컬-슬래셔라는 미답의 장르로 승화(?)하여 영화화했다. 팀 버튼의 막역한 동지들인 조니 뎁, 헬레나 본햄 카터(당시 버튼의 부인)와 앨런 릭먼, 티모시 스폴 등 중견 영화배우들이 출연해 빅토리아 여왕 시대의 칙칙한 런던과 연쇄 살인사건, 복수극을 어둡고 잔혹하게 보여준다. 그것도 뮤지컬로.

우리에게도 낯설지 않은 인육만두 괴담을 극화한 스토리라인과 세트, 촬영 등이 팀 버튼의 '어두운 손길'을 거쳐 독특한 분위기를 자아낸다. 무엇보다 손드하임의 30년 묵은 노래들이 초연 때부터 편곡과 지휘로 참여한 조나단 튜닉과 80인조 오케스트라의 녹음작업을 거쳐 수려하게 재탄생했다. 원작자 손드하임은 이 작품의 영화화에 부정적이었지만 영화 〈스위니 토드〉는 흥행에 성공했고, 평단의 반응도 열광적이었다(손드하임은 2014년 뮤지컬 〈숲속으로〉의 영화화를 말렸어야 했다).

관전포인트 조니 뎁과 앨런 릭먼의 듀엣 'Pretty Women'

무영보브로스 코멘트

- ⦿ 사람들의 상상력이 크게 다르지 않은지 어느 나라에나 이런 괴담이 있지요. 굉장히 잔혹한 이야기지만, 아름답게 편곡된 오케스트레이션과 비벼져 전혀 다른 묘한 분위기가 조성되었어요.

- ✗ 왜 팀 버튼을 '어둠의 마법사'라고 부르는지 확실히 알 수 있게 해주는 영화지요.

BEHIND __ 까칠한 손드하임 씨

이 작품의 영화화에 늘 방어적 태도를 보였던 작곡가 스티븐 손드하임은 팀 버튼이 연출을 맡은 후에야 비로소 경계심을 풀었다고 한다. 그럼에도 불구하고 까칠한 조건들을 내걸었는데, 대표적인 것이 각 배역에 어떤 배우를 쓸지 반드시 본인이 승인해야 한다는 것.

주연을 맡은 조니 뎁의 목소리가 지나치게 록음악에 가깝다며 까칠하게 굴던 손드하임은 직접 조니 뎁의 보컬 오디션을 보고 나서야 간신히 캐스팅을 허락했다. 팀 버튼과의 관계 때문에 특혜 논란이 있었던 헬레나 본햄 카터는 자신이 노래한 최소 12개 이상의 영상을 손드하임에게 보내 직접 허락을 얻었다. 최종 영화작품에서도 원작이 각색된 장면은 손드하임의 승인 하에 바꾼 단 한 군데뿐이었다고.

01⁺ 사운드 오브 뮤직

The Sound of Music. 1965 / Robert Wise

1940-60년대는 실로 뮤지컬 영화의 르네상스였다. 특히 60년대엔 〈웨스트 사이드 스토리〉, 〈화니걸〉, 〈메리 포핀스〉, 〈마이 페어 레이디〉, 〈올리버!〉 같은 뮤지컬 영화가 르네상스의 대미를 장식했다. 그 정점에 있는 영화가 로저스-해머스타인 콤비의 〈사운드 오브 뮤직〉(1965). 1959년 무대에 올려진 동명의 브로드웨이 뮤지컬을 영화화한 이 작품은, 개봉 당시 〈바람과 함께 사라지다〉가 갖고 있던 모든 흥행기록을 갈아치우고 세계적으로 3억 불에 달하는 매출을 올린다.

어떻게 보면 '애 일곱 딸린 홀아비가 수녀를 꾀어서 조국을 버리고 미국으로 도망간다'는 해괴망측한 스토리지만 음악이 모든 걸 용서하게 만든다. 이미 〈남태평양〉, 〈왕과 나〉 등 많은 히트작을 만든 리처드 로저스(작곡), 오스카 해머스타인(작사)의 노래들은 〈사운드 오브 뮤직〉에서 최절정의 시너지를 발휘, 이 작품을 뮤지컬 영화의 대명사로 만들었다(이 작품은 해머스타인의 유작이기도 하다).

50년 전 잘츠부르크와 알프스의 아름다운 풍광, 신이 내린 목소리 줄리 앤드루스, 완벽한 편곡과 연출로 구성된 뮤지컬 넘버들⋯. 가히 '위대한' 뮤지컬 영화다.

관전포인트 마리아(줄리 앤드루스-1931년생)와 폰 트랩 대령(크리스토퍼 플러머-1929년생)은 아직도 활동 중!

무영보브로스 코멘트

- **○** 이 영화는 어릴 때부터 TV에서 워낙 자주 방영해줘서 제대로 보지도 않고 봤다고 착각하는 사람들이 많은 것 같아요. 다시 한번 마음먹고 처음부터 제대로 보시길 추천합니다. 다른 느낌, 큰 감동을 받으실 겁니다. 이 영화의 OST가 제게는 더 각별해요. 어린 시절 아버지가 이 LP를 자주 틀어놓으셨거든요. 잊을 수 없는 추억이에요.

- **★** 어릴 때는 〈사운드 오브 뮤직〉의 음악들을 오케스트라 반주 때문인지 클래식에 가까운 장르라고 생각했던 것 같아요. 하지만 최근 다시 들으니 굉장히 다이내믹한 곡들이 많더라고요. 뒤늦게 〈사운드 오브 뮤직〉을 재발견했습니다.

ABOUT __ 〈사운드 오브 뮤직 싱어롱〉 콘서트

이 영화가 상영된 지 무려 50여 년이 지났지만 팬들의 애정은 여전하다. 미국 LA에 있는 할리우드 볼Hollywood Bowl에서는 매년 〈사운드 오브 뮤직 싱어롱〉 콘서트가 성황리에 열린다. 〈사운드 오브 뮤직〉 영화에 자막을 넣어 상영하고, 참석한 모든 관객이 다 함께 노래를 따라 부르며 즐기는 행사다. 어린 시절 이 영화를 보고 자란 〈사운드 오브 뮤직〉 키드들이 어느새 성장해 자신의 자녀들의 손을 잡고 찾아와 감동을 대물림하는 모습은 가히 장관이다. 영화에 출연했던 배우들과 실제 폰 트랩의

무슨 영화를 보겠다고

자녀들이 무대인사에 나서기도 한다. 연례행사인데다가 공연장의 수용 가능 관객수가 1만 8천 명이 넘는데도 콘서트는 늘 만석에 매진 사례라고. 잘 만든 뮤지컬 작품 하나가 한 사회의 문화적 DNA에 새겨지는 현장이다.

최과장의
WHY NOT

헤어스프레이

Hairspray. 2007 / Adam Shankman

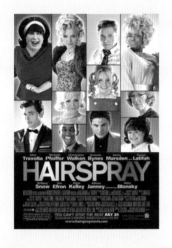

1960년대 초 미국 동부 볼티모어에 살고 있는, 작고 뚱뚱하지만 재능 많고 사랑스러운 여고생 트레이시의 꿈과 열정을 시종일관 유쾌하게 그린 뮤지컬이다. 인종, 외모 차별, 빈부격차 등 미국 사회가 안고 있는 고질적인 문제들을 무겁지 않게, 그러나 정면승부로 솜씨 있게 다뤘다.

크리스토퍼 월켄, 미셸 파이퍼, 퀸 라티파 등 여러 명배우들의 열연이 돋보이지만, 그중에서도 구수한(?) 성격과 외모를 가진 엄마로 분한 존 트라볼타의 여장 연기가 단연 압권이다. 영화를 보며 이 명배우의 스펙트럼에 감탄하지 않는다면 십중팔구 저 엄마가 존 트라볼타라는 사실을 눈치채지 못한 경우이지 않을까. 극장에서 영화를 보며 터져 나오는 환호소리와 들썩이는 엉덩이 때문에 답답할 정도. 언제 봐도 밝고 발랄유쾌한 뮤지컬 영화다.

드림걸즈

Dreamgirls. 2006 / Bill Condon

미국 디트로이트에 근거한 모타운레 이블의 그룹 슈프림스와 다이애나 로스의 실화가 바탕이라는 것은 공공연한 안 비밀(?)인 시원시원한 블랙 뮤지컬 영화.

당대 최고의 여성보컬 비욘세와 제니퍼 허드슨의 상반된 매력을 한껏 느낄 수 있는데다가, 위대한 가수인지 위대한 배우인지 가끔 헷갈리는 제이미 폭스, 그리고 그냥 코미디 배우인 줄만 알았던 에디 머피의 제대로 된 그루브도 즐길 수 있다.

'딴따라 인생'이라는 자칫 흔하게 느껴질 수도 있는 영화의 단골 소재를 지루하지 않게 버무려냈다. 그들의 열정, 욕망 , 사랑, 질투, 격정, 좌절을 진하게 간접 체험할 수 있는 좋은 기회. 유사한 이야기를 다룬 〈캐딜락 레코드〉(2008)도 함께 추천한다.

블루스 브라더스

The Blues Brothers. 1980 / John Landis

출소 후 신의 계시를 받고 밴드 활동을 개시하는 홀쭉이와 뚱뚱이 형제의 크리미널 뮤지컬 추격기.

중절모에 검은 안경, 뚱한 표정의 두 남자는 영화 캐릭터를 넘어 하나의 시대적 아이콘이 되어버렸다. 제임스 브라운, 아레사 프랭클린, 레이 찰스 등 R&B Soul의 전설들이 직접 출연해 들썩들썩 한바탕 파티를 벌여주신다. 세월이 흘러 이젠 출연진 상당수가 고인이 되어버렸지만, 아마 하늘나라에서도 이렇게 신나게 건반을 두들기고 몸을 흔들며 놀고 계실 것만 같다는 다소 불경스러운 상상이 드는 건 어쩔 수 없다.

음악 좋아하는데 아직 이 영화를 보지 못했다면 고민 말고 고고씽!

5

간과 쓸개도 내어주는
우정, 버디영화
TOP10

"내가 니 친구냐?"

대한민국에만 있을 법한 관용적 표현이다.

외국어로 번역하면 서로의 우정을 확인하는 진지한 질문이 되겠지만 우리말에선 버릇없이 굴지 말란 경고성 으름장이다. 초면임에도 불구하고 몇 년생인지를 따져 형인지 언니인지 동생인지 굳이 밝히고는 호칭 따위를 정하는 우리만의 문화는 그 장단점은 논외로 하더라도 참으로 특이한 것임엔 틀림없다.

그리고 보면 전통적인 유교사상에서도 우정은 중요한 도덕적 가치였지만 아직도 우리에겐 '위아래'가 더 중요한 것 같다. 아마도 우리 조상들이 신앙처럼 여겼던 삼강오륜三綱五倫에 붕우유신朋友有信이 장유유서長幼有序보다 뒤에 나오는 것을 조선시대를 지나 지금에 이르기까지 열심히 따른 탓일지도 모르겠다.

어쨌거나 조선과 대한민국이라는 우물 밖으로 살짝 고개를 내밀면 친구란 나이나 숫자와는 별로 상관이 없어 보인다는 걸 영화에서 확인할 수 있다. 친구 간의 우정뿐만 아니라 노인과 아이의 우정, 흑인과 백인의 우정, 남자와 여자의 우정, 인간과 동물의 우정 등등 영화에서 보여주는 우정은 참으로 그 조합이 다양하다.

이렇게 우정을 주제로 한 영화들을 버디영화^{Buddy Film}라 한다. 버디영화는 미국에서 특히 발전했는데 이를 마크 트웨인의『톰 소여의 모험』과『허클베리 핀의 모험』의 영향이라고 보는 시각도 있다.

어쨌거나 친구란 가족과 연인을 포함한 훨씬 범우주적인 개념이라고 봤을 때, 버디영화라는 카테고리에 들어갈 영화가 차고 넘쳐 보인다.

간담상조^{肝膽相照}란 '서로 간과 쓸개를 내보일 정도로 허물없이 친하다'란 뜻의 한자성어다. 점점 각박해지고 몰인간적이 되어가는 현대 사회에서 나의 치부를 보여주고 의지할 친구가 있다면 참으로 행운일 것이다. 그러나 그런 친구가 없어도 너무 낙담하지 말자. 우리에겐 영화라는 좋은 친구가 있으니까.

10⁺ 델마와 루이스

Thelma and Louise. 1991 / Ridley Scott

페미니즘이라는 사조가 영화와 결합한 지는 제법 오랜 시간이 지났고 사회 전반에 일정한 영향을 미치기도 했지만, 대체로 찻잔 속의 태풍에 그친 것 또한 사실이다. 1991년 비로소 페미니즘의 의미있는 시금석이 마련되었으니 바로 리들리 스콧의 〈델마와 루이스〉이다. 리들리 스콧은 1979년 SF 영화 〈에일리언〉에서 숱한 남자들과 인조인간도 처치하지 못한 외계괴물을 여성이 혼내주는 이야기로 스테레오 타입의 기존 여성 캐릭터를 일찌감치 극복한 바 있다.

〈델마와 루이스〉 역시 억지로 페미니즘을 얘기하지 않는다.

이웃사촌인 델마(지나 데이비스)와 루이스(수잔 서랜든)가 훌쩍 떠난 여행길에서 겪는 온갖 액션과 리액션을 통해 관객은 자연스럽게 두 여성 편에 선다(무엇보다 이 영화가 상업적인 성공을 거둔 것이 주효했다).

델마와 루이스가 두 손을 굳게 잡은 엔딩 장면은 핍박받는 전 세계의 모든 여성에게 던지는 강렬한 메시지가 되어 지금도 그 떨림을 전하고 있다.

관전포인트 신인배우 브래드피트

무영보브로스 코멘트

ㄱ 　간혹 이런 섣부른 평가를 내리는 남자들이 있어요. '여자들에겐 진실한 우정이 없다', '여자의 적은 여자다'라는 다소 오만한 생 각들이죠. 여자들의 우정도 이토록 진할 수 있다는 데서 신선 한 충격을 받았던 것 같아요.

ㅇ 　페미니즘 영화라는 테두리에 굳이 가둘 필요 없는 진한 우정에 관한 영화예요. 고백하자면, 저 또한 어릴 때는 여자들의 우정 은 별 게 없다고 생각하곤 했어요. 학창시절 내내 학교를 같이 다녔지만 눈빛 한번 마주치지 않는 경우도 있다고 하고, 결혼하 면 모르는 사이처럼 되는 일도 많다는 얘기를 들으면서요. 그런 데 살다 보니 남자들도 별반 다르지 않더라고요.

ㅊ 　그렇죠. 여자보다 남자가 우정에 대한 허풍이 클 뿐이지, 과연 우정 그 자체에 차이가 있을까요?

ㅈ 　어쨌든 서로 손을 꼭 맞잡는 마지막 장면이 주는 여운은 참 컸 어요. 평생 기억에 남을 멋진 엔딩이었습니다.

BEHIND __ '델마와 루이스'가 될 뻔한 배우들

이 영화를 통해 두 여성 동지 수잔 새런든과 지나 데이비스는 한 시대 의 아이콘이 되었다. 하지만 실제 프로덕션 과정에서는 다른 배우들의 조합들도 고려되었다고. '이들이 델마와 루이스가 되었다면?'이라는 상 상만으로도 색다른 재미를 느낄 수 있다.

최초로 선택된 '델마와 루이스'의 조합은 미셸 파이퍼와 조디 포스터였 다. 하지만 이 프로젝트의 사전 제작 과정이 예상보다 길어지면서 미리 계획된 다른 스케줄과 겹쳐 두 배우 모두 어쩔 수 없이 출연을 포기해야 했다. 또 다른 조합은 골디 혼과 메릴 스트립. 이들은 함께 출연할 만한 작품을 찾고 있었고, 이 영화의 각본 또한 진지하게 고려하고 있었다고 한다. 하지만 그들이 최종적으로 선택한 영화는 로버트 저메키스의 〈죽어야 사는 여자〉(1992)였다. 〈죽어야 사는 여자〉에서 이 둘은 영생을 누리고 〈델마와 루이스〉는 절벽으로 떨어지지만 결과는 반대로 생각하는 사람들이 더 많은 듯.

09⁺ 영웅본색
英雄本色. 1986 / 오우삼

1970년대 서양에 〈대부〉가 있었다면 1980년대 동양엔 〈영웅본색〉이 있었다. 〈대부〉가 가족에 관한 조폭영화라면 〈영웅본색〉은 친구에 관한 조폭영화인데, 이는 충성과 의리를 중하게 여기는 동양의 전통적인 사고방식과 무관치 않아 보인다.

영화적 가치는 차치하고서라도 〈영웅본색〉은 당시 '느와르'라는 영화 전문 용어를 유행시키며 수많은 젊은이, 특히 남자들의 인생영화가 되었다. 덕분에 우리나라에서도 소위 '홍콩 영화의 르네상스'가 열렸고, 오우삼, 주윤발, 장국영은 국내 영화인들 못지않게 친숙한 이름이 되었다. 갱스터들의 우정과 배신, 의리와 암투가 오우삼 감독 특유의 '폼생폼사' 연출에 힘입어 한동안 수많은 범죄물, 조폭물, 형사물에 알게 모르게 영향을 미쳤다.

무엇보다 주윤발과 적룡 두 캐릭터는 그들이 본질적으로 깡패임에도 불구하고 관객들의 사랑을 한몸에 받으며 '배드가이 콤플렉스' 현상을 빚기도 했다.

관전포인트 주윤발, 눈물의 도시락 신

무영보브로스 코멘트

o   조폭문화가 영화에서 우정으로 멋지게 포장되는 경우가 너무 많
     은 게 불만이에요. 현실과 다르게 조폭문화를 너무 친근하게 만
     들어버리거든요. 이런 영화를 잘 만들면 만들수록 더욱 그렇지
     요. 심지어 송강호가 나왔던 〈우아한 세계〉에 대해서 얘기하다
     가 지인과 싸운 적도 있어요. 그럼에도 불구하고 〈영웅본색〉은
     우리 청춘의 한 페이지를 함께했다는 점에서 리스트에 넣지 않
     을 수가 없네요.

★   조폭세계를 소재로 쓰는 것은 일반인들의 삶을 더 극적으로 보
     여주기 위한 메타포가 아닐까요? 오샥 형이 다소 민감하게 반
     응하는 게 아닐까 싶네요. 어쨌든, 총에 맞아 죽어가며 공중전
     화에 매달려 있던 장국영의 모습은 지금도 눈에 선합니다.

ㄱ   영화를 보는 것은 환상을 체험하는 건데, 자기의 죽음으로 우정
     을 완성하는 주윤발의 모습에 어찌 환호하지 않을 수 있나요?
     이 영화는 우리가 경험한 최초의 컬트 영화였고, 주윤발은 이
     영화 하나로 우리의 오랜 친구가 되어버렸죠.

ㅊ   〈영웅본색〉이 제게 남긴 것은 수많은 종류의 BB탄총이었어요.
     하하. 어린 시절 정말 많이 쏘고 다녔네요.

ABOUT __ '싸랑해요 밀키스' 주윤발 신드롬

1980년대 말 〈영웅본색〉 시리즈가 국내를 강타하면서 주연배우 주윤발
은 한국에서도 최고의 인기를 구가했다. 심지어 1989년에는 외국인 스
타 최초로 국내 TV 광고에도 출연했는데, 그가 오토바이를 타고 헬기

무슨 영화를 보겠다고

의 추격을 따돌린 후(당시 국내 광고에서는 보기 힘든 엄청난 스펙터클 신이었다), 광고 제품을 마시며 외치던 한 마디 '싸랑해요 밀키스'는 공전의 히트를 기록하며 제품 인지도와 매출 상승에 커다란 기여를 했다. 주윤발처럼 롱코트에 선글라스를 쓰고 성냥개비를 물고 다니는 남성 패션도 큰 인기를 끌었다. 다만, 마음은 굴뚝이로되 차마 하지 못했던 '주윤발 따라 하기'가 있었으니 그것은 지폐에 불을 붙여 담배를 피우는 허세. 화폐 훼손은 현행법 위반이다.

08⁺ 내일을 향해 쏴라

Butch Cassidy and Sundance Kid. 1969 / George Roy Hill

'부치 캐시디와 선댄스 키드'라는 원제가 길고 어려워 국내에서는 〈내일을 향해 쏴라〉라는 제목으로 번역된 이 서부 영화는, 19세기 말에 활약했던 전설적인 두 무법자의 모험과 우정에 관한 이야기다.

악당들이 주인공인지라 해피엔딩은 아니지만 서부활극에서 쉽게 볼 수 없는 삼각관계의 미묘함도 있고, 기존의 웨스턴영화에서 진일보한 사실적인 묘사들이 뒤의 많은 영화에 영향을 주기도 했다. 무엇보다 수십 년간 전 세계 영화팬들의 사랑을 받은 두 남자, 폴 뉴먼과 로버트 레드포드의 '리즈 시절'이 고스란히 담겨 있어 더욱 각별하다(4년 후 힐-뉴먼-레드포드 삼인조는 코믹-사기극 영화 〈스팅〉과 함께 속편 아닌 속편으로 돌아와 관객들에게 더 큰 기쁨을 주기도).

이 영화 최대의 유산은 역시 1978년부터 시작되어 세계 최대의 독립영화 축제가 된 '선댄스 영화제'가 아닐까 싶다. 비록 선댄스 키드는 볼리비아에서 장렬하게 죽었지만 그의 이름을 딴 선댄스 영화제는 수많은 영화인과 영화팬들에게 매년 희망과 기쁨을 안겨주고 있으니, 이쯤 되면 '호랑이는 죽어서 가죽을 남기고 사람은 죽어서 영화제를 남긴다'라 할 수 있겠다.

관전포인트 'Raindrops Keep Falling on My Head'가 흐르는 전설의 자전거 신

무영보브로스 코멘트

- **o** 버디영화를 말할 때 결코 빼놓을 수 없는 수작이지요. 골드러시의 끝물에서 더 이상 무법자로 살기 힘든 시대를 살아가는 두 무법자 친구의 마지막 삶을 코믹한 터치로 그려냈어요. 여자친구 하나를 가운데 두고 벌어지는, 만약 그들에게 우정이 없었으면 필시 문제가 생겼을 법한 미묘한 삼각관계도 흥미롭지요.

- **ㄱ** 남자들은 왜 모이면 나쁜 짓부터 도모할까요? 그리고 왜 꼭 그런 친구들에게 빠질까요? 친구란 참으로 오묘한 관계 같아요.

- **★** 군 입대 전 뒹굴거리던 시절에 비디오를 빌려 보고 너무 좋아서 방바닥에서 데굴데굴 굴렀던 기억이 나요. 이 낭만적이고 여유 넘치는 두 강도의 이야기가 정말 매력적이었어요.

BEHIND __ 출연 배우 지명도에 따라 바뀐 영화 제목

이 작품의 작가 윌리엄 골드맨에 따르면 원래 처음 쓰인 각본의 제목은 '선댄스 키드와 부치 캐시디'였다고 한다. 하지만 선댄스 키드로 출연하기로 했던 스티브 맥퀸이 작품을 포기하고 로버트 레드포드에게 역이 넘어가면서 당시 최고 슈퍼스타였던 폴 뉴먼이 맡은 배역 '부치 캐시디'가 영화 제목의 앞쪽으로 재배치되었다고. 어딜 가나 있는 서열문화, 기수문화?

07⁺ 비지터

The Visitor, 2007 / Thomas McCarthy

세계의 수도라 불리는 뉴욕은 영화의 수도이기도 하다. 인류의 용광로 같은 이곳에선 그 어떤 꿈도 그 어떤 사건도 다 일어나며 또 이루어진다. 그래서인지 이곳을 배경으로 장르 불문의 수많은 영화들이 만들어진다.

그러나 2001년 9월 11일 '두 개의 탑'이 무너진 이후 영화 속 뉴욕에도 미묘한 변화가 일어난다. 마냥 사랑과 평화를 외치는 것이 현실적이지 않다고 생각하는 사람이 많아지고 불신의 기운이 급속도로 팽배해져 간 것.

그런 의미에서 〈비지터〉는 증오와 상처, 충격과 고통의 그라운드 제로 위에 피어난 한 떨기 꽃과도 같은 영화이다.

아내를 잃고 나서 무의미하고 절망적인 삶을 살고 있는 대학교수 월터(리처드 젠킨스)와 이민자 모자^{母子}를 통해, 진정한 우정은 무엇이고 사랑은 무엇이며 인류애가 무엇인지 톰 매카시 감독은 분명하고 또렷하게 이야기하고 있다.

관전포인트 화해와 평화의 아이콘 히암 압바스. 이스라엘 국적의 팔레스타인인

무영보브로스 코멘트

- ○ 얼어붙은 마음으로 하루하루를 공허하게 허비하고 있던 월터가 불법체류자이자 젬베 연주자인 타렉을 우연히 만나 친구가 되고 그가 처한 어려움에 공감하게 되는 이야기죠. 2007년 당시 미국 사회 분위기가 정말 그랬다고 하네요. 미국 사람들은 쉬쉬하고 싶은 이야기일 거란 생각도 듭니다. 월터가 불심검문으로 감옥에 들어간 타렉과 면회소에서 마주앉아 가슴을 두드리며 젬베 연습을 함께하는 모습은 빛나는 장면이죠.

- ㄱ 겨우 열흘에 걸친 이야기일 뿐인데 주인공에게 아주 큰 변화가 일어나요. 극도로 자기 감정을 표현하지 않던 사람이 새로 만난 친구와 그의 엄마로 인해 큰 변화를 겪게 되지요. '과연 우리가 친구가 되는 순간은 언제일까? 자기를 솔직히 드러내는 순간이 아닐까?' 하는 생각이 들었어요.

- ★ 상대의 소소한 신상을 잘 알아서 친구가 된다기보다는 그냥 이유 없는 편안함을 느끼는 순간 친구가 되는 게 아닐까요? 그 소심했던 사람이 지하철 플랫폼에 홀로 앉아 젬베를 연주하는 마지막 장면의 울림은 꽤 크더라고요.

BEHIND __ 반이민정책에 반대합니다

뉴욕 이민자에 대한 내용을 다룬 영화인만큼 주요 배우들의 출생 배경도 색다르다. 부동산 사기를 당해 집주인 월터조차 모르게 입주해 살고 있던 불법체류자 타렉을 연기한 하즈 슬레이먼은 레바논에서 나고 자라 21세에 미국으로 건너왔다. 타렉의 여자친구 자이납 역을 맡은 다나

이 구리라는 어린 시절부터 짐바브웨와 미국을 오가며 자랐다. 절망에 빠져 있던 월터에게 큰 심경의 변화를 가져다주는 타렉의 엄마 모나를 연기한 히암 압바스는 이스라엘 나사렛 출신의 팔레스타인인인데 프랑스 배우와 결혼해 프랑스 국적도 갖고 있다.

06+ 세 얼간이
3 idiots. 2009 / Rajkumar Hirani

멜로드라마나 로맨틱 코미디의 단골 소재인 '삼각관계'의 묘미는 세 명의 캐릭터를 통해 사랑의 '밀당'을 입체적으로 볼 수 있다는 데 있다. 버디영화에서도 마찬가지다. 나온 지 200년이 다 되어가는 알렉상드르 뒤마의 고전 『삼총사』 이래로 소설이나 영화에서 세 명의 친구가 등장하는 설정은 매우 일반적인 것이 되었다.

그래서 친구 세 명 하면 『삼국지』의 유비, 관우, 장비나 〈3 아미고스〉의 스티브 마틴, 채비 채이스, 마틴 숏, 혹은 시트콤 〈세 친구〉의 정웅인, 박상면, 윤다훈 등 수많은 '삼인조'들이 떠오르는데 2009년 이후 이 리스트에 인도 영화 하나가 추가된다. 라지쿠마르 히라니 감독의 〈세 얼간이〉다.

상대적으로 인도 영화의 불모지인 국내에서도 꽤 알려져 인도 영화의 저변을 넓힌 〈세 얼간이〉는 기본적으로 코미디이고 성장영화이다. 그러나 묘하게 우리와 닮아 있는 인도의 교육제도와 경쟁체제 때문에 마냥 팔짱 끼고 즐길 수만은 없는 영화가 되기도 했다.

전 세계가 이 영화에 찬사를 보냈는데 특히 중국에서는 네티즌이 뽑은 최고의 영화 12위를 차지하기도.

관전포인트 인도 영화계의 또다른 '칸' 아미르 칸의 매력

무영보브로스 코멘트

- **○** 요즘 우리 대학이 진리 탐구의 공간이 아니라 취업 학원이 되어 버린 것 같아 안타깝죠? 이 영화에서 비춰지는 인도의 모습도 크게 다르지 않아 동병상련을 느낄 수밖에 없어요. 인도 영화에 서는 웬만해선 남녀의 스킨십 장면을 보기 힘든데 이 영화에서 는 키스 신이 딱 한 번 나오더라고요. 계속 군불 지피다가 마지 막에 한 번 키스 신을 넣었는데 참 애잔했어요. 하하.

- **★** 세 시간에 육박하는 긴 러닝타임 속에 담을 수 있는 소재는 다 담은 것 같아요. 우정, 사랑, 부모 자식 간의 관계, 교육제도 비 판, 사회체제 비판, 심지어 뮤지컬 신까지 말이지요. 시종일관 유쾌하고 흥미롭게 볼 수 있는 영화인 건 분명해요.

BEHIND __ 대학생을 연기한 아미르 칸의 실제 나이는?

유쾌하면서도 반짝이는 대학생 란초 역을 맡아 인상적인 연기를 보여준 아미르 칸의 촬영 당시 나이는 무려 44세! 아무리 동안이라고 해도 1965년생 40대 중반 배우에게 대학생 연기를 시키는 게 발리우드가 아 니면 가능할까. 아미르 칸 이전에 란초 역으로 먼저 고려된 배우는 다 름 아닌 인도의 국민배우 샤룩 칸이었다는데, 샤룩 칸 또한 아미르 칸 과 동갑인 1965년생이다. 칸과 칸. 업어치나 메치나.

05⁺ 굿바이 뉴욕 굿모닝 내 사랑
City Slickers. 1991 / Ron Underwood

가정과 직장을 벗어나 친구들끼리 어디론가 훌쩍 떠나고 싶은 남자들의 마음은 어디나 비슷한 것일까?

마흔 살 중년의 생일을 맞은 광고영업맨 밋치(빌리 크리스털), 애정 없는 결혼생활 중 서툴게 바람을 피우다 가정파탄의 위기에 몰린 필(다니엘 스턴), 젊은 속옷모델과 결혼했지만 아이를 갖고 가족을 꾸리는 공포에 시달리는 에드(브루노 커비). 세 절친은 뉴멕시코에서 콜로라도로 소 떼를 몰고 가는 2주짜리 패키지 여행을 떠난다. 〈굿바이 뉴욕, 굿모닝 내 사랑〉이라는 길고도 촌스러운 우리말 제목 탓에 국내에선 별로 인기가 없었지만 미국 내에선 큰 히트를 쳤고, 평론가들도 입을 모아 칭찬하였다. 전형적인 할리우드식 코미디이며 모험담이라고 일축하기엔, 중년의 위기에 시달리는 한국의 3040 남자들도 공감할 만한 소재와 테마가 눈길을 잡는다. 웨스턴 영화의 '전설' 잭 팰런스의 인상적인 연기는 영화의 격조를 한층 높였고 팰런스는 이 영화로 나이 70이 훌쩍 넘어 생애 첫 오스카를 품에 안았다(그 해 아카데미 시상식의 사회자는 빌리 크리스털이었다. 키 193cm에 우리 나이로 74세 할아버지인 팰런스는 무대에서 한손으로 팔굽혀펴기를 시전해 키 170cm의 크리스털을 주눅들게 하기도).

무영보브로스 코멘트

o 저는 국내에서 큰 화제가 됐던 한 이동통신사 광고가 떠오르더라구요. 왜 아내와 아이가 함께 여행 가니까 혼자 남은 남편이 '올레!'를 외치던 광고 있잖아요? 하하. 하지만 우리 현실에서 아내에게 '2주 동안 나 친구들과 여행 다녀와도 돼?'라고 물었을 때 허락받을 수 있는 남편이 얼마나 될까요?

★ 수시로 툭탁거리기도 하지만 힘든 시기에 누구보다 강하게 뭉치는 세 친구의 우정이 현실적이에요. 우정에 관한 영화이면서 여유와 낭만에 관한 영화이기도 하지요. 지금 딱 제 나이 또래 남자들의 '자기를 찾는 여행'을 그리고 있어서인지, 이 영화를 처음 봤던 10대 후반엔 느끼지 못했던 감정이 울컥 올라오더라고요. 남자들에게도 수다와 힐링이 필요한 것 같아요.

BEHIND __ 제목 'City Slickers'을 어떻게 번역해야 하지?

영화 제목 'City Slickers'를 우리말로 직역하면 '도시 뺀질이' 정도가 될 듯. 하지만 꽤 근사하고 낭만적인 중년 도시 남자들의 로드무비를 표현하기엔 적당치 않았던지 우리나라에서도 예의 근본 없는(?) 제목이 탄생한 바 있다. 그런데 번역이 곤란함은 다른 나라도 마찬가지였나 보다. 프랑스에서는 〈La Vie, L'Amour, Les Vaches〉(삶, 사랑, 그리고 소들)이란 제목이, 그리스에서는 〈Ti ekanes baba stin aria dysi?〉(그래서 아빠, 서쪽 멀리에서 대체 뭘 하신 거예요?)라는 제목이 붙었다.

04 $^+$ 토미 리 존스의 세 번의 장례식

The Three Burials of Melquiades Estrada.
2005 / Tommy Lee Jones

뤽 베송 제작, 토미 리 존스 감독·주연이라는 크레디트와 포스터를 보면 서부-액션-SF쯤 되려나 싶지만 기대와 다르게 이 영화는 심각하고도 가슴 아픈 휴먼 드라마이다. 그리고 문자 그대로 '국경과 죽음'을 초월한 우정에 관한 영화이다.

멕시코 국경에 인접한 텍사스의 한 마을에서 오인사격으로 죽은 멕시코 이민자 멜키아데스 에스트라다. 그 시신을 망자가 모호하게 설명한 멕시코 어딘가의 고향으로 데려가 장례를 치러주려는 피트(토미 리 존스). 멕시코인지 미국인지 알 수 없는 국경마을의 쓸쓸하고 척박한 풍광이 우울한 스토리에 더해져 영화의 콘트라스트를 높인다.

〈라이언 일병 구하기〉에서 백발백중 스나이퍼로 나왔던 배리 페퍼가 이 영화에서도 에스트라다를 쏴 죽인 국경 수비대원으로 나온다. 이 영화에선 아군을 쏜 셈. 토미 리 존스는 나이 환갑에 이 영화로 감독 데뷔를 했고 칸 영화제에서 남우주연상도 받았다. 존스는 〈JFK〉, 〈언더시즈〉, 〈배트맨〉 등에서 강렬한 악당 이미지를 남겼지만 알고 보면 하버드 장학생에다가 미식축구 대표팀 출신인 팔방미인. 참고로 그가 대학시절 룸메이트인 앨 고어를 위해 한 2000년 대통령 후보 지지 연설은 아직도 명연설로 회자되고 있다(그럼 뭐 해? 대통령 떨어졌는데).

관전포인트 눈먼 할아버지의 집

무영보브로스 코멘트

- ○ 친구의 장례를 치러주기 위해 썩어가는 시체를 말에 싣고 먼 길을 떠나는 남자의 이야기지요. 동굴에서 노숙하다가 시체에 개미들이 끓으니 자기 손으로 직접 개미들을 털어내고 술을 붓고 불을 붙였다 끄는 장면이 나오는데요, 이런 우정 어디서 봤나요?
- ★ 주인공 피트는 오발 사고를 내고도 에스트라다를 암매장해 버린 국경 수비대원을 납치해 그 긴 여정에 계속 끌고 다닙니다. 그런데 이 긴 여정 속에서 둘 사이에 묘한 동지애가 생기는 듯한 느낌이 들었어요. 결국 장례를 마치고 처량히 떠나는 피트의 뒷모습에 대고 걱정스럽게 괜찮냐고 묻는 게 바로 죽을 고생을 겪으며 끌려다닌 국경 수비대원이지요. 참 독특한 버디영화예요.

BEHIND __ 스페인어도 잘 하는 토미 리 존스

이 영화의 원 각본은 〈바벨〉, 〈21그램〉 등으로 유명한 멕시코 작가 길예르모 아리아가에 의해 스페인어로 쓰였다. 하지만 영어로 제작하기 위해 스페인어에 능한 토미 리 존스가 직접 번역에 나섰다. 또한 대부분의 장면은 텍사스에 있는 토미 리 존스의 농장에서 촬영되었다. 한편 존스는 CBS에서 1989년에 방송한 드라마 〈머나먼 대서부〉에서도 죽은 친구를 고향에 묻어주기 위해 말을 타고 먼 여행을 떠나는 인물로 출연했다.

무슨 영화를 보겠다고

03⁺ 사이드웨이

Sideways. 2004 / Alexander Payne

알렉산더 페인은 미국인이지만 왠지 할리우드와는 거리가 먼 감독같이 느껴진다(실제로 그는 뉴욕과 할리우드에서 가장 멀리 떨어진 네브래스카 출신이다). 그의 영화는 냉소적이면서도 유쾌하고 구질구질하면서도 명징하다. 페인의 영화에는 으레 '웃을 수도 울 수도 없는 상황'이 등장하곤 한다. 우리네 삶이 그렇지 않은가?

〈일렉션〉과 〈어바웃 슈미트〉에 이어 나온 〈사이드웨이〉는 전 세계에 '페인 페인'을 만들기에 충분했던 버디영화이자 로드무비.

두 절친의 캘리포니아 와이너리 여행을 통해 남자들의 끝 간 데 없는 자존심과 취향의 허세, 그리고 속절없는 욕망을 재미나게 그리고 있다. 영화는 기대치 않은 흥행을 기록했는데 재밌는 건 영화에서 다룬 와인과 포도 품종 이야기 덕에 캘리포니아의 와인산업이 들썩였다는 후문. 두 친구 폴 지아메티와 토마스 헤이든 처치의 실제 같은 연기가 압권이고 〈그레이 아나토미〉로 유명한 한국계 배우 산드라 오의 감초 연기도 볼 만하다(이 영화 촬영 당시 알렉산더 페인과 산드라 오는 부부 사이였다).

관전포인트 아끼다 똥 된다?! (샤또 슈발 블랑. 1961)

무영보브로스 코멘트

o 로드무비이자, 와인영화이자, 버디무비입니다. 결혼을 앞둔 친구
   와 함께 떠나는 총각파티 같은 여행이지만 사실 마냥 즐거운
   상황만은 아니에요. 현실은 퇴물배우와 출판 기회를 얻지 못하
   는 작가일 뿐이니까요. 어쨌거나 와인과 영화를 좋아하는 사람
   이라면 반드시 한번은 봐줘야 할 것 같습니다.

ㄱ 두 명의 술친구가 와인 나눠 마시며 간을 망치는 영화 아닌가
   요? 하하.

★ 한 명은 쪼들리는 경제 상황 속에서 노모의 쌈짓돈을 훔쳐 여행
   을 가려는 중년 남성이고, 다른 한 명도 결혼에 반신반의하는 퇴
   물배우지요. 하지만 영화는 이들의 여행을 우울하게 그리기보다
   일종의 유희처럼 풀어내요. 저는 그런 점이 맘에 들었어요.

BEHIND __ 영화 대사가 실제 와인 시장에 미친 영향

영화에는 와인광인 작가 마일즈가 와인 품종에 관해 여러 차례 평가하
는 장면들이 나온다. 마일즈가 열정적으로 아끼던 피노 느와르Pinot Noir
는 영화 개봉 후 2004-2005년 크리스마스와 새해에 미국에서만 전년
대비 20% 이상 매출이 상승했고, 영국에서도 비슷한 현상이 벌어졌다.
반면 마일즈가 폄하했던 멜롯Merlot은 영화 개봉 후 매출에 큰 타격을
입었다. 하지만 아이러니하게도 영화 속 마일즈가 목숨처럼 아끼던 한
병의 와인 1961년산 샤토 슈발 블랑Chateau Cheval Blanc은 마일즈가 폄하
하던 또 다른 품종인 카베르네 프랑Cabernet Franc과 멜롯을 블렌딩한 와
인이라고 한다. 무심코 던진 돌에 어떤 개구리는 죽는다.

02⁺ 두 여인

Beaches. 1988 / Garry Marshall

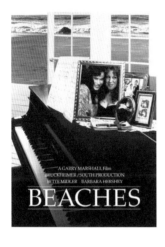

여성의 우정은 남성의 그것과는 또 다른 넓이와 깊이를 보여준다. 남자들이 의리와 체통을 지키는 동안 여자들은 가슴 속 깊은 우정의 감성을 사랑의 경지로 끌어올리기도 한다. 그런 의미에서 영화 〈두 여인〉은 로맨틱 코미디이자 버디영화다.

2016년 작고한 게리 마셜은 지난 50년 간 영화 〈귀여운 여인〉, 〈프랭키와 쟈니〉, 〈프린세스 다이어리〉 등으로 가히 '사랑 이야기꾼'의 면모를 만방에 떨친 감독이다. TV를 떠나 영화를 연출하기 시작한 그의 초창기작 〈두 여인〉은 서로 너무나 다른 두 여성이 어린 시절 바닷가에서 우연히 만나 평생 우정을 나누는 이야기다. 두 사람이 서로 부러워하고 질투하고 미워하고 원망하면서도 이 세상 누구보다도 서로를 사랑하고 아낀다는 걸 결국 깨닫게 된다는 내용이 물 흐르듯 펼쳐진다.

영화의 금상첨화이자 다다익선은 가수이기도 한 베트 미들러가 부른 삽입곡들. 특히 영화의 테마곡 중 하나인 'Wind Beneath My Wings'는 1990년 그래미상에서 '올해의 노래'를 수상하기도 했다.

관전포인트 난 요들도 못 하잖아. 엉엉엉

무영보브로스 코멘트

◦ 크리스마스날, 추운 자취방에 둘이 누워 잠들기 전 함께 캐롤을 부르는 장면은 언제 봐도 아름다워요. 친구끼리는 '우리가 친구일까?'라고 묻는 순간 그 마법이 날아가버리는 것 같아요. 한 공간에서 서로 말 한 마디 안 해도 어색함이 없는 관계가 바로 친구죠.

★ 어떤 친구 관계도 늘 평탄할 수만은 없잖아요? 이 둘 사이의 우정도 그래요. 큰 싸움을 해놓고 각자 눈물을 흘리며 후회하는 모습에 많은 사람들이 공감할 거예요. 최루탄 영화이기도 하니 반드시 손수건을 준비하셔야 합니다.

BEHIND __ 영화 속 모습과 닮은 베트 미들러의 삶

영화 속 씨씨 블룸과 그 역할을 맡은 베트 미들러의 실제 인생은 꽤 닮아 있다. 하와이에서 1945년에 태어난 그녀는 브로드웨이 뮤지컬 스타가 되는 꿈을 품고 스무 살이 되던 해에 호놀룰루를 떠나 뉴욕으로 간다. 이후 타이피스트, 서류정리 사무원 등 생계를 위한 일을 닥치는 대로 하면서 뮤지컬 스타의 꿈을 키웠다. 1966년에 처음 브로드웨이 뮤지컬 〈지붕 위의 바이올린〉으로 데뷔한 후 나이트클럽 등에서 노래를 하다가 가수 배리 매닐로의 투어공연에 함께하게 되었고 그것을 계기로 1972년 애틀랜틱 레코드에서 첫 앨범을 낸 후 성공가도를 달렸다. 지금까지 총 세 개의 그래미상과 세 개의 에미상, 두 개의 토니상, 네 개의 골든글로브상을 받았다(아쉽게도 아직까지 오스카와는 인연이 없다).

01⁺ 드라이빙 미스 데이지

Driving Miss Daisy. 1989 / Bruce Beresford

이른바 '인종 이슈'는 미국 영화에만 유독 두드러지는 그들의 DNA와도 같은 코드이다. 소수자에다가 약자였던 흑인들은 1960년대 흑인 인권 운동 이후 영화에서도 그 존재감을 서서히 쟁취하기 시작했고, 그 결과가 오늘날 암묵적인 '쿼터제' 시행으로 나타나고 있는 것 같다.

흑인만큼 홀대받는 부류가 또 있으니, 바로 여성과 노인, 그리고 유대인이다. 〈드라이빙 미스 데이지〉는 그들이 주인공인 휴먼드라마이자 그들의 묵직하고 아름다운 우정에 관한 이야기이다. 이 영화에서 젊고 섹시한 배우는 눈을 씻고 찾아봐도 없다. 제시카 텐디는 실제 나이 여든한 살에 70-90대의 할머니 미스 데이지를 연기했고, 모건 프리먼은 쉰한 살 나이에 60-80대의 할아버지 호크 역을 해냈다. 20세기 중반 미국 남부의 보수적인 주인마님과 운전기사 사이인 두 사람은, 25년이란 세월을 함께 보내며 서로 인간적으로 신뢰하는 아름다운 친구가 된다. 둘의 우정은 아름답고 흐뭇하며 살짝 귀엽기까지 하다.

텐디는 이듬해 열린 62회 아카데미 시상식에서 여든한 살의 나이로 여우주연상을 수상해 최고령 신기록을 갈아치웠고 그 기록은 아직까지 깨지지 않고 있다(모건 프리먼도 남우주연상을 수상하고도 남을 연기를 보여줬지만 아뿔싸, 이 해 아카데미상 후보 중에 하필 〈나의 왼발〉의 다니엘 데이 루이스가 있었다. 프리먼은 15년 후 〈밀리언 달러 베이비〉로 오스카를 받는다. 그의 나이 67세였다).

관전포인트 호크의 연어캔과 아이델라의 완두콩

무영보브로스 코멘트

o 위대한 배우들의 위대한 연기가 볼 때마다 화수분 같은 감동을 끌어내요. 두 주인공 배우의 위대함이야 말할 것도 없고, 볼수록 새롭게 느껴지는 건 댄 애크로이드가 연기한 미국 스타일의 효자 캐릭터예요. 깐깐한 노모를 지극히 모시는 그 모습이 볼수록 맘에 들어요. 20년이 훌쩍 넘는 세월 동안 여러 사회적·인종적 차별과 차이를 넘어 인간 대 인간으로 깊은 우정을 쌓아가는 운전기사와 마님의 모습이 잔잔하지만 묵직한 공감을 건네는 참 좋은 영화입니다.

ㄱ 사실 이 할머니가 보통 할머니가 아녜요. 미국 남부에서 평생을 살았고 젊은 시절 교사생활을 한 깐깐한 할머니이자 정통 유대인이죠. 크리스마스에 운전기사 호크에게 선물을 챙겨주면서도 이것은 절대 크리스마스 선물이 아니라고 강변하는 장면이 인간적이면서도 재미있어요. 워낙 똑똑한 할머니라서 마틴 루터 킹을 지지하고 흑인 인권 운동에 동참하기도 하지요. 자신에게 치매가 오고 있다는 것을 느낀 데이지가 기억이 희미해지기 전

에 호크에게 "너는 나의 가장 좋은 친구야."라고 고백하는 장면
은 참 가슴 찡했어요.

★   호크가 마님의 아들과 인간적이면서도 능청스럽게 임금 협상하
     는 장면이 재미있었어요. 병상에 누워 있는 마님에게 파이를 먹
     여주는 엔딩 장면에서는 마음이 무척 따뜻해졌어요.

BEHIND __ 인생 최고의 내기

제시카 텐디는 자신이 이 영화로 오스카 여우주연상 후보에 오르자 쟁
쟁한 경쟁 후보들 사이에서 절대 수상하지 못할 것이라 확신하며 본인의
에이전트와 100달러 내기를 걸었다. 당시 경쟁 후보는 〈까미유 끌로델〉
의 이자벨 아자니, 〈사랑의 행로〉의 미셸 파이퍼, 〈뮤직박스〉의 제시카
랭, 〈여자의 이별〉의 폴린 콜린스였다. 하지만 오스카의 밤을 맞아 그녀
의 내기는 실패로 끝났고, 그녀는 현장에서 바로 에이전트에게 100달러
를 갚으며 '내 인생 최고의 내기였다'라고 말했다고 한다. 오스카 트로피
를 거머쥐었는데 100달러쯤 잃은 것이 대수겠는가.

최과장의
WHY NOT

새벽의 황당한 저주

Shaun of the Dead. 2004 / Edgar Wright

조지 로메로의 〈새벽의 저주Dawn of the dead〉는 영화사에 길이 남을 좀비무비의 레전드다. 이 전설의 영화를 패러디해 또 한 편의 코미디 걸작이 탄생했다. 재담꾼 에드거 라이트 감독과 사이먼 페그, 닉 프로스트 콤비가 의기투합하여 만든 〈새벽의 황당한 저주Shaun of the Dead〉가 그것. 살벌하고 긴장타는 좀비영화의 장르적 특성을 대놓고 비웃듯, 런던을 강타한 좀비 재난을 유쾌하고 재치 넘치는 코미디로 승화시켰다. 필사적으로 좀비들에 맞서는 두 단짝 친구의 모습만으로도 우정과 의리를 느끼기에 충분하다.

영화의 압권은 예상치 못한 엔딩 장면. 좀비의 공격을 막아내지 못한 한 친구가 끝내 좀비로 변해버리지만, 이조차도 이들의 우정을 갈라놓진 못한다.

같은 감독과 배우들이 다시 한번 뭉쳐 선보인 '시골 경찰, 서울 경찰' 이야기 〈뜨거운 녀석들Hot Fuzz〉도 이들의 우정이 영화 속에서 그치는 것이 아님을 확인시켜 준다.

일 포스티노

Il Postino. 1994 / Michael Radford

칠레의 위대한 민중시인 파블로 네루다. 그가 이탈리아의 한 시골섬으로 정치적 망명을 하며 그 동네의 촌부 마리오와 나누는 깊은 우정을 한 폭의 수채화처럼 아름답게 그려냈다.

조용하던 시골마을에 갑자기 네루다를 향한 수많은 팬레터가 답지하고, 동네 총각 마리오는 얼떨결에 그 우편물을 전달하는 전담 우체부가 된다.

마리오가 매일매일 네루다를 만나며 겪는 드라마틱한 변화가 흥미롭고도 사랑스럽다. 시를 알게 되고, 은유를 알게 되고, 사랑을 표현하게 되고, 결국 스스로 삶의 방향까지 선택하게 되는 마리오에게 네루다는 좋은 선생님이자 친구이다.

마리오 역을 연기한 마시모 트로이시가 영화 촬영을 마치자마자 심장마비로 갑작스럽게 세상을 떠나 더욱 큰 여운을 남긴다.

이탈리아의 바다처럼 푸르고 영롱한 루이스 바칼로프의 OST도 빼놓을 수 없는 감상 포인트. 1996년도 아카데미 음악상을 안겨준 작품이기도 하다.

무슨 영화를 보겠다고

락앤롤 보트

The Boat that Rocked. 2009 / Richard Curtis

로큰롤문화는 1960년대 영국에서 본격적인 꽃을 피웠다. 하지만 보수적인 영국 행정부는 저속한(?) 록음악이 국민 정서를 망친다며 록음악 방송을 강력하게 통제한다.

이에 현행법망을 피해 공해상에 배를 띄우고 록으로 채워진 라디오 전파를 육지로 날리는 해적방송과, 이에 소속된 개성만점 디제이들의 브로맨스를 다룬 음악영화가 나오는데 바로 락앤롤 보트이다.

영국식 로맨틱 코미디의 장인 리처드 커티스는 전설의 로큰롤 음악과 매력적인 캐릭터로 시종일관 즐거운 들을거리, 볼거리를 만들어준다. 이 해적선으로 '유배' 겸 '유학' 보내진 록의 여신 엠마 톰슨의 아들 칼에게 모든 디제이들은 좋은 친구이자 형님이자 선생님이다.

영국 정부의 공격을 받고 침몰하는 배의 모습 위에 오버랩되는 전설의 팝 프로콜 하럼의 'A Whiter Shade of Pale'은 노래 가사만큼이나 묘한 감동과 비장미를 전해준다.

6

근육 땅기는
스포츠 영화
TOP10

가난한 찰리 채플린과 그의 불독이 핫도그를 나눠먹는 첫 장면이 인상적이었던 영화 〈챔피언〉. 무려 1915년에 나온 33분짜리 무성영화다. 이 영화는 최초의 스포츠 영화라는 이력도 갖고 있다.

권투장갑을 끼고 한바탕 소동을 벌이던 채플린의 〈챔피언〉 이후 한 세기가 흘러 스포츠 영화는 영화 장르의 중요한 기둥뿌리가 되었다. 격투기는 물론이고 각종 구기종목, 육상과 수영 등 기초 스포츠에 낚시, 등산, 체스, 바둑 등 게임과 레저까지 수많은 영화가 스포츠 영화라는 카테고리에 묶이다 보니 그 스펙트럼이 넓디넓다. 뭐, 보는 우리야 좋지만.

스포츠 중계를 보다 보면 캐스터나 해설가가 '전가의 보도'처럼 쓰는 표현이 있다.

"아!!! 이것은 각본 없는 드라마입니다!!!"

그러나 스포츠 영화는 명백히 각본이 있는 드라마다. 그래서 스포츠 영화엔 거짓말 같은 실화도 있고 실화 같은 허구도 있다. 사람들은 스포츠 영화를 보고 때론 울고 때론 웃으며 생생한 감동을 맛본다.

올림픽이나 월드컵 기간엔 휴전을 하거나 스포츠 이벤트에서 시비가 붙어 전쟁을 불사하는 나라도 있을 만큼 스포츠는 운동장을 벗어나 현실

세계에도 큰 영향을 미친다.

다만, 월드컵과 하계-동계 올림픽을 모두 치른 몇 안 되는 나라 중 하나인 우리나라에서 스포츠에 대한 저변과 인식, 그리고 가치관이 그에 걸맞은 수준에 도달해 있는지는 자문해 보아야 한다.

아직도 방송중계나 뉴스에선 'OOO선수 은메달에 그쳐', 'XXX선수 아쉬운 3위' 같은 표현이 드물지 않은 바, 우리의 의식과 가치관이 이 정도 수준에 '그쳐' 있는 것 같아 '아쉽'기만 하다.

금메달과 1등 지상주의로 점철된 엘리트 스포츠, 쏠림현상이 만연한 생활체육, 양극화의 한쪽 극단을 차지하며 힘겹게 명맥을 잇고 있는 비인기 종목들, 정부와 지방자치단체의 행정 편의주의와 보여주기식 체육정책 등은 여전히 극복해야 할 과제이다. 하지만 88서울올림픽에서 2018 평창올림픽을 지나며 우리도 조금씩 스포츠를 즐기는 방법을 익히게 된 것 같아 한편 다행스럽다.

거기에 영화도 한몫한다. 다양한 스포츠를 통해 풍요로운 삶을 즐길 수 있는 진정한 의미의 스포츠 문화강국이 되길 바라는 마음으로 이런저런 스포츠 영화들을 골라보았다.

10⁺ 소울 서퍼
Soul Surfer. 2011/ Sean Mcnamara

서핑Surfing은 우리에게는 다소 생소한 스포츠이지만 캘리포니아, 플로리다, 하와이 등 미국과 남미, 유럽 일부 국가에서는 낚시나 등산처럼 대중화된 스포츠이자 레저이다.

〈소울 서퍼〉는 실존하는 서핑 선수 베타니 해밀턴이 쓴 같은 이름의 자서전을 스크린으로 옮긴 작품이다. 전도유망한 소녀 서퍼 해밀턴이 13세 때 상어에게 물려 한쪽 팔을 잃는 사고를 당한 후 만난 시련과 극복의 과정이 영화에 고스란히 담겨 있다.

데니스 퀘이드와 헬렌 헌트가 베타니의 부모 역을 맡아 작품에 무게를 더하고, 비너스의 토르소 동상처럼 한쪽 팔이 없는 금발의 소녀 안나소피아 롭의 모습이 하와이의 풍광과 어우러져 깊은 인상을 남긴다. 한쪽 팔을 잃은 딸에게 "정상normal이라는 말은 아주 과대평가된 말이란다."라고 이야기하는 어머니(헬렌 헌트)의 명대사가 아직도 귓전을 맴돈다.

관전포인트 (우리가 간과하는) 양손이 있어야만 할 수 있는 일들

ㄱ　서핑은 정말 중독성이 높은 스포츠인가 봐요. 해밀턴의 도전도 그렇고, 영화 〈지옥의 묵시록〉을 보면 전쟁 중인 군인들조차 강에서 모터보트로 인공 파도를 만들어 탈 정도니까요.

ㅇ　한쪽 팔을 잃는 시련을 겪으면서도 이를 극복해내고 여전히 정상급 현역 서퍼로 활동하고 있는 실제 인물의 이야기라는 게 놀랍죠. 이런 인물과 이런 인물을 다룬 영화가 많은 사람들에게 큰 희망을 준다고 생각해요. 엄청나게 큰 불행 앞에서도 침착함을 잃지 않는 모습이 인상적이었어요.

★　사전 정보 없이 영화를 보기 시작했는데, 앞부분에 완벽할 정도로 아름답고 행복한 가족의 모습이 이어지니까 오히려 불안하더라고요. 폭풍 전야 같다고나 할까요? 그러다가 갑작스럽게 상어 공격을 받는 장면에서는 저도 모르게 외마디 비명을 질렀어요.

BEHIND __ 영화 제작 과정에도 열정적으로 참여한 베타니 해밀턴

주인공의 실제 인물 베타니 해밀턴은 영화 제작 전 과정에 적극적으로 참여했다. 안나소피아 롭을 주인공으로 캐스팅한 것도 〈비밀의 숲 테라비시아〉(2007)에서의 연기를 본 베타니가 제작사에 직접 요청해 성사된 일이다. 베타니는 안나소피아 롭에게 직접 서핑을 가르쳤을 뿐 아니라, 주요 서핑 장면의 대역도 직접 소화했다. 또한 영화 편집 과정에도 일부 참여했는데, 긴장감이 다소 높게 연출된 상어 공격 신에 대해서는 '실제로 저렇지 않았고, 모두가 침착했다.'며 톤다운이 필요하다고 조언했고, 이 조언은 최종 편집에 반영됐다.

09⁺ 쿨 러닝

Cool Runnings. 1993 / Jon Turteltaub

남미와 북미 사이에 떠 있는 적도의 작은 섬 자메이카.

〈쿨 러닝〉은 눈, 얼음, 추위, 동계올림픽 같은 단어와 그다지 큰 상관이 없어 보이는 이곳에서 네 명의 청년이 훌륭한 코치를 만나 동계올림픽 봅슬레이 종목에 도전한다는 흥미로운 스토리의 영화이다. 실제로 1988년 캘거리 동계올림픽에 참가한 자메이카 봅슬레이 대표팀을 모델로 하였다.

스포츠가 주는 감동 중 하나는 '불가능에 대한 도전'이다. 〈쿨 러닝〉은 기본적으로 코미디이고 많은 부분이 픽션이지만, 불가능에 도전하고 끝까지 완주하는 네 선수의 모습에서 우리는 큰 감동을 느끼며 마음속에서 우러나오는 박수를 보내지 않을 수 없다. 챔피언과 금메달리스트에게 스포트라이트를 비추는 건 쉬운 일이다. 그러나 스포츠는 도전자와 패자를 조명할 때 진정한 의미를 갖는다. 이 영화를 보고 자란 자메이카의 한 소년이 커서 우사인 볼트가 되었으니까 말이다.

게다가 한국인들도 2018년 평창에서 우리만의 '쿨 러닝'을 만끽했으니 25년 전 영화 〈쿨 러닝〉에 다시 한번 감탄.

무슨 영화를 보겠다고

관전포인트 적도 거주민들의 추위 버티기

무영보브로스 코멘트

ㄱ 여러 재미 요소들이 아기자기하게 어우러진 웰메이드 영화이면서, 불가능해 보이는 꿈에 열정을 가지고 도전하는 모습이 큰 감동을 주는 휴먼드라마죠.

ㅇ 크레센도 박수라는 말이 있지요? 누군가 천천히 느리게 박수를 치기 시작하면 점점 사람들이 합세하면서 큰 박수가 되는 그런 장면을 말하는데, 전 그게 그렇게 웃기더라고요. 〈쿨 러닝〉의 마지막 레이스 장면에도 크레센도 박수가 나오지요. 무척 감동적인 장면인데 저는 사실 볼 때마다 웃음이 터져요.

★ 몇몇 장면은 떠올리기만 해도 웃음이 나오죠. 특히 팀 썰매가 생겨서 그걸 자축하다가 이름 짓는 과정에서 벌어지는 '엄마 이름(탈룰라) 해프닝'은 코미디 영화사의 레전드 신으로 남지 않을까 싶어요.

♛ Feel the rhythm, Feel the rhyme, Get on up, It's bobsled time, Cool runnings~~!!! 이 영화 엔딩 장면은 볼 때마다 눈물이 줄줄. 주인공 베눅이 절친 쌍카를 찾아가서 처음 봅슬레이 팀을 만들자고 제안할 때 쌍카가 놀라며 "아이스(Ice)?"라고 반응하는 장면은 빵빵 터지죠.

BEHIND __ 영화 속 내용과 다른 현실 몇 가지

실화를 바탕으로 한 영화라도 이야기를 더욱 흥미롭게 만들기 위한 각색 과정에서 현실과 다르게 묘사되는 일이 생기기 마련이다. 이 영화도 현실이 왜곡(?)되는 몇 가지 각색을 피해갈 수 없었는데, 가장 큰 부분은 자메이카 봅슬레이팀이 다른 나라 팀들로부터 환영받지 못했던 것으로 묘사된 점이다.

하지만 실제 캘거리올림픽에 참가했던 자메이카 봅슬레이팀은 세계 각국의 경쟁팀들로부터 큰 환대를 받았다. 심지어 한 팀은 자메이카 팀의 자격 심사 통과에 필요한 예비용 썰매를 빌려주기 위해 먼 길을 달려와 주는 수고를 마다 않기도. 참된 올림픽 정신이 빛나는 일화가 아닐 수 없다. 또한 영화 속에서는 금지 행위처럼 묘사되는 '썰매에 무게 더하기'도 실제로는 규정상 전혀 문제가 없다고. 다만 안전 확보 차원에서 썰매에 탑승한 인원을 포함한 전체 중량에 대한 최소 최대 규정이 있을 뿐이다.

08⁺ 불의 전차

Chariots of Fire. 1981 / Hugh Hudson

〈불의 전차〉는 1924년 파리올림픽 육상경기에 참가한 두 영국인의 실제 이야기를 영화화한 작품이다.

한 명은 스코틀랜드 출신 기독교인이자 선교사의 아들 에릭 리델, 다른 한 명은 잉글랜드 유대인 명문대생 해럴드 에이브러햄. 둘은 출신과 관습, 도덕과 정치, 종교와 문화의 선입견들을 뒤로하고 그저 열심히 달린다. 모든 스포츠의 기본이자 인류가 수만 년간 끊임없이 연습해온 '달리기'가 우리의 유전자에 깊이 아로새겨 있음을 깨닫게 하는 고색창연한 영화.

〈불의 전차〉는 아카데미 작품상과 각본상을 받으며 전 세계 영화팬들에게 크게 어필했는데 영화보다 더 유명해진 건 그 주제가이다. 그리스가 자랑하는 음악가 반젤리스가 만든 이 신시사이저 연주곡은 각종 감동적인 영상에 BGM으로 깔려 일종의 '클리셰 음악'이 되기도 했다(2012년 런던올림픽 개막식에서 런던 심포니오케스트라와 미스터 빈*이 이 음악으로 코믹한 오마주를 만들기도). 올림픽이 진정한 아마추어들의 경쟁 무대였던 아름답고 순수한 시절을 보여준 스포츠 영화의 정수.

* 2012년 런던올림픽 개막식의 미스터빈 https://youtu.be/CwzjlmBLfrQ

무영보브로스 코멘트

ㄱ 케임브리지에 소속된 최고의 수재들이 스포츠에 있어서도 최선의 경쟁을 벌이는 순수한 모습은 스포츠 영화에 대한 제 선입견을 완전히 깨버렸어요. 뛰어난 영상미도 감탄하지 않을 수 없었고요.

○ 선의의 경쟁을 벌이는 라이벌에 대한 이야기이지요. 그들이 향후 어떤 삶을 살았는지 자막으로 담담하게 보여주는 마지막 부분이 제게는 큰 감동으로 다가오더라고요. 올림픽만큼은 아마추어리즘에 입각해 경쟁하는 것이 마땅하지 않을까요? 그런데 우리나라 스포츠는 지나치게 엘리트 중심으로 돌아가는 것 같아요. 언젠가 MLB의 추신수 경기를 보는데, 한 해설자가 한국 야구선수들은 어릴 때부터 하루 종일 공부하는 시간도 없이 운동만 한다고 하는 것을 들었어요. 낯이 뜨거워지더라고요.

★ 올림픽을 보면 아직 서구 출신 선수들에게는 아마추어리즘의 전통이 꽤 많이 남아 있는 것 같아요. 직업을 따로 갖고 있으면서도 국가를 대표해 올림픽에 출전하고, 꼭 메달을 따지 않더라도 기뻐하는 모습들이 우리와는 많이 다르죠. 우리나라 교육제도와 선수 육성 시스템이 아쉽긴 해요.

BEHIND__ 명제목 '불의 전차'의 탄생 비화

이 영화의 각본 초고를 완성한 시나리오 작가 콜린 웰런드는 이 멋진 작품을 제대로 설명해주는 마땅한 제목을 찾을 수가 없어 〈Runners〉라는 밋밋한 제목을 붙여놓고 마냥 답답해하고 있었다. 그러던 어느 일요일 저녁 무심코 틀어놓았던 BBC TV의 한 종교음악 프로그램에서 찬송가가 흘러나왔다. 그 찬송가 가사는 이랬다. '나를 나의 불의 전차로 데려오소서(Bring me my chariot of fire)'. 음악을 듣던 웰런드는 뛸 듯이 기뻐하며 이렇게 외쳤다고 한다.

"바로 이거야! 불의 전차!"

신의 계시라고 할 만한 '위대한 제목 탄생의' 순간이다.

07⁺   우리 생애 최고의 순간

2007 / 임순례

예로부터 대한민국에서 절대로 흥행이 안 되는 세 종류의 영화 장르가 있다고 전해진다. 뮤지컬 영화, 동물 영화, 스포츠 영화가 그것. 그러나 2007년부터 그 리스트에서 스포츠는 빠진 듯하다. 임순례 감독의 〈우리 생애 최고의 순간〉이 나왔기 때문이다.

줄여서 〈우생순〉으로 더욱 잘 알려진 이 영화는 한국인이 애정하는 축구나 야구가 아닌 '무려' 핸드볼 영화다. 이것으로 두 개의 험준한 산을 이미 넘은 셈. 거기에다가 한국의 주류 영화계에서는 보기 힘든 페미니즘까지 한껏 담고 있으니 대단한 작품임에 틀림없다. 당시 한국인이라면 누구나 마음 졸이며 봤을 2004년 아테네올림픽 여자 핸드볼 결승전 이야기를 영화화했다.

문소리, 김정은, 김지영 등 베테랑 배우들의 생생한 연기를 앞세워 임순례 감독이 올림픽, 태릉 선수촌, 엘리트 스포츠, 비인기 종목의 앞면과 뒷면을 흥미롭게 연출해냈다. 우리에겐 여러모로 의미 있는 작품.

관전포인트 엔딩 크레디트

무영보브로스 코멘트

ㄱ 제게는 상당히 우울한 느낌으로 남아 있는 영화예요. 사람들의 관심 밖에 있는 폐지 직전의 리그에서 마지막 우승을 차지한 팀의 감독이 망연자실해하는 첫 장면만으로도 많은 것이 설명되죠. 세계 최고의 선수들이지만 계속 팀은 없어지고, 현실 속에서는 생활고에 시달릴 수밖에 없는 모습들이 무척 안타까웠어요.

ㅇ 실제 아테네올림픽 결승전이 생생하게 기억나요. 선수들이야 그 값진 메달을 딸 자격이 있다지만, 과연 우리에겐 그 메달에 열광할 자격이 있을까요? 평소에는 아무 관심 없다가 올림픽 때만 그렇게 들여다보며 결과를 요구하는 게 염치없게 느껴졌죠. 엔딩 크레디트와 함께 당시 실제 선수들의 사진들이 나오는 장면에서는 누구도 눈물을 흘리지 않을 수 없었어요.

★ 이 영화는 스포츠를 소재로 사용했지만 사실상 여성에 관한 다양한 담론을 담고 있는 여성영화라는 생각이 들어요. 사회에서 소외되고 희생을 강요당하는 여성들이 서로를 보듬어가며 강한 의리로 뭉쳐서 목표를 향해 나아가잖아요. 이 영화를 통해 임순례 감독이 정말 얘기하고 싶어한 것은 우리나라 여성들의 삶이 아니었을까요?

BEHIND __ 현실과 똑같이, 현실처럼 보이게

실화를 바탕으로 하는 영화는 현실감을 극대화하기 위해 여러 장치들을 사용한다. 〈우생순〉에서도 현실감을 높이기 위한 몇 가지 장치가 사용되었는데, 당시 TV에서 올림픽 결승전을 실제로 중계했던 KBS 최승돈 아나운서와 해설을 담당했던 강재원 감독이 중계진으로 출연해 마치 당시의 경기를 다시 보는 듯한 현장감을 되살려냈다. 실제 결승전이 벌어졌던 아테네 헬레니코 인도어 아레나에서의 촬영은 여러 여건상 불가능했기에, 인천 삼산 월드체육관에서 프랑스와 덴마크 클럽팀 선수들로 상대팀을 구성하여 촬영하였다.

06⁺ 록키

Rocky. 1976 / John G Avildsen

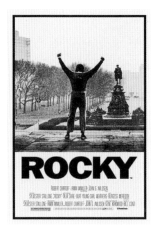

아널드 슈워제네거와 실베스터 스탤론. 상당히 오랜 기간 할리우드를 호령한 '근육맨'들이다. 그동안 둘이 영화에서 부상 입히거나 죽인 사람만도 수천 명에 이를 정도. 이토록 무시무시한 캐릭터들임에도 영화팬들은 둘을 좋아했다. 다짜고짜 나타나 사정없이 총질을 해대는 람보와 터미네이터는 냉전 시대의 요란한 아이콘이었다.

그러나 정작 스탤론은 본인이 단순한 액션스타란 사실에 동의하지 않는다. 왜냐면 자신은 위대한 영화 〈록키〉의 주인공이자 그 영화의 대본을 쓴 작가이니까.

사실이다. 수십 년간 속편들을 징그럽게 계속 만들어내며 식상해지긴 했지만, 1976년의 〈록키〉는 스포츠 영화의 에센스를 담아낸 훌륭한 작품이란 걸 부인할 수 없다(슈워제네거가 이런 스탤론에게 콤플렉스를 느껴 정계에 입문했다는 다소 뒤끝 있는 분석도 있다). 최초의 스포츠 영화가 채플린의 〈챔피언〉인 데서 알 수 있듯 권투는 인간의 가장 원초적인 본능과 감정을 자극하는 스포츠다. 또한 권투 영화는 폭력이 합법적으로 예술이 되는 특별한 장르인지라 지금도 이와 관련한 많은 영화들이 나오고 있고, 〈록키〉는 언제나 그 훌륭한 전범이 되어준다.

관전포인트 주제가 'Gonna Fly Now'

무영보브로스 코멘트

○ 3편부터는 조금 과하게 상업적으로 흘러간 느낌도 있지만, 1편과 2편은 정말 대단한 명작이죠. 엄청난 중독성을 가진 영화고, 여러 면에서 이후에 나온 모든 권투, 파이트 영화의 귀감이 되기도 했어요. 음악 한 곡을 배경으로 주인공이 자신을 담금질하는 과정을 마치 뮤직비디오처럼 보여주는 방식은 이 영화를 통해 클래식한 장치로 자리잡았죠.

★ 이 영화가 나온 시기는 땅콩 농부의 자식인 지미 카터가 대통령이 된 때로, 당시 미국 사회에는 누구나 신분상승을 이뤄낼 수 있다는 희망이 퍼지고 있었지요. 그러한 시대정신과 이 영화가 잘 맞아떨어진 면도 있었죠. 〈록키〉는 권투장갑을 낀 신데렐라니까요. 1편은 극도의 저예산으로 찍어야 해서 자기 집에서 자기 옷 입고, 자기 지인들 출연시켜 만들었다고 해요. 그 유명한 필라델피아 조깅 신도 그냥 거리를 실제로 달리며 찍은 장면이라고 하고요. 꼭 돈을 많이 들여야 걸작이 나오는 건 아니죠?

BEHIND __ '인생 한방' 스탤론의 록키 출연 비하인드는 진실 혹은 거짓?
〈록키〉 이전까지는 가난에 쩌든 무명작가이자 별 볼 일 없는 배우였던 실베스터 스탤론. 그가 거액의 판권 계약을 거절하고 반드시 자신이 주인공으로 출연해야 한다는 과감한 조건을 걸어 결국 어마어마한 성공을 거두며 인생 역전을 이룬 비하인드 스토리는 매우 유명하다. 하지만

무슨 영화를 보겠다고

2006년 〈할리우드 투데이〉의 객원필자 알렉스 벤 블록의 취재 결과 이 비하인드 스토리는 제작사의 마케팅 담당자들이 흥행을 위해 지어낸 것이라는 기사가 나왔다. 이에 스탤론 측은 즉시 '이 이야기는 분명한 사실'이라고 해명했다고 한다. 진실이 무엇인지 알 수 없으나 분명한 한 가지는 〈록키〉가 1976년 개봉작 중 가장 많은 돈을 번 영화라는 점.

05⁺ 슈팅 라이크 베컴

Bend it Like Beckham. 2002 / Gurinder Chadha

우리나라 여성들이 싫어하는 게 군대 이야기와 축구 이야기이며, 최악은 '군대에서 축구한 이야기'라는 우스갯소리가 있다. 스포츠가 남성의 전유물이던 시절은 이미 훌쩍 지나갔지만, 군대와 축구 농담에서 알 수 있듯이 스포츠의 주요 소비층과 그 타겟이 남성인 것도 사실이다. 그러나 축구 종주국 영국의 사정은 사뭇 다르다.

열여덟 살 제스와 줄스는 축구를 사랑하는 여고생들이다. 이들은 축구를 좋아할 뿐만 아니라 실제로 축구를 잘 한다. 그래서 프로선수가 되고 싶어한다. 그러나 제스는 인도 이민자 집안의 힌두교도이고 백인인 줄스 역시 집안의 반대가 만만찮아 두 소녀와 축구공은 어디로 튈지 알 수가 없다.

잉글랜드가 자랑하는 축구선수 데이비드 베컴을 제목에 내세운 덕인지 영화는 대박이 났고, 주인공 중 하나였던 키이라 나이틀리는 이 영화로 깜짝 신데렐라가 되었다. 감독 역시 인도계 여성인 거린더 차다. 이쯤 되면 영국 여성들 앞에서는 우리의 '군대 축구' 이야기를 늘어놓아도 괜찮을 듯.

무슨 영화를 보겠다고

관전포인트 네순도르마 프리킥

무영보브로스 코멘트

- ○ 축구에 재능과 열정을 가진 여학생들을 통해 스포츠가 우리와 얼마나 가까이에 있는지, 또 얼마나 즐거운 것인지 말하는 영화예요. 여러 사회적 편견들과 맞서 싸우는 이야기이기도 하고요. 영국 사회에 사는 인도 사람들의 속사정을 들여다보는 재미도 있지요. 북한이 여자축구 강국이라 그런지, 북한방송을 통해 소개된 첫 서구권 영화라는 재미있는 뒷얘기도 있네요.

- ★ 우리나라는 스포츠 영역에서도 어릴 때부터 너무 성 역할을 갈라놓지 않았나 싶어요. 어릴 때 많이 경험해봐야 성인이 되어서도 해볼 용기나 동기가 생길 텐데 말이지요. 베컴이 직접 출연하거나 개입한 영화는 아니지만, 초상권 사용이나 빅토리아 베컴의 음악 사용 등 여러모로 배려를 해줘서 제작이 가능했다고 하네요.

BEHIND __ 이야기의 일부가 되어버린 주연배우의 다리 흉터

제스 역을 따고 싶던 배우 파민더 나그라는 다리에 큰 흉터가 있다. 그녀는 이 흉터가 혹시나 이 배역을 따는 데 문제가 될까 싶어 노심초사했다고. 하지만 그녀의 속사정을 들은 거린더 차다는 아예 다리 흉터에 관한 에피소드를 영화 시나리오 속에 포함시켜 버렸다.

Bend it like Chadha!!

04⁺ 더 레슬러

The Wrestler. 2008 / Darren Aronofsky

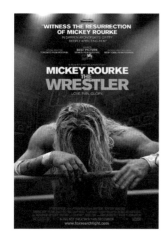

스포츠 영화가 주는 재미와 감동은 주인공이 이런저런 시련을 극복하고 결국 승리한다는 이야기 구조에 있다. 사람들은 영화에서 영웅을 보고 싶어 하지 나 같은 '루저'를 보고 싶어하지 않기 때문이다. 그러나 때로는 같은 이유가 스포츠 영화의 한계, 혹은 클리셰가 되기도 한다.

〈더 레슬러〉는 그런 의미에서 기존 스포츠 드라마의 구조를 뒤튼 영화이다. 영화는 한물간 프로레슬러의 고단하고 팍팍한 삶을 통해 스포츠와 연예 산업의 민낯과 몸으로 먹고사는 운동선수들의 뒤안길을 냉혹하고도 실감나게 보여준다.

주인공 랜디 더 램 로빈슨을 연기한 미키 루크의 캐스팅도 화제가 되었다. 한때 꽃미남 스타로 전성기를 구가했지만 90년대 초 프로권투에 입문한답시고 배우를 그만뒀다가 슬럼프에 빠졌던 그의 인생이, 이 퇴물 레슬러의 삶와 상당 부분 닮아 있기 때문이다. 어쨌거나 루크는 이 영화와 〈씬 시티〉로 재기에 성공, 제2의 전성기를 맞는다.

관전포인트 샌드위치 알바 레슬러

무영보브로스 코멘트

ㄱ 약물이나 도박에만 중독이 있는 게 아니에요. 몸이 늙고 시대가 달라졌으면 다른 길로 나설 수도 있을 텐데, 자기가 환호받던 시절에 중독이 되어 있으면 인생에서 다른 선택을 하기가 상당히 어려워지죠.

ㅇ 연예인들처럼 인기로 밥을 먹고 살던 사람들이 더 이상 대중이 찾지도 않고 잘 알아보지도 못할 때 받는 충격은 굉장히 크다고 해요. 그래서 이 영화는 픽션임에도 정말 리얼하게 느껴져요. 이 퇴물 레슬러의 이야기가 미키 루크의 실제 삶과 떼려야 뗄 수 없어서 더 그런 것 같기도 하고요. 지나가듯 말하는 80년대 헤비메탈 음악의 향수에 관한 언급도 자신의 전성기에 대한 그리움과 맞닿아 있는 셈이죠.

★ 약 3개월짜리 우울증 유발 영화예요. 몸은 늙고, 재산도 가족도 친구도 없는 주인공을 유일하게 기억해주고 환호해주는 곳은 그나마 쇠락한 레슬링 경기장뿐이었죠. 젊을 때는 세상을 씹어 먹을 듯한 자신감이 있었는데, 늙고 병드니 마주하는 건 세월과 병마, 그리고 여러 회한들이었네요. 그런 상황에 놓인 주인공의 처절한 감정이 절절하게 다가오더라고요.

BEHIND __ 이제는 망가질수록 더 멋있는 미키 루크

살인미소 꽃미남 미키 루크가 형편없이 망가져가는 모습에 많은 팬들이 가슴 아파 했지만, 어느 시점부터는 그가 거칠게 망가질수록 더 멋있어 보이는 이상한 현상이 벌어지기 시작했다. 〈더 레슬러〉에서도 루크는 몸을 아끼지 않는 명연기를 선보였는데, 퇴물 레슬러의 현실감을 높이기 위해 이마를 면도칼로 그어 진짜 피를 내기도 했다고. 레슬링계에서는 색깔내기getting color 또는 즙짜기juicing라고도 부르는 실제 작업을 스스로 나서서 한 것. 감독 대런 아로노프스키는 이런 미키 루크의 숨겨진 열정과 가능성을 눈치챘는지, 니콜라스 케이지를 간절히 원했던 스튜디오와 끝까지 싸워 결국 미키 루크를 캐스팅해냈다고.

03⁺ 블라인드 사이드
The Blind Side. 2009 / John Lee Hancock

풋볼football은 말 그대로 번역해 축구
이다. 전 세계가 쓰는 공용어이지만 유
달리 북미에서만 축구를 사커soccer라
부른다. 미국에서 풋볼은 미식축구이
기 때문이다.

오토바이 헬멧 같은 걸 머리에 쓴 채
'어깨뽕' 들어간 옷을 입고 떼를 지어
서로 옆치고 덮치는, 우리에겐 왠지
익숙한 듯하면서도 생소한 종목인 미

식축구. 32개 팀이 한 팀당 달랑 16게임만 하고 한겨울에 플레이오프
와 슈퍼볼을 왁자지껄 치른 후 시즌이 끝나버리지만 NFL(프로 미식축
구 리그)에 미국인들은 끔찍이도 열광한다. 그래서인지 미식축구를 소
재로 한 영화도 참 많다.

2006년에 나온 『블라인드 사이드』는 미식축구 이론과 선수에 관한
책이었다. 3년 후 이 책 내용 중 오펜시브 라인맨 마이클 오어의 이야기
를 발췌한 동명의 영화가 만들어진다. 〈블라인드 사이드〉 역시 그 많은
미식축구 영화 중 하나지만 미식축구의 룰이나 기본 상식 없이 봐도
충분한 감동을 느낄 수 있다. 주인공 산드라 블록과 그가 연기한 리
앤 투오이의 캐릭터, 그리고 진정한 '노블리스 오블리주'의 힘이다.

미국인들의 유전자에 깊이 뿌리 박힌 흑백문제와 빈부문제를 스포츠라는 윤활유로 멋지게 뽑아낸 이 영화를 계기로, 산드라 블록은 천방지축 에너제틱한 젊은 배우에서 한 단계 업그레이드된 성숙한 배우로 재탄생했다.

부잣집 마나님들이 가식과 위선에 찬 대화를 나누는 자리에서 날리는 리 앤 투오이의 일갈이 쩡쩡한 자명종처럼 울리는 영화.

관전포인트 재벌 사모님 리 앤의 갑질은 남편에게만

무영보브로스 코멘트

ㄱ 미식축구에서 쿼터백 다음으로 비싼 몸값을 받는 포지션이 바로 쿼터백을 보호하는 레프트 태클이라고 해요. 천부적으로 강한 보호본능을 갖고 있는 아이의 특성을 발견하고 이를 레프트 태클로 극대화하는 스토리가 참 인상적이었어요. 또한 '인간으로서 옳은 일을 하라'는 가장 단순하지만 어려운 명제를 진정성 있게 보여준 것이 이 작품을 더욱 돋보이게 만든 것 같네요.

ㅇ 미국의 전형적인 백인 상류층 가정에서 불우한 환경의 흑인 아이를 입양해 진짜 가족으로 받아들이고 훌륭하게 성장시키는 이야기죠. 걱정해주는 척하면서 속으론 다 큰 흑인 남자아이를 집에 들이는 것을 못내 불편해하던 다른 부잣집 마나님들에게 주인공이 단호하게 말하는 장면에선 저도 정신이 번쩍 들더라고요. 자기 침대를 처음 가져본다는 오어의 말을 듣고 아무 일 없었다는 듯 나가지만 물끄러미 자기 방에서 혼자 앉아 울먹울먹하는 산드라 블록의 표정에 같이 울먹였던 기억이 나요.

무슨 영화를 보겠다고

★　이 영화가 미국 사회에 시사하는 바가 무척 컸을 것 같아요. 선
입견 없이 진정성 있게 아이를 가족으로 받아들이는 장면들은
내내 뭉클하게 다가오고요. 그러면서도 이 아이를 탁월한 미식
축구 선수로 키우는 장면들은 재미있고도 매력적이었죠.

BEHIND __ 리 앤 투오이 연기가 제일 어려웠어요

정의롭고 인간적이며, 둘째가라면 서러울 강단까지 갖춘 부잣집 사모님
을 연기하는 것은 산드라 블록에게도 쉽지 않은 도전이었다. 심지어 그
녀는 자기 연기에 대한 불만이 너무 커서 촬영이 시작된 첫 주에는 중
도 하차까지도 심각하게 고민했다고 한다. 하지만 어려움을 딛고 끝까
지 최선을 다한 결과 많은 이들이 그녀의 연기에 감동을 받았고, 그녀
는 이 작품으로 생애 첫 오스카 여우주연상까지 거머쥔다.
고진감래가 따로 없다.

02+ 그랑블루

Le Grand Bleu. 1988 / Luc Besson

1990년대 웬만한 카페의 한쪽 벽에 걸려 있던 그림. 푸른 바다 한가운데 돌고래가 뛰어오르는 파란 포스터를, 그 시절을 지나온 사람이라면 기억한다. 바로 〈그랑블루〉의 포스터, 자크 마욜과 돌고래가 노는 모습이다. 자크 마욜(1927~2001)은 프랑스의 잠수사이자 프리다이빙* 선수였다.

〈그랑블루〉는 자크 마욜과 그의 라이벌 엔조 마요르카의 이야기를 각색해 만든 프랑스 영화이다.

모델들은 생존하던 실제 인물인데 내용은 사실과 많이 달라 개봉 후 설왕설래가 많았다지만, 우린 당시 이런 세계가 있는지도 몰랐으니 신기하고 놀라울 따름(극중에서 잠수하다 죽는 엔조가 실제로는 자크보다 15년이나 더 살고 2016년 세상을 떠났다).

제목답게 〈그랑블루〉는 돌고래와 바다를 사랑한 한 사나이의 꿈과 현실을 지중해 푸른 바다와 심연에 한껏 풀어낸 영화이다. 에릭 세라의 감각적인 음악도 한몫했다.

자크 마욜과 프리다이빙에 관한 영화이지만 정작 세계적으로 유명해진 건 감독 뤽 베송과 마욜의 라이벌 역을 맡은 장 르노였다. 두 사람은 6년 후 〈레옹〉으로 영화팬들을 다시 한번 매료시킨다.

무슨 영화를 보겠다고

영어로 제작된 〈그랑블루〉는 프랑스와 유럽에선 크게 성공했지만 정작 미국에서는 뜨뜻미지근한 반응을 얻어, 베송의 다음 작품 〈니키타〉는 다시 불어로 만들었다는 후일담.

관전포인트 돌고래 풀어주기

무영보브로스 코멘트

- ⊙ 잠수가 무슨 스포츠냐고 시비 걸 수도 있겠지만, 나름 기록경기이니까 스포츠라고 해두죠. 이 영화는 잠수계의 모차르트와 살리에리 스토리라고도 할 수 있겠네요. 두 주인공의 어린 시절을 보여주는 흑백 화면이 찬란한 푸른빛 바다로 확 변하는 장면에서 받은 충격은 아직도 생생해요. 달빛 찬란한 푸른색 바다를 연주하는 듯한 에릭 세라의 영화음악도 발군이었고요.

- ★ 멋있는 영화이기는 한데, 요즘 기준에서는 허세가 넘치는 면도 있어요. 대표적인 장면이 술에 취한 자크랑 엔조가 샴페인을 들고 풀장에 입수해 바닥에 붙어서 유리잔에 따라 마시는 거죠. 따지고 보면 그냥 술 취해서 물에 들어가 풀장물 마시는 거잖아요? 당시에는 충격적일 정도로 세련된 스타일이었지만 지금 보면 조금 촌스럽게 느낄 수도 있을 것 같아요.

* 프리다이빙(Free-diving) : 무호흡 잠수의 총칭. 공기통을 사용하는 스쿠버다이빙과 달리, 한 번의 큰 호흡으로 폐와 세포들 간 내순환 과정에서 호흡을 참고 다이빙하는 것이 특징.

BEHIND __ 주인공에 누굴 캐스팅할까? 확 내가 해버려?

뤽 베송 감독은 자신이 매우 큰 애정을 갖고 있던 주인공 캐릭터 자크 마욜을 연기할 배우를 캐스팅하지 못하고 끝까지 망설이며 결정을 미뤘다. 〈서브웨이〉(1985)에서 함께 작업했던 크리스토퍼 램버트와도 접촉하고, 미키 루크와도 미팅을 가졌으나 확신이 서지 않았던 뤽 베송은 자신이 그 배역을 맡는 것은 어떤지 진지하게 제안하기도 했다. 최종적으로 그 배역을 맡은 장 마르 바의 이름이 처음 언급된 시점은 영화 촬영이 불과 몇 주 남지 않았을 때였다. 남들에게는 강력하게 주장하지 못했지만, 처음부터 본인이 하고 싶었던 것은 아닌지.

01⁺ 밀리언 달러 베이비

Million Dollar Baby. 2004 / Clint Eastwood

클린트 이스트우드가 1971년 〈어둠속에 벨이 울릴 때〉로 감독 데뷔를 했을 때 많은 이들이 깜짝 놀랐다. 시가를 꼬나물고 얼굴을 잔뜩 찡그린 채 연신 총이나 쏴대는 액션스타인 줄만 알았는데, 스타일리시한 심리 범죄물을 연출한 솜씨가 여간 빼어난 게 아니었기 때문이다.

그 후 20년간 이스트우드는 10여 편의 액션, 전쟁, 스릴러물을 감독하고 1991년 〈용서받지 못한 자〉를 내놓는다. 이 영화로 '명장' 반열에 오른 그는 이후 늘 뭔가 생각할 거리를 던져주는 깊이 있는 영화를 선보인다. 특히 인간과 인간이 소통하는 휴먼드라마들이 그의 손을 거쳐 많은 영화팬에게 울림을 주었는데 그 백미가 〈밀리언 달러 베이비〉다.

여성 권투선수 매기(힐러리 스웽크)와 그의 코치 프랭키(클린트 이스트우드)가 권투라는 스포츠를 통해 우정과 사랑을 쌓아가는 모습에 관객과 평단 모두가 찬사를 보냈다. 이 영화로 힐러리 스웽크와 모건 프리먼은 오스카 연기상을, 클린트 이스트우드는 〈용서받지 못한 자〉에 이어 두 번째 작품상과 감독상을 품에 안았다.

모건 프리먼과 클린트 이스트우드가 보여주는 관록의 연기와 힐러리

스웽크의 천진난만함은 스포츠 드라마의 한계를 훌쩍 극복한 명작으로 기억될 것이다. 매기에게 붙여준 아일랜드어 별명 모쿠슈라mo chuisle의 뜻이 '나의 사랑, 나의 혈육'이란 걸 너무 늦게 깨달은 우리 모두가 프랭키와 함께 오열할 수밖에 없는 마지막 장면과 함께.

관전포인트 최고의 내레이터 모건 프리먼

무영보브로스 코멘트

ㄱ 언제부터인가 클린트 이스트우드의 새 영화가 나오면 '또?'가 아니라 '이번엔 뭘까?' 하는 궁금증이 들어요. 매번 새로운 이야기이지만 늘 만족스러우니 자연스럽게 기대감을 갖게 되네요.

ㅇ 이 영화는 두 번째 볼 때부터 더 조심해야 됩니다. 최근에 다시 봤는데 힐러리 스웽크가 등장하자마자 눈물이 나서 감당이 안 되더라고요. 뒷이야기를 아니까 매기의 그 순수한 모습 속 깊은 아픔이 더 강하게 느껴진 거죠. 클린트 이스트우드가 영화에서 우는 장면은 찾아보기 힘든데, 이 영화에서는 버벅버벅 울기까지 해요. 매기를 보며 '나는 살면서 저 정도로 모든 것을 불살라 무언가에 최선을 다해본 적이 있나.' 반성도 하게 되었어요.

★ 클린트 이스트우드가 연출한 영화들이 보통 이래요. 여운이 한참 동안이나 오락가락 떠오르지요. 죽을 때까지 영화를 만들겠다고 말했다는데, 그저 관성으로 하는 게 아니라 한 편 한 편 세상을 향해 유서를 쓰듯 자신의 모든 것을 다해 만들어요. 이분 돌아가시면 참 슬플 것 같네요.

BEHIND — 〈밀리언 달러 베이비〉를 접한 이스트우드의 첫 마디는

이 각본을 매우 좋아했던 프로듀서 알버트 루디는 프로젝트를 성사시키기 위해 무려 4년 동안 백방으로 뛰어다녔다. 하지만 대부분의 영화 관계자들은 대체 누가 두 명의 반백 노인과 소녀 복서에 관한 영화를 보겠느냐며 고개를 가로저었다. 마침내 이 이야기에 흥미를 보이는 사람을 찾았는데 그가 바로 클린트 이스트우드. 그는 이 각본을 처음 읽고 이런 말을 내뱉었다.

"이게 좀 우울하긴 한데… 거참, 정말 멋지군요."

거장의 안목이 위대한 영화를 현실화한 셈.

최과장의
WHY NOT

골!

Goal! 2005 / Danny Cannon

〈골〉은 축구판 '록키'이자 '신데렐라' 스토리이다. 미국 불법체류자 신분에 허드렛일을 하며 살아가던 히스패닉계 청년 뮤네즈. 그는 자신이 축구에 큰 재능이 있다는 걸 알아봐준 영국인 스카우터를 만나 프로축구 선수의 꿈을 키우기 시작한다. 하지만 이 도전은 매우 큰 리스크를 안고 있다. 그가 불법체류자라 한번 미국을 떠나면 가족에게 영영 돌아오지 못할 수도 있기 때문. 따라서 이 도전은 그에게만 국한된 것이 아니라 가족 전체의 도전이기도 하다.

아무 연고도 없는 영국으로 건너가, 날고 기는 최고의 선수들이 모인 살벌한 전쟁터에 참여한 뮤네즈의 희망과 절망에 관객들도 함께 울고 웃는다.

FIFA의 전폭적인 지원을 받으며 제작된 덕에 세계적인 축구 스타들이 등장하고, 그들이 펼치는 화려한 축구 시합 장면이 현실감을 높인다. 실제 프리미어리그 경기 장면을 활용해 다이내믹한 시합 장면들을 연출했기 때문에 골수 축구팬들의 안목에도 부족함 없는 퀄리티를 갖출 수 있었다.

제리 맥과이어

Jerry McGuire. 1996 / Cameron Crowe

로맨틱 코미디이자 버디무비이기도 한 이 작품은, 필드 위의 선수 뒤에서 뛰고 있는 또 다른 선수 '스포츠 에이전트'의 세계를 다뤘다. 자본주의와 쇼비즈니스의 총아인 스포츠 비즈니스 세계의 이면이 어떻게 돌아가는지 처음으로 들여다보게 했다는 점에서 많은 스포츠팬들에게 새로운 의미로 다가왔다.

톰 크루즈의 유일한 클라이언트 쿠바 쿠딩 주니어가 소리 높여 외친 그 유명한 대사 '쇼미더머니Show me the money'가 마치 자본주의를 찬미하는 말처럼 들리기도 하지만, 세상 돌아가는 이치에 밝지 못한 운동선수들이 비즈니스맨들에게 이용당하지 않고 자신의 기여도에 맞는 합당한 조건을 얻어낼 수 있도록 지원하고 노력하는 생소한 직업 세계를 흥미롭게 잘 풀어냈다. 감정기복은 심하지만 가족 사랑과 의리 하나는 최고인 미식축구 러닝백으로 쿠바 쿠딩 주니어가 인상적인 연기를 펼치며 재미를 더했다. 영원한 '브리짓 존스' 르네 젤위거를 비로소 세상에 알린 영화이기도 하다.

반칙왕

2000 / 김지운

안하무인 상사의 폭력에 대항할 자신
도, 사랑하는 사람에게 고백할 용기
도 없이 무의미하게 하루하루를 살아
가던 한 은행원이 자신의 암울한 현
실을 프로레슬링으로 정면 돌파하는
이야기.

이제는 서커스와 비슷한 취급을 받고
있는 프로레슬링임에도 불구하고, 그
의 진지함에는 나름의 이유가 있다.

타이거 마스크는, 가슴 속 불꽃이 꺼져버려 도대체 왜 사는지도 모르
는 소심한 은행원을 세상에 두려울 것 없는 용감한 반칙왕으로 변신하
게 하는 마법의 주문이기 때문.

이제 막 자신의 진가를 세상에 보여주기 시작한 믿고 보는 명품배우
송강호의 꿈틀거리는 에너지와, 데뷔 초 힘 들어가지 않은 시니컬한
재치를 구사하던 김지운 감독이 적절한 시기에 만나 최대의 시너지를
냈다. 한국 코미디 영화 중 손꼽히는 수작.

7

염통 쫄깃해지는
재난영화
TOP10

우리가 〈염통 쫄깃해지는 재난영화 TOP10〉 리스트를 꾸려 키득키득 재미나게 팟캐스트를 녹음한 건 2013년 6월이었다. 아마도 그 열 달 후였다면 '염통 쫄깃' 같은 익살스런 제목은 물론 '재난영화'라는 카테고리를 만들 엄두조차 못 냈을지 모르겠다.

아래는 필자가 세월호 침몰 3주기를 즈음해 한 일간지에 썼던 칼럼이다.

다시는 못 볼 영화 〈타이타닉〉

재난은 불행한 일이고 일어나서는 안 되는 일이지만 재난영화disaster film는 인기 있는 장르다. 1901년 5분짜리 무성영화 〈Fire!〉가 나온 이래 100년이 넘도록 각종 천재지변과 사건사고가 영화로 만들어져 많은 관객들의 사랑을 받았다. '강 건너 불구경'이란 말이 있듯이 인간은 간사하게도 타인의 불행에 일정부분 호기심과 심지어 묘한 쾌감까지 느낀다. 그런 심리를 재난영화가 교묘하게 이용한다고 하지만 타산지석의 교훈도 얻고 무엇보다 재난 속에 피어나는 따뜻한 인간애와 불굴의 정신력에 감동을 받기도 하기에 이 장르의 미래는 여전히 밝아 보인다.

재난영화는 대략 인재人災영화와 천재天災영화로 나뉜다. 천재영화는 지진, 홍수, 쓰나미, 폭풍, 눈사태 등 거대한 자연의 위력 앞에 무력한 인간의 모습을, 인재영화는 비행기, 선박, 기차, 빌딩 등 주로 인간이 초래한 대형사고에 악전고투하는 주인공들을 그리고 있다.

재난영화 중 바다에서 일어나는 이른바 '해난영화'는 망망대해라는 고립적인 설정 때문인지 유독 흥행작이 많았다. 1972년 진 해크먼과 어네스트 보그나인 등 다섯 명의 오스카 연기상 수상자가 대거 출연한 〈포세이돈 어드벤처〉는 재난영화가 수지 맞는 장사가 될 수 있다는 걸 보여주었다. 신년 연휴를 즐기러 뉴욕—아테네를 운항하는 크루즈에 탑승한 다양한 인간군상이 극한의 상황에 내몰리는 아비규환에 70년대 손에 꼽히는 '돈 많이 번 영화'가 되었다. 이 영화와 〈타워링〉으로 '재난의 대가'라 불린 제작자 어윈 알렌은 내친김에 1979년 〈포세이돈 어드벤처〉 속편까지 제작했지만 흥행 참패를 기록, 본인과 제작사에 '실제 재난'을 일으키기도 했다.

〈특전유보트〉와 〈에어포스원〉, 〈트로이〉로 유명한 볼프강 페터젠 감독이 만든 2006년판 〈포세이돈〉 역시 그의 전작 〈퍼펙트 스톰〉의 경험을 살린 해난영화였다.

해난영화의 성공사는 포세이돈에서 끝나지 않는다. 1997년 2억 불이라는 천문학적인 제작비로 초미의 관심을 모았던 영화 〈타이타닉〉이 재난

영화의 역사를 다시 쓴 것이다. 〈터미네이터〉와 〈에일리언2〉로 실력을 인정받았지만 과도한 제작비로 절체절명의 위기에 몰렸던 제임스 캐머런 감독은 일약 작품성과 대중성 두 마리의 토끼를 잡는 데 성공했고 자신이 연출한 〈아바타〉(2009)를 더해 '역사상 가장 돈을 많이 번 영화' 두 편을 만든 감독이 되었다.

〈타이타닉〉이 세계적인 사랑을 받은 것은 비극적인 재난에 아름다운 로맨스를 녹여냈기 때문이다. 레오나르도 디카프리오와 케이트 윈슬렛의 이른바 '타이타닉 백허그 포즈'는 셀린 디온이 부른 주제가 'My Heart Will Go On'과 함께 전 지구를 휩쓸었다.

〈타이타닉〉은 이듬해 아카데미 시상식에서 11개 부문을 수상해 〈벤허〉(1959)와 함께 가장 많은 오스카 트로피를 받은 영화가 되었고, 영화사 최초로 10억 불의 매출을 올려 '빌리언 달러 무비'란 칭호도 얻었다. 올해 12월이면 개봉 20주년이 되는 제법 오래된 영화지만 지금 봐도 재미와 감동은 여전하다.

그런 〈타이타닉〉을 얼마 전 아무 생각 없이 다시 보다가 낭패를 당했다. 영화 중반 배가 빙산에 부딪혀 긴장감이 고조될 즈음 갑자기 심장이 쿵쾅거리고 기분이 초조해지더니 배가 기우는 장면에 그만 영화를 끌 수밖에 없었다. 100년 전 호화유람선 타이타닉호에 3년 전의 여객선 세월호가 겹쳐 보였기 때문이다.

친인척이나 지인이 배에 타고 있지 않았어도 대한민국 국민이라면 누구나 안타깝고 참담했던 2014년 4월의 그날들을 기억한다. 기실, 타이타닉호 이후 수많은 배들이 희생자와 함께 바다와 강에 가라앉았고 우리도 남영호와 서해페리호 같은 대형 침몰 사고를 겪었지만 유독 세월호가 우리에게 트라우마로 남아 있는 건, 3년 전 그날 그 배가 바닷속으로 잠기는 걸 우리 모두가 TV와 인터넷, SNS로 생생하게 지켜보았기 때문이다. 항공모함과 잠수함이 바다를 누비고 인공지능 로봇이 체스와 바둑을 두고 달과 화성에 우주선을 보내는 과학기술을 갖고 있는 우리 인간이 서서히 침몰하는 배에서 아이들을 구조하지 못했다는 현실에 많은 사람들이 충격과 죄의식에 빠졌다.

3년 만에 바다 위로 올라와 누워 있는 흉측한 그 배를 보고 있자니 그간 잘 낫지도 않던 상처가 곪아 터지는 것 같다. 평소에도 창문이 많은 배만 보면 가슴이 턱 막히고 눈물이 핑 도는데 어쩌다 〈타이타닉〉을 볼 생각을 했는지 나 자신이 비루하고 한심하게 느껴진 날이었다.

2017. 4. 7. 경향신문

10⁺ 해운대

2009 / 윤제균

2004년 인도네시아 수마트라 대지진은 수십만 명의 생명을 앗아가며 전 세계에 '쓰나미'란 단어를 각인시켰다. 〈두사부일체〉, 〈색즉시공〉 등 흥행작들로 인지도를 쌓은 윤제균 감독은 쓰나미가 부산을 덮친다는 공상을 영화화하여 한국형 재난 블록버스터 〈해운대〉를 만들었다.

수많은 할리우드 재난영화에서 느낄 수 없었던 캐릭터에 대한 각별한 공감이 한국인들의 감성을 만졌고, 당시만 해도 지진이나 쓰나미는 우리와 별로 상관 없어 보이는 '강 건너 불구경'이었던지라 공전의 히트를 기록했다. 때문에 〈해운대〉 개봉 후 2년이 채 안 되어 일어난 동일본 대지진에 천만 명이 넘는 한국인들이 이 영화를 떠올리며 망연자실해했다.

관전포인트 이대호

무영보브로스 코멘트

- 재난영화는 기술집약적 장르라 조금만 어설퍼도 티가 확 나거든요. 그래서 일정 수준 이상의 물량이 투입되어야 하죠. 그런

무슨 영화를 보겠다고

의미에서 〈해운대〉는 기념비적인 작품이에요. 예산 문제 때문인지 본격적인 재난 장면이 좀 짧긴 했지만, 이제 우리도 내놓을 만한 재난영화를 갖게 되었다는 생각이 들었죠. 익숙한 분위기에서 벌어지는 재난이라 더 리얼하게 느껴지기도 했고요.

★ 감독이 부산 출신이어서인지, 부산이라는 지역 커뮤니티의 내면을 실감나게 보여주는 게 흥미로웠어요. 주인공뿐 아니라 다양한 인물들의 이야기가 동시에 흘러간다는 것도 재밌는 요소였고요. 마치 재난영화판 〈러브 액츄얼리〉 같다고나 할까요?

ABOUT __ 쓰나미, 해안에서 눈으로 확인한 후 냅다 뛰면 피할 수 있을까?

바다 아래의 지각활동으로 인해 수면에 파장이 생기면서 거대한 파도가 해안을 덮치는 현상을 쓰나미Tsunami라고 한다. 쓰나미를 다룬 영화를 보면 높은 건물을 압도하는 거대한 파도가 몰려오는 장면들이 묘사되곤 한다. 그런데 과연 해안가에서 쓰나미를 눈으로 확인한 뒤 달리면 피할 수 있을까? 이론적으로 쓰나미는 수심 5Km에서는 비행기 속도와 비슷한 800Km/h로 이동한다. 그러다 수심이 얕아질수록 속도가 낮아지는 경향을 보이긴 하지만, 그럼에도 불구하고 수심 100m에서는 110Km/h, 해안가에서 높이 10m가 되었을 때는 36Km/h로 움직인다. 지구 역사상 가장 빠른 스프린터인 우사인 볼트의 최고 도달속도가 44Km/h 남짓인 것으로 볼 때 달려서 쓰나미를 피한다는 것은 현실적으로 어렵다는 것이 결론. 가장 효과적인 대피방법은 무조건 해수면보다 15m 이상 높은 곳으로 이동하는 것쯤이 되겠다.

09⁺ 코어
The Core. 2003 / Jon Amiel

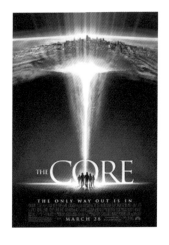

SF 영화 중 우주로 나가는 영화들은 부지기수이지만 지구 속을 파고든 영화는 많지 않다. 대부분의 사람들, 특히 서양에서는 천국은 하늘에, 지옥은 땅속에 있다는 전통적인 인식을 갖고 있는데 2003년에 나온 SF 재난 영화 〈코어〉는 땅속으로 깊이 파고들며 인간 내면의 공포를 자극한다.

스토리는 다소 황당무계하다. 지구 속 핵core이 회전을 멈춰 지구 자기장이 사라지면서 인류는 멸망 위기에 처하고, 특공대가 지구의 중심으로 들어가 핵폭탄을 터뜨려 문명세계를 구원한다는 내용. 흥미롭긴 하지만 재난영화의 클리셰들이 곳곳에 보이고 힐러리 스웽크, 아론 에크하트 두 남녀 주인공의 존재감도 약했는지 영화는 대중과 평단 모두에게 외면받는 '재난' 영화가 되고 말았다. 게다가 과학자들이 선정한 '최악의 비과학적인 영화'에 선정되는 기염(?)을 토하기도. SF 영화가 어차피 공상과 허구의 세계인데 안 그래도 망한 영화를 두고 뭘 그리 야박하게 따지는지.

관전포인트 굵직한 조연 스탠리 투치 & 리처드 젠킨스

무슨 영화를 보겠다고

무영보브로스 코멘트

ㄱ 기발한 생각이긴 하지만 과학적으로는 말이 안 되는 만화 같은 설정이 너무 많아요. 예를 들어 땅속을 뚫고 들어가다가 발생한 문제를 해결하기 위해 사람이 직접 방호복 같은 걸 입고 외부로 나가는 장면이 있는데, 정말 말도 안 되는 거거든요. 그 정도 깊이에서는 압력과 온도 때문에 사람이 그렇게 밖에서 활동하는 게 절대 불가능합니다.

o 그러게요. 기본적으로 사람이 지구의 코어까지 들어갔다가 다시 살아 나온다는 게 말이 안 되죠. 그저 영화는 영화로서 즐기면 되지 않을까요? 어쨌든 〈소년은 울지 않는다〉, 〈밀리언 달러 베이비〉에서 거친 모습을 보여줬던 힐러리 스웽크가 여기서는 굉장히 매력적인 캐릭터로 등장해요. 작품마다 완전히 다른 사람이 되는 것을 보는 재미가 있네요.

BEHIND __ 땅을 파고 들어가 지구 핵에 도달하는 건 실제로 가능할까?

〈코어〉의 제작과정에 자문역으로 참여했던 캘리포니아 공과대학의 데이비드 스티븐슨David Stevenson 박사는 이 프로젝트가 끝난 후에도 진지하게 이 영화의 아이디어가 실현 가능한지를 고민하게 되었다. 결국 박사는 무인 탐사선을 지구의 핵까지 보낼 수 있는 과학적 방법을 생각해냈고, 이 논문은 2003년 5월 저명한 과학저널인 네이처Nature지에 실렸다. 하지만 이것은 과학적 이론일 뿐, 아직까지는 2012년 러시아 사할린에서 가스개발을 위해 12,376m까지 뚫고 들어간 것이 기록이다.

08+ 2012

2009 / Roland Emmerich

2012년을 앞두고 지구인들의 마음은 좀 싱숭생숭했다. 고대 마야인들이 만든 달력에 2012년 이후가 없다는 둥, 천체 달력이 2012년이 되면 배열이 이상해지고 태양풍이 지구를 공격할 것이라는 둥, 노스트라다무스의 1999년 지구 멸망설이 계산해보면 2012년이라는 둥. 항간에 어수선한 이야기들이 떠돌아다녔다.

그러한 공짜 바이럴마케팅을 등에 업고 나온 영화가 〈2012〉였다. 평단의 반응은 엇갈렸지만 덕분에 〈2012〉는 세계적으로 흥행해 7억 불에 달하는 큰돈을 벌어들였다.

〈인디펜던스 데이〉, 〈고질라〉, 〈투모로우〉 등으로 가히 '재난영화 스페셜리스트'로 불릴 만한 롤란트 에머리히 감독이 그간 축적한 모든 노하우를 동원해 지구가 멸망하는 모습을 실감나게 그렸다. 결국 창세기 '노아의 방주' 콘셉트가 등장해 인류는 살아남는다는 내용.

어쨌거나 실제로 2012년 지구엔 특별한 일이 없었다. 아시아의 한반도에선 북쪽은 김정은이, 남쪽은 박근혜가 정권을 잡는 '소소한' 정치적 이벤트가 있었을 뿐이다.

관전포인트 우디 해럴슨의 사이코 선각자 캐릭터

무영보브로스 코멘트

ㄱ 마냥 즐기는 오락영화라고 할 수 있지만, 이른바 '노아의 방주'
에 들어가는 티켓을 갖지 못한 자들을 구하느냐 마느냐에 관한
질문은 무척 인상적이었어요. 또 끝까지 물에 잠기지 않아 인류
가 다시 시작되는 지점으로 제시된 아프리카가 오늘날 가장 소
외된 지역이라는 점도 시사하는 바가 있었지요.

ㅇ 재난 관련 정보와 부를 독점하고 있는 멀티 빌리어네어들이 이
미 재난에 대비해 노아의 방주를 만들어놓았다는 아이디어에
'진짜 저럴 수도 있겠구나.'라는 생각이 들었어요. 어쨌거나 볼거
리는 정말 화려합니다.

★ 두말 필요 없이 비주얼로는 역대 최강의 재난영화인 것 같네요.

BEHIND __ 북한에서 〈2012〉 관람이 금지된 이유

북한과는 별 상관이 없어 보이는 〈2012〉가 황당한 이유로 북한에서는
상영 및 관람이 금지되었다. 거대한 자연재해로 지구가 멸망한다는
2012년이 다름 아닌 김일성 주석 탄생 100주년이기 때문. 일본 아사히
신문의 보도에 따르면 중국에서 입수한 해적판으로 〈2012〉를 본 북한
주민들이 불경죄로 체포되었다고. 북한은 당시 김일성 탄생 100주년을
맞아 '강성대국의 대문을 연다'라는 대대적인 선전작업을 하고 있었다.
이런 중요한 시기에 이런 불경스러운(?) 영화를 즐기는 것 자체를 중범
죄로 여긴 것.

07⁺ 멜랑콜리아

Melancholia. 2011 / Lars Von Trier

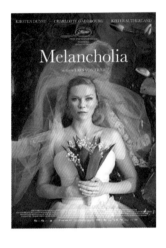

〈멜랑콜리아〉는 덴마크의 괴짜감독 라스 폰 트리에의 이른바 '우울 3부작' 중 두 번째 영화이다. 거대행성과 충돌하기 직전의 한 가족의 일상을 제목처럼 우울하게 그렸다.

영화는 저스틴(커스틴 던스트)과 클레어(샤를로트 갱스부르) 두 자매의 이름을 따 두 파트로 나뉘는데, 두 배우 모두 개봉 후 흥행과 상관없이 그 연기로 많은 찬사를 받았다. 특히 커스틴 던스트는 이 영화로 아역배우, 틴에이저 배우의 이미지를 완전히 털어버리고 칸 영화제에서 여우주연상을 수상하기도 했다.

〈멜랑콜리아〉는 파멸을 앞둔 인간들의 고독과 절망을 시종일관 보여준다는 점에서, 그야말로 '난리가 나는' 대부분의 재난영화와는 그 결이 완전히 다르다. 폰 트리에의 '우울 3부작' 중에서도 단연 가장 우울하다.

영화의 백미는 8분에 달하는 도입부의 고속촬영. 바그너의 오페라 〈트리스탄과 이졸데〉의 서곡을 배경음악으로 사용해 관객들의 넋을 빼놓거나 매우 졸립게 만든다.

관전포인트 바그너, 히틀러, 트리에의 삼각관계?

무영보브로스 코멘트

ㄱ 지구 종말의 위기를 다룬 영화 중에 정말 종말을 맞는 경우는
    없거든요? 근데 이 영화는 정말 종말을 맞아요. 멋있는 장면들
    도 많고요. 조금 지루하게 느껴질 수 있는 앞부분만 잘 견뎌낸
    다면 상당히 즐길 만한 영화라고 생각해요.

ㅇ 재난영화이지만 틀에 박힌 공식들은 전혀 등장하지 않죠. 큰
    성 같은 집에 사는 어느 가족이 지구의 종말을 맞이하는 이야
    기가 바그너의 우울하면서도 장엄한 음악을 배경으로 천천히
    흘러가요. 『코스모스』를 쓴 칼 세이건 박사는 "우주 어딘가에
    는 반드시 생명이 있다."라고 했지요. 이와 반대로 영화 속 커스
    틴 던스트는 "우주에 오직 우리밖에 없다."라고 말해요. 이 대사
    가 영화 전반의 우울한 분위기와 맞물려 소름이 끼쳤어요.

★ 재난의 스펙터클을 보여주지는 않지만, 멸망을 기다리는 극한의
    공포 속 사람들의 무기력한 심리를 현미경으로 들여다보듯 밀
    착해 보여주는 것이 인상적이었어요.

BEHIND __ 황금종려상 수상 분위기에 찬물을 끼얹은 감독의 실언

2011년 칸 영화제 경쟁 부문에 출품된 〈멜랑콜리아〉는 강력한 황금종
려상 후보로 거론되고 있었다. 하지만 기자회견을 하던 라스 폰 트리에
감독은 상식적으로 이해할 수 없는 나치 옹호 발언으로 들뜬 분위기에
제대로 찬물을 끼얹었다.

감독의 독일계 혈통에 대한 기자의 질문에 대해 '내가 진짜 나치라는 사실이 기쁘다', '히틀러를 이해하고 공감한다', '유대인을 조금 싫어한다. 이스라엘은 골칫거리', '우리 나치들은 큰 스케일의 영화를 만드는 걸 좋아한다'는 등의 금기에 가까운 발언을 쏟아내며 장내에 충격을 안긴 것. 이에 칸 영화제 측은 공식 성명을 내고 해명을 요구한 데 이어 폰 트리에 감독을 기피 인물로 지정하며 사실상 퇴출시켰다.

〈멜랑콜리아〉의 칸 수상은 이로써 불발되었지만, 얼떨결에 피박을 뒤집어쓴 커스틴 던스트는 다행히 칸 여우주연상을 품에 안았다.

무슨 영화를 보겠다고

06⁺ 그날 이후

The Day After. 1983 / Nicholas Meyer

전쟁은 인간이 자행하는 가장 끔찍한 재난이다. 따라서 모든 전쟁영화는 곧 재난영화이기도 하다. 그런데 태평성대를 사는 사람들은 평화가 길어질수록 전쟁에 대한 묘한 호기심과 동경을 증폭시키는 경향을 보인다. 마치 철창 안에 있는 맹수를 꼬챙이 따위로 자극해보는 것 같은 인간의 미련하고 간사한 심성 때문이리라.

1983년 TV 영화로 제작되어 ABC를 통해 방송된 〈그날 이후〉는 그런 사람들에게 제대로 경종을 울려주었다. 이 영화는 동시에 1억 명 이상이 시청했다는 통계가 있을 만큼 기록적인 시청률을 기록하며 냉전시대 말기를 사는 서구인들에게 큰 반향을 일으켰다. 3차 세계대전과 핵전쟁에 대한 공포를 현실적으로 스크린에 담아내 군축협상과 냉전종식이 힘을 얻었다는 주장도 있다.

제2차 세계대전 참전용사 출신인 전설적인 배우 제이슨 로바즈를 필두로 스티브 구텐버그, 존 리스고, 조베스 윌리엄스 등 이제는 중견배우가 된 많은 미국 배우들이 실감나는 연기를 보여준다.

설마설마하다가 결국 핵폭탄이 미국 본토에 떨어지는 장면 그 하나만으로도 충분히 볼 가치가 있는 재난영화.

관전포인트 남의 일 같지 않은 핵공포

무영보브로스 코멘트

ㄱ 　레이건 행정부가 추진하던 스타워즈 계획과 연계해 일종의 선전 영화로 만들어진 느낌이 강해요. 어쨌든 도토리 키재기처럼 서로 유치한 자존심만 내세우다 상황이 파국으로 치닫게 되는 것이 전쟁 아닌가요? 둘 중 한쪽만 어른이 돼도 전쟁만큼은 피할 수 있지 않을까요?

ㅇ 　실제 많은 미사일 기지가 배치되어 있는 '미국의 배꼽' 캔자스를 배경으로 하는 영화예요. 지금 보면 컴퓨터 그래픽이 촌스럽게 느껴지기도 하지만, 당시로서는 엄청나게 충격적이었죠. '핵전쟁이 실제로 일어나면 영화보다 더 참혹하다'라는 엔딩 자막이 주는 공포감은 정말 대단했어요.

BEHIND __ 떠들썩했던 〈그날 이후〉의 방송 그날

1983년 11월 20일 미국 전역에 방송된 〈그날 이후〉는 현재까지도 미니시리즈를 제외하고 가장 많은 사람들이 동시에 시청한 TV 영화로 기록되고 있다. 시청률 조사회사 닐슨에 따르면 3,855만 가구가 이 영화를 동시에 시청했다고. 이는 시청률 46%에 해당한다. 이토록 큰 주목을 받는 방송이었음에도 시청자들이 받을 충격이 자사 제품 이미지에 타격을 줄까 염려했던 광고주들은 핵전쟁 장면 이후에 연결되는 광고 시간을 누구도 구매하지 않았다. 방송 직후에는 이 영화에 관한 특별 토론 프로그램이 진행되어, 핵무기 사용을 반대하는 과학자 칼 세이건 박사와 핵무기 증강을 주장하던 보수주의 작가 윌리엄 F. 버클리의 팽팽한 토론이 이어지기도 했다. ABC방송사는 방송 시점부터 충격적인 영상에 놀라고 공포에 사로잡힌 시청자들의 민원을 접수, 이들을 진정시키기 위한 핫라인을 구축해 대응했다.

05⁺ 얼라이브

Alive. 1993 / Frank Marshall

THEY OVERCAME THE IMPOSSIBLE BY DOING THE UNTHINKABLE.

ALIVE

the true story of a triumph of the human spirit

1972년 10월 13일의 금요일, 승객과 승무원 45명이 탑승한 우루과이항공 571편이 안데스 산맥에 추락한다. 승객 대부분은 칠레에서 열리는 럭비시합에 참가하려는 선수와 코칭스태프, 그 친구들이었는데 그중 27명만이 이 불시착에서 살아남는다. 이들은 혹독한 추위와 굶주림 속에서 무려 72일간이나 사투를 벌였고, 결국 16명이 구조된다. '안데스의 기적'이라고 불리는 이 실화를 제작자로 유명한 프랭크 마셜이 1993년 직접 감독, 영화화했다.

당시, 전원 사망한 줄만 알고 수색을 포기한 상황에서 난도 파라도와 로베르토 카레사 두 사람이 열흘 간의 영웅적인 트레킹 끝에 구조를 요청했다는 팩트보다 추락 생존자들이 인육을 먹었다는 충격적인 사실이 온 세상을 경악케 했다. 영화 〈얼라이브〉는 사고 20년이 지난 후 사건 전체를 조망하며 흉흉하던 '식인 괴담'을 종식시켰다.

언론과 루머가 영웅을 괴물로, 또는 괴물을 영웅으로 만들 수 있다는 사실을 깨닫게 해준 영화.

관전포인트 눈과 햇빛, 엄청나게 '밝은' 재난영화

무영보브로스 코멘트

- 승객들은 운동으로 다져진 강인한 체력과 정신력 덕분에 살아 남을 수 있었던 것 같아요. 인간은 배고픔 앞에서는 한없이 약해질 수밖에 없지요. 남은 물건들을 뒤지다가 치약 하나를 발견하고 너무나 좋아하며 그걸 빨아먹는 장면이 특히 기억에 남아요. 언젠가 지리산에 오르다 배고프고 힘들어서 불쌍하게 믹스커피 봉지를 쪽쪽 빨아먹었던 저의 기억도 떠오르고요. 어쨌든 춥고 배고픈 게 뭔지 아는 사람들이라면 공감할 수밖에 없는 영화입니다.

- 저도 단지 맛있어서 어릴 때 엄마 몰래 상습적으로 치약을 먹던 시절이 있었어요. 어느 날 냉장고 뒤에 숨어 먹다가 엄마랑 눈이 딱 마주쳐 혼쭐이 났던 기억이 있네요.

- 배고팠던 기억 얘기하는 건가요? 고등학교 때 학원 마치고 늦게 귀가했는데 엄마가 제가 좋아하는 카레를 해놓으신 거예요. 그 늦은 시간에 먹는다고 하면 가족들에게 돼지 소리 들을까 봐 그냥 참고 잠자리에 누웠지요. 그런데 도대체 잠이 안 오는 거예요. 그래서 모두 잠들 때까지 침대에 누워 뜬눈으로 기다리다 새벽 2시쯤 조용히 주방으로 갔지요. 도둑고양이처럼 불도 안 켜고 살금살금 식빵을 냄비 속 카레에다 찍어 먹고 있는데 갑자기 불이 확 켜지며 "어머머머! 너 누구니?!!" 하는 엄마의 외마디소리가 들렸어요. 몰래 먹고 있던 저는 더 놀랐죠. 지누기의 얼라이브입니다. 하하하.

BEHIND __ 진정성 있는 연기를 위해 금식!

생존한 조난자들이 죽은 동료들의 인육을 먹기로 결정하는 장면은 매우 난해한 연기가 필요한 핵심 포인트였다. 이 선택을 관객에게도 설득시켜야 했기 때문. 그래서 이 장면과 관련된 모든 배우들은 생존자들이 당시에 느꼈을 감정 수준에 최대한 다가가기 위해 실제로 이틀간 굶은 채 촬영에 임했다고.

하지만 영화와 달리 실제 구조 현장은 생각보다 참담하지 않았다. 추락 지점에 남아 있던 생존자들은 난도와 로베르토가 무사히 도착했다는 소식을 미리 라디오로 확인했고, 색이 잘 드러나는 옷을 입은 채 양치와 빗질도 마치고 구조를 기다렸다.

04⁺ 투모로우

The Day After Tomorrow. 2004 / Roland Emmerich

지구가 수억 년 전부터 1만 년 전까지 몇 차례의 빙하기를 겪었다는 사실은 모두가 희미하게 알고 있는 과학상식이다. 공룡이 빙하기 때문에 멸망했다는 가설도 들은 듯하다. 그렇다면 공룡처럼 인간도 얼어 죽을 수 있겠네? 재난영화 〈투모로우〉는 대략 이런 공상에서 출발하였을 것이다.

이 영화는 지구 온난화와 환경 파괴가 역설적으로 빙하기를 초래한다는 다소 신빙성 있어 보이는 이론을 제시한다. 실제로 감독인 롤랜드 에머리히는 지구 온난화나 인권 문제에 열성적인 운동가이다(그리고 일찌감치 커밍아웃한 떳떳한 성소수자이기도 하다).

급작스런 재난으로 고립된 아들을 구하러 떠나는 기후학자 잭 홀(데니스 퀘이드) 교수와 세계 도처의 학자들의 모습을 통해 지구가 삽시간에 얼어붙는 과정을 실감나게 그렸다.

꽁꽁 얼어버린 본토를 버리고 굽신거리며 멕시코로 '엑소더스'를 감행하는 미국인들의 모습에 비미국인들이 모종의 쾌감을 느끼기라도 했는지, 영화는 세계적으로 5억 불이 넘는 매출을 올렸다.

관전포인트 추위재난이므로 한여름에 보면 효과적일 수도

무영보브로스 코멘트

ㄱ 지구 온난화를 막자는 취지의 교토의정서에 적극적으로 참여하지 않았던 미국이 지구 온난화로 인한 재앙의 대상자가 된다는 상상이 의미심장하죠. 과학적 사실과는 좀 거리가 있다 해도, 이 영화가 지구 온난화의 심각성을 대중에게 환기시킨 것만은 분명해요. 뉴욕 도서관에 조난당한 주인공 아들과 그의 일행이 소장된 책을 태우면서 추위를 견딜 때 절대 태워버려선 안 된다고 하는 도서관 사서의 모습이 매우 인상적이었어요. 죽음과 재난 앞에서도 인간이 인간인 이유죠.

ㅇ 재난이 덮쳐오는 초기, 세계의 심장 뉴욕이 쓰나미에 잠기는 장면과 아비규환의 현장은 정말 긴장감이 넘쳤어요. 그런데 아빠가 조난당한 아들을 구하기 위해 결과적으로 자기 동료들을 사지로 데려가서 희생시키는 것은 너무 이기적이지 않은가 싶어요. 어쨌든 인간이 스스로 초래한 자연재해를 보며 똑바로 살아야겠다는 생각이 들더군요.

★ 인간의 삶이란 지구 전체의 생에 비한다면 찰나에 불과할 텐데, 이 짧은 인생 속에서도 기후 변화를 명백히 느낄 수 있다면 지구로 보면 엄청난 급변상황인 거죠. 어쨌든 죽음을 무릅쓴 부성애가 돋보이는 영화이기도 하고, 재난영화가 갖춰야 할 여러 덕목을 잘 갖춘 웰메이드 영화임엔 틀림없어 보입니다.

BEHIND __ 〈투모로우〉에 대한 과학자들의 비웃음

영화야 흥미롭기 그지없지만 지구가 순식간에 얼어버리는 초대형 재난이 다가온다는 영화의 핵심 아이디어는 여러 과학자들에게 비웃음을 샀던 것이 사실이다. 20세기폭스 사는 일군의 과학자들을 시사회에 초대해 영화 속 과학에 대한 반응을 지켜봤는데 대부분 과학적 사실과는 거리가 먼 오락거리로만 인지했다. 영화 촬영 전 나사NASA 과학자들에게 자문을 요청하기도 했지만, 영화 속 사건은 실제로 일어날 수 없는 어처구니 없는 상상이라며 거절하기도.

2008년 야후Yahoo 무비는 〈투모로우〉를 '과학적으로 가장 근거가 빈약한 영화 TOP 10'에 선정했다.

03+ 대지진
唐山大地震. 2010 / Feng Xiaogang

동북아시아 나라들 중 우리나라는 중간에 치여 수천 년간 침략과 압제를 당해왔지만 상대적으로 자연재해는 적은 편이었다. 중국과 일본은 지금도 잊을 만하면 지진과 태풍으로 큰 인명 피해를 입곤 한다.

중국은 20세기 들어서도 여러 차례 큰 지진으로 수백만의 인명 피해를 입는데 1920년 간쑤/하이위안대지진,
1966년 싱타이대지진, 1976년 탕산대지진, 2008년과 2013년 쓰촨성 대지진이 그것이다.

중국 5세대 감독들의 견인차라 할 수 있는 펑 샤오강이 연출한 〈대지진〉은 수십만 명의 목숨을 앗아간 '23초의 재앙' 탕산대지진을 그린 영화이다. 영화의 영어 제목은 〈Aftershock〉, 즉 '여진'인데 아이러니하게도 탕산대지진은 여타 대지진과는 다르게 오히려 여진이 별로 없었다고 한다. 그 대신 영화는 전반부의 지진보다 지진 후 한 가족이 겪어야 하는 32년간의 '인생 여진'에 그 포커스를 맞추고 있다. 절체절명의 순간 어쩔 수 없는 선택을 하고 또 당해야 했던 어머니와 딸의 얄궂고도 기구한 삶이 우리의 가슴을 후벼판다.

관전포인트 순간의 선택

무영보브로스 코멘트

ㄱ 지진으로 무너진 건물 잔해에 매몰된 남매 중 하나밖에 살리지 못하는 상황도 가혹하지만, 그 이야기를 잔해 밑 아이들이 듣는다는 게 더 큰 비극이지요. 평생 깊은 상처를 안고 살아가던 여동생은 어른이 된 뒤 쓰촨대지진 현장에 와서야 엄마의 그 힘겨운 선택을 아주 조금이나마 이해하게 되죠. 엄마는 딸을 포기했다는 죄책감 때문에 세상이 변해도 계속 자신을 편하게 놔두질 못해요. 참 안타깝죠.

ㅇ 재난영화이지만 그 어떤 영화보다 끈끈한 가족영화이기도 해요. 남매는 쓰촨대지진에서 우연히 재회하는데, 이미 거기서부터 관객들은 엄마와 잃어버린 딸이 다시 만나는 장면을 상상하며 미어지는 마음을 다스려야 해요. 딸의 시신도 못 찾고 평생을 고통스러워했을 엄마의 마음은 헤아리기조차 힘드네요.

BEHIND __ 탕산대지진의 진실찾기

중국 당국은 자연재해로 인한 피해상황을 국가 기밀로 분류해 통제해 왔다. 따라서 탕산대지진의 실체는 사고 발생 30년이 다 되도록 세상에 그리 자세히 알려지지 않았다.

하지만 2005년에 이르러 중국 보밀국과 민정부가 자연재해에 관한 기밀 해제를 선포하면서 여러 통계들과 실체가 공개되기 시작했다. 인구 70만의 도시에서 24만 2769명이 사망했고, 16만 4851명이 중상을 입었으며, 10만 명의 군인이 맨손에 삽, 곡괭이 같은 빈약한 장비를 갖고 1만 6400여 명을 구해냈다. 폐허가 된 교도소의 죄수들마저 구조작업에 참여해 맨손으로 112명을 구해냈다는 기록도 있다.

하지만 자료 공개와 함께 당시 중국 지도부가 적지 않은 비판에 직면하기도 했다. 당시 실권자였던 야오원위안 등 이른바 '4인방'이 국내외 언론에 정확한 피해상황을 공개하지 않아 구조에 큰 차질을 빚었다는 것. 또한 당시 탕산지진국이 대규모 지진을 예고했음에도 불구하고 당국이 아무런 조치를 취하지 않아 피해 규모가 엄청나게 커졌다는 폭로도 이어졌다.

02⁺ 타이타닉

Titanic. 1997 / James Cameron

역사상 가장 많은 돈을 번 영화는 어떤 영화일까?

미국의 경우는 그 셈법이 좀 복잡하다. 화폐가치, 물가, 제작비, 부가수익 등의 옵션이 있어 예전 영화와 지금의 영화를 단순 비교할 수 없기 때문.

어쨌거나 현재까지 전 세계적으로 20억 불(2조원) 이상을 번 영화는 세 편뿐이고 그중 20세기에 만들어진 영화는 단 한 편이다. 그 영화가 바로 재난영화 〈타이타닉〉이다. 〈타이타닉〉은 '빌리언 클럽' 즉, 1조원 이상을 번 30여 편의 영화들 중 유일하게 오스카 작품상을 받은 영화이기도 하다.

〈타이타닉〉의 반향은 실로 대단했다. 80여 년 전 빙산에 부딪혀 침몰한 영국 여객선 타이타닉 호의 참사와 승객들의 이야기에 전 세계가 열광하고 공감한 것이다.

〈터미네이터〉, 〈에일리언2〉 등 주로 SF−액션 스페셜리스트라고 여겨지던 제임스 캐머런 감독은 사상 최고의 제작비를 쓰며 제작기간 내내 온갖 의심과 불신의 눈초리를 받아야 했다. 그러나 개봉 후 영화가 〈쥬라기공원〉의 흥행기록을 갈아치우자 삽시간에 '세계 최고의 감독'이라는 찬사를 받게 되었다.

〈타이타닉〉은 재난영화에 상투적으로 등장하는 긴박한 재난상황, 아름다운 로맨스, 감동적인 휴먼드라마를 완성도 있게 보여줌으로써 재난영화의 교과서이자 바이블이 되었다.

관전포인트 역사상 가장 비장했던 현악 4중주단

무영보브로스 코멘트

o 타이타닉 사고는 너무 드라마틱한 실화라 이 사건을 소재로 만든 영화가 참 많았어요. 서구 사회의 휴머니즘을 얘기할 때 자주 거론되는 사고이기도 하지요. 워낙 유명한 영화라 그 가치가 평가절하될 수도 있지만, 이 영화처럼 모든 요소를 잘 갖춘 완벽한 재난영화도 찾아보기 힘들지요.

★ 상당히 숭고하게 알려져 있는 것과 달리 현실 속에서는 비인간적인 행동도 많이 벌어졌다고 하네요. 비치된 구명정을 잘 채웠으면 전체 승선 인원의 반 정도는 탈 수 있었다는데, 마음이 급한 사람들이 자기만 살려고 인원이 채 채워지기 전에 마구 떠나버리기도 하고 돌아오라는 선장의 지시도 따르지 않았다고 해요. 그러나 현실을 직시한 일부 부유층은 턱시도로 갈아입고 차분하게 죽음을 맞았다고 합니다.

ABOUT __ 역사상 가장 많은 돈을 번 영화는?

현재까지 세계적으로 가장 큰 매출을 올린 영화는 〈아바타〉(2009), 〈타이타닉〉(1997), 〈스타워즈 : 깨어난 포스〉(2015), 〈쥬라기월드〉(2015), 〈어벤

저스〉(2012) 순이다. 그러나 화폐가치와 인플레이션을 감안한다면 〈바람과 함께 사라지다〉가 1위라는 주장도 있다. 이 기준에 준할 경우 그 뒤는 〈아바타〉, 〈스타워즈〉, 〈타이타닉〉, 〈사운드 오브 뮤직〉, 〈ET〉, 〈십계〉, 〈닥터 지바고〉, 〈죠스〉 등이 따른다.

01⁺ 딥 임팩트

Deep Impact. 1998 / Mimi Leder

1901년 최초의 재난영화라 볼 수 있는 4분 47초짜리 무성영화 〈Fire!〉가 나온 이래 재난영화의 스케일은 점점 커져갔다. 20세기 말쯤 되니 웬만한 재난영화에선 지구와 인류가 멸망하는 일촉즉발의 상황이 등장하지 않으면 좀 시시해 보일 정도.

1998년엔 세계적으로 크게 흥행한 닮은꼴 재난영화가 두 편 나왔다. 하나는 마이클 베이 감독의 〈아마겟돈〉이고 다른 하나는 미미 레더 감독의 〈딥 임팩트〉다. 유사한 두 개의 영화가 비슷한 시기에 개봉하면 대개 한 편은 고전하는 경우가 일반적인데, 이 두 영화는 세기말적인 무드에 편승했는지 모두 히트했다.

브루스 윌리스, 벤 애플렉, 리브 타일러라는 뚜렷한 메인 캐릭터에게 초점을 맞춘 〈아마겟돈〉과는 다르게 〈딥 임팩트〉는 '모두가 주인공' 식의 영화. 이 여러 명의 주인공에게 관객들이 제각각 공감하는 효과를 내어 제작비를 〈아마겟돈〉의 절반밖에 들이지 않았음에도 큰 성공을 거둔다. 재앙도 재앙이지만 무엇보다 재앙에 직면한 다양한 형태의 가족들이 어떻게 서로를 보듬고 화해하고 사랑하는지를 섬세하게 보여준, 미미 레더 감독의 연출이 돋보인 작품.

관전포인트 1998년의 미리 보기 : 멋있는 흑인 대통령

무영보브로스 코멘트

○   개인적인 취향이겠지만, 저는 〈아마겟돈〉보다 〈딥 임팩트〉에 조금 더 마음이 가요. 예를 들면 최후의 순간 밀려오는 쓰나미 앞에서 아빠와 딸이 나누는 실없는 농담이라든가, 순교(?)의 길을 가는 우주비행선 안에서 노익장 베테랑 선장이 눈에 상처를 입은 젊은 대원에게 『모비딕』을 읽어주는 장면 같은 것에요.

★   시간이 한참 흐른 뒤 다시 보니 묵직하게 감정을 만지는 섬세한 장면들이 꽤 많더라고요. 소행성을 파괴하러 떠난 우주선의 승무원이 가족에게 마지막 이별을 고하는 영상통화 장면에서는 눈물을 피할 수가 없었어요.

BEHIND __ 라이벌을 굳이 홍보해줄 필요는 없지!

비슷한 시기, 비슷한 영화의 대표적 케이스인 〈딥 임팩트〉와 〈아마겟돈〉. 어쨌거나 외나무다리에서 만난 두 작품은 서로 물러설 수 없는 한 판 씨름을 벌일 수밖에 없었다. 그런 상황을 앞두고 〈딥 임팩트〉의 프로듀서가 문득 깨달은 사실 한 가지. 대통령을 연기한 모건 프리먼의 대사에 경쟁작의 제목이 등장한다는 것이었다.

기자회견에 나선 대통령의 원래 대사는 이랬다.

"삶은 계속되고, 우리는 승리할 것입니다. 이것은 아마겟돈이 아닙니다."

하지만 의도하지 않게 경쟁작의 제목이 포함된 마지막 문장은 결국 편집의 제물이 되었다.

최과장의
WHY NOT

눈먼 자들의 도시

Blindness. 2008 / Fernando Meirelles

1998년 노벨문학상 수상에 빛나는 포르투갈의 작가 주제 사마라구가 쓴 동명의 소설을 영화화했다.

알 수 없는 전염병으로 모두가 급격히 시력을 잃게 되는 혼돈 속에서 유일하게 볼 수 있는 한 여성의 시점으로 인간의 나약한 내면을 들여다본다.

영화는 오직 극한의 혼란 속에서 목도하게 되는 인간의 본질에 대해서만 관심을 갖는다. 재난 초기의 인간들은 오랜 사회화 경험에 어울리게 서로 질서를 지키고 배려하지만, 그중 자신의 이익을 극대화하려는 깡패가 하나 등장하면서 폭력의 독점은 집단화된다.

모두가 시력을 잃은 사회에서 혼자 눈을 뜨고 있는 주인공의 시선은 마치 나약한 인간 군상을 바라보며 절망하는 신神의 시선처럼 느껴지기도 한다. 수용소에서 탈출한 주인공 일행이 식량이 가득 쌓인 지하 창고를 발견했을 때, 그리고 누구의 침입도 받지 않아 모든 것이 완벽한 자신의 집에 도착했을 때 느끼는 안도감. 그 안도감의 정체가 거리를 헤매고 있는 다른 사람은 어떻게 되든 나만 안전하면 된다는 근본적 이기심이라는 데까지 생각이 미치면 나도 모르게 얼굴이 붉어진다.

볼케이노

Volcano. 1997 / Mick Jackson

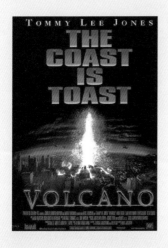

재난영화라면 응당 갖춰야 할 ABC를 충실히 이행해 흥미와 감동을 모두 거머쥔 웰메이드 영화. 수백만 인구가 거주하는 미국 LA 도심 한복판에서 대형 화산이 갑작스럽게 분출한다는 이야기 얼개 속에 재난영화의 여러 덕목들을 충실히 담아냈다.

모두가 평화로운 일상을 즐길 때 누군가 발견하게 되는 불길한 재앙의 전조, 이어지는 비주얼 쇼크, 속도감 넘치는 긴장과 위기의 연속, 살아남기 위해 벌이는 사투, 가족과 사랑하는 주변인을 지키기 위한 눈물겨운 노력, 그리고 타인을 위한 이름 모르는 자들의 숭고한 희생까지…. 무엇 하나 버릴 장면 없는 정석에 가까운 수작이다.

〈아마겟돈〉과 〈딥 임팩트〉, 〈벅스 라이프〉와 〈앤츠〉, 〈라이언 일병 구하기〉와 〈씬 레드 라인〉의 경우처럼 〈볼케이노〉도 비슷한 시기에 비슷한 소재로 소개되어 본의 아니게 계속 한데 묶여 회자되는 작품이 있다. 〈007〉의 피어스 브로스넌이 화산 전문가로 분한 〈단테스 피크〉. 사람이 할 수 있는 것이라고는 재빨리 도망치는 것뿐이었다는 점에서 〈볼케이노〉보다 자연재해에 대한 묘사가 더 현실적이라는 평도 있다.

스페이스 카우보이

Space Cowboys. 2000 / Clint Eastwood

노익장 그룹이 인류를 위험으로부터 구해내고 우주여행이라는 오랜 숙원을 이루게 된다는, 매우 신선하고 특별한 재미가 있는 재난영화이다.

수명을 다한 위성은 지상의 통제에 따라 안전한 방식으로 폐기되어야 한다. 그런데 이 위성은 정확한 정체를 알 수 없을 뿐 아니라 통제도 되지 않아 지상의 안전을 위협한다. 그 낡고 거대한 위성을 안전하게 통제하려면 해당 위성에 사용된 유도체의 개발자가 위성 궤도에 올라가 직접 해결하는 방법뿐. 이미 백발이 성성한 노인이 되어버렸지만 한때 공군 정예 조종사였으며, 최초의 우주비행을 위해 훈련을 받다가 나사가 창립되며 기회를 박탈당한 뼈아픈 경험을 가진 이 노병은 오래 전 함께했던 팀을 다시 불러모은다. 역시나 재난의 양상은 예측하지 못한 방향으로 흘러가지만, 여유 넘치는 노인들이 대체로 유쾌하게, 때로는 원숙미 넘치는 노련함으로, 가끔은 무거운 책임감으로 위기를 극복한다. 친숙한 재즈 넘버 'Fly to the Moon'을 배경으로 달 표면에 널린 위성의 잔해들과 함께 바위에 기대앉은 우주복의 사나이를 시원스럽게 보여주는 엔딩은 단연 백미다.

8

가슴 통증 유발하는
로맨스(국내편)
TOP10

 프랑스 화가 오노레 도미에가 그린 〈멜로드라마〉라는 작품이 있다. 극장의 관객과 배우들을 생동감 있게 묘사한 19세기 중반의 유화로, 무대엔 한 남자가 쓰러져 있고, 머리를 감싸쥔 채 괴로워하는 여자를 관객들이 흥미진진하게 바라보고 있는 그림이다. 멜로드라마라는 장르를 이 그림 한 장이 명쾌하고 실감나게 잘 설명하고 있다.

'멜로드라마'는 원래 음악과 간단한 연극이 합쳐진 18세기 음악의 한 형태였는데 빅토리아 시대를 거쳐 현대로 오면서 소설 연극 영화 등에서 관객의 감성을 자극하는 내용으로 발전, 드라마의 중요한 세부 장르로 자리잡았다. 멜로드라마는 TV의 소프오페라soap opera로 진화해 20세기 대중문화의 중요한 아이콘이 되기도 했고, 영화에서는 1940년대 영국에서 만들어진 이른바 '게인즈버러 멜로드라마'라는 일련의 영화들이 크게 유행한 이래 지금도 이런 류의 '마음 아픈 영화'들이 그 세포분열을 계속하고 있다.

이렇듯 TV 연속극부터 소설, 만화에서 연극, 영화까지 멜로드라마는 다양한 매체를 통해 끊임없이 우리와 함께해 왔다. 바꿔 말해 대중이 몹시 사랑한다는 얘기다.

요컨대 이 장르는 1.로맨틱하다 2.슬프다 3.안타깝다, 이 세 가지 말랑말랑한 감정 사이 '아슬아슬한 줄타기'라 하겠다.

인류가 갖는 보편적인 감정 '사랑'.

사랑은 단순한 육체의 욕망부터 고결하고 숭고한 헌신까지 온갖 형태로 만들어져 왔고 또 만들어질 터이다. 묘한 것은 그 이야기가 슬프고 안타깝고 비극적일수록 우리의 기억에 오래 남는다는 점이다. 사람은 간사한 동물이라 영화 속 비극의 주인공을 동정하고 공감해도 정작 자신이 그렇게 되는 것은 원치 않는다. 줄리엣 같은 여자를 만나길 원하지만 정작 본인이 로미오가 되긴 싫은 것이다. 그러니 영화나 볼 수밖에.

기구한 운명에 내팽개쳐진 주인공들의 사랑을 보며 가슴 아프도록 공감하면서, 상대적으로 재미도 없고 스릴도 없지만 내 곁의 '무난한 연인'을 보며 얄궂은 안도감을 느끼는 것. 그것이 가슴 통증 유발하는 멜로드라마의 기능적 역할이기도 하다.

10⁺ 너는 내 운명
2005 / 박진표

대한민국처럼 성^性서비스직 종사자의 비율이 높은 나라도 드물다. 룸살롱, 단란주점, 각종 유흥업소에 안마시술소, XX방, OO방 등 성매매를 버젓이 하는 이른바 성매매-유사성행위 업소들. 저 많은 곳에서 일하는 여성들의 숫자가 백만 명이 훌쩍 넘는다는 불편한 진실을 마주하노라면 얼굴이 화끈거린다.

그런데 왜 우리 주변엔 이런 업소에서 일한다는 여성이 단 한 명도 없을까? 그러고 보니 소위 '술집 여자'와 결혼한 사람은 더더욱 없다는 다소 신기한 사실 아닌 사실.

그런데 여기 그 '술집 여자'를 당당하게 사랑하고 결혼하고 지켜준 남자의 이야기가 있다. 〈너는 내 운명〉은 산업화가 드리운 여성 성상품화의 짙은 그늘 속에서 아름답고도 가슴 아픈 사랑을 나누는 두 남녀의 모습을 한 줄기 햇살처럼 찬연히 보여준다.

물론, 전도연과 황정민의 공이 크다.

관전포인트 유 아 마이 선샤인

무영보브로스 코멘트

- ○ 순수한 시골청년과 닳고 닳은 다방종업원의 사랑을 담은 순애
  보 멜로영화지요. 성상품화가 지독하게 만연해 있는 우리 사회
  의 어두운 단면을 보여주는 영화이기도 하고요. 인권의 사각지
  대에 놓인 채 괄시받는 여성들의 슬픔이 느껴져서 마음이 무거
  웠어요. 음독자살을 시도해 목에 구멍이 난 시골청년이 유리창
  을 두들기며 스피커를 뜯어내는 그 유명한 면회 장면은 거부하
  기 힘든 최루탄이기도 합니다. 전도연의 연기는 마치 전쟁터에
  핀 꽃처럼 찬란했어요.

- ㄱ 우리가 이 영화에 큰 감동을 느끼는 이유는 내가 어떤 참혹한
  상황 속에 있더라도 끝까지 놓지 않고 사랑해주는 상대에 관한
  판타지를 채워주기 때문인 것 같아요.

- ㅊ 제게는 순정남 석중의 절규 영화로 각인되어 있어요. 농촌을 지
  키는 결혼 적령기 남자가 만날 수 있는 여자가 현실적으로 거의
  없다고 해요. 어쩌면 농촌에서 실제로 벌어질 수도 있는 일이라
  더 현실감 있게 다가오는 것이겠지요.

- ㅈ 주인공 석중이 화장실에서 흰색 팬티바람으로 신나게 춤추던
  모습 기억하시죠? 그 모습은 굉장히 정력이 넘쳐 보인다고 할까
  요? 순애보도 순애보지만, 석중은 그 자체로 참 귀엽고 매력 있
  는 캐릭터였어요.

BEHIND __ 〈너는 내 운명〉과 가수 싸이의 관계

알면서도 당하는 이 대한민국 대표 신파영화의 탄생에 큰 공헌을 한 음

악이 있다. 그것은 바로 '강남스타일'로 세계적인 명성을 얻은 가수 싸이의 몇 안 되는 발라드곡 중 하나인 '낙원'.

"난 너와 같은 차를 타고, 난 너와 같은 곳을 보고, 난 너와 같이 같은 곳으로, 그곳은 천국일 거야."라는 싸이답지 않은 순정을 노래한 이 곡이 영화의 시나리오 작업에서부터 큰 모티프가 되었다고 한다.

실제로 박진표 감독은 촬영장에서도 촬영이 중단될 때마다 이 음악을 틀어놓았다고 한다. 발라드지만 나름 들썩거리는 비트 속에 배치된 가사를 다시 한번 음미하다 보면 이내 깨닫는 사실 하나.

'이 곡도 대단한 신파구나.'

09⁺ 클래식

2003 / 곽재용

신파新派와 위대한 로맨스는 그 경계가 매우 모호하다.

처음엔 '새로운 경향의 연극'이라는 뜻으로 쓰였던 우리의 '신파'라는 말은 그 맥락이 멜로드라마와 비슷하지만 이제는 주로 통속적이거나 진부하다는 부정적인 의미로 쓰인다. 그리하여 "그 영화 신파야."라고 얘기하면 "그 영화 새로운 스타일이야."가 아니라 "그 영화 좀 뻔하고 식상해."가 되는 것이다.

〈클래식〉은 그 제목에서 알 수 있듯 대놓고 신파극의 이야기 구조를 차용한다. 심지어 영화 전반부에서는 '황순원의 「소나기」 스핀오프인가?' 하는 생각마저 든다.

운명적 만남, 삼각관계, 오해와 엇갈림, 희생과 헌신, 이루지 못한 사랑 등등 웬만한 멜로드라마의 요소는 죄다 볼 수 있다. 그러니 시종일관 도무지 눈을 뗄 수가 없다.

〈비 오는 날의 수채화〉부터 〈엽기적인 그녀〉까지 로맨스에 일가견 있는 곽재용 감독의 연출과 손예진, 조승우, 조인성의 푸릇푸릇한 모습에 〈클래식〉은 명실공히 한국 멜로영화의 '클래식'이 되었다.

관전포인트 교복이 어울리는 손예진과 조승우

무영보브로스 코멘트

- **ㅇ** 전형적인 신파라 사실 제 스타일은 아닌데 주변에서 리스트에 꼭 들어가야 한다고 하도 난리들이라 어쩔 수 없이 넣었습니다. (쿨럭) 음악도 그렇고, 영화적 표현도 그렇고 대중의 취향을 제대로 저격하는 영화예요. 창가에서 예쁜 표정을 짓고 있다가 휘이 휘이 비둘기를 쫓고 다시 예쁜 표정으로 돌아가는 손예진의 연기는 능청맞으면서도 사랑스럽죠.

- **ㄱ** 부모님 시대의 사랑과 요즘 세대의 사랑의 이야기가 절묘하게 섞여 있어서 같이 보며 서로 공감할 수 있었어요. 시대에 따라 사랑의 양상이 달라진 모습이 신기하기도 하고 재미도 있고요.

- **ㅊ** 〈클래식〉이라는 제목이 탁월했던 것 같아요. 클리셰들을 늘어놓고 뻔뻔하게도 "이건 클래식이야."라고 하니까 또 다른 감동으로 다가오더라고요. 조승우의 입영열차 신은 스토리 자체가 가슴이 아파서라기보다는 갑자기 툭 튀어나온 김광석의 노래 '너무 아픈 사랑은 사랑이 아니었음을' 때문에 눈물이 왈칵 쏟아졌네요. 저는 이 영화를 볼 때면 부모님이 젊은 시절 남겨놨던 오랜 기록들, 예컨대 편지나 일기 같은 것들이 생각나요. 휴대전화로 실시간으로 소통하는 시대가 왔지만, 편지를 쓰고 약속 시간을 기다리는 그 애틋하고 애잔한 통증 같은 설렘이 사라졌다는 것이 가끔 서글프기도 해요.

- **ㅊ** 재미있는 이야기가 생각나네요. 휴대전화 없던 시절에 편지로

미리 "어느 날 몇 시에 맞춰서 전화할 테니 기다리다가 니가 딱 받아." 하고 약속해놓죠. 그날을 애타게 기다려 조마조마하게 전화를 했는데 약속과 달리 아빠가 받는 거예요. 그래도 이미 뽑은 칼이니 어쩌겠어요? "거기 수정이네 집 아닌가요?"라고 소심하게 물었는데 전화를 받으신 아빠가 이렇게 대답했대요. "수정이 집 아니고 내 집이다!!" 하하.

BEHIND __ 일곱 시간이나 비를 맞으며 촬영, 결과는 성공적!

손예진은 1960년대와 1990년대 배경을 오가며 지혜와 주희 1인 2역을 소화했다. 〈클래식〉에서 가장 인상적인 장면으로 짝사랑하던 오빠의 진심을 알고서는 비를 흠뻑 맞으며 달려가는 주희의 모습을 빼놓을 수 없는데, 이 장면은 무려 일곱 시간 동안이나 비를 맞으며 촬영했다고. 추위를 많이 타 겨울에 내복을 네 겹씩 껴입는다는 손예진이지만, 고생스러웠던 만큼 이 결과물에 크게 만족했다고 한다. "몸이 겪는 어려움이 도리어 몰입을 넘어서 깊은 감정에 빠져들게 했다."는 그녀의 고백에 비를 오랫동안 맞아본 사람이라면 누구라도 고개를 끄덕일 듯.

08⁺ 건축학개론

2012 / 이용주

영화에서 플래시백^{flashback}은 중요한 요소다. 영화는 끊임없이 과거로 돌아가 관객의 향수와 공감을 건드리는데 이 '시간 점프'는 짧게 몇 시간부터 길게 수백 년까지 천차만별이다.

2012년 개봉해 장안의 화제가 되었던 멜로영화 〈건축학개론〉의 플래시백은 15년이다. 15년이란 길기도 하고 짧기도 한 시간. 중요한 포인트는 30대 이후의 성인이 느끼는 15년 전은 대개 손에 잡힐 듯 그립고 젊고 푸르른 날들이란 점이다.

〈건축학개론〉은 1990년대 대학시절을 보낸 소심하고 미숙한 한 남자의 첫사랑에 관한 이야기이다. 그다지 새로울 것도 없지만 로맨틱 코미디와 멜로드라마의 적절한 배합이 성공적이어서 보는 이들, 특히 1990년대 대학시절을 보낸 이들에게서 큰 공감을 이끌어냈다.

15년 만에 외모가 몰라보게 바뀐 주인공들의 '변신'이 다소 의아한 점은 아쉽다. 〈건축학개론〉이 배출한 진정한 스타는 포스터에 있는 네 명의 주인공이 아니라 납득이 조정석이었다고 하면 지나친 평가일까? 〈건축학개론〉보다 15년 앞서 나온 영화 〈비트〉에서 조연 임창정이 스타로 급부상했듯이 말이다.

관전포인트 엄마와 냉장고

무영보브로스 코멘트

- 마치 내 얘기인 것처럼 공감할 수밖에 없는 장치들이 참 많아요. 사실은 서로를 좋아했던 건데 작은 오해로 헤어지고 멀어지는 모습이 안타깝고 답답하죠. 남자 주인공은 미숙한 수준을 넘어 얼빵한 수준이에요. 여주인공 수지는 1990년대에 만났던 우리들의 첫사랑을 떠올리게 하는, 인공미 없는 마스크를 가진 귀한 배우 같아요.

- 제가 대학 다닐 때가 배경이라서 그냥 다 제 얘기 같아요. 특히나 미숙한 남자 주인공을 보면서 그에 못지않게 미숙했던 제 모습이 적나라하게 떠올라서 약간 민망하기도 하고요. 하지만 그때가 아름다웠다는 생각이 들기도 해요. 정말 아름다웠다기보다는 시간이 흐르고 상처가 아물어서 그렇게 기억되는 거겠지요. 이 영화의 함정이 바로 그거죠. '아문 상처'라는 점.

- 납득이가 첫사랑에 고통스러워하는 친구를 위로하는 대사로 절 진짜 납득시켰어요. "첫사랑이 잘 안 되라고 첫사랑이지, 잘 되면 마지막 사랑이지!!" 정말 납득이 확 가지 않나요?

BEHIND __ 감독의 뚝심으로 '90년대 첫사랑 영화'의 레전드가 탄생하다

지금은 첫사랑에 관한 영화를 꼽을 때 가장 앞쪽에서 거론되는 작품이지만, 이 영화가 현실화되는 데는 어려움이 많았다. 이미 15년 이상 지나버린 1990년대의 사랑 이야기가 영화 주요 소비층인 20대 관객에게 어필하지 못할 것이라는 우려가 너무나 컸기 때문.

당시 이용주 감독은 데뷔작 〈불신지옥〉으로 관객 25만 명 정도를 동원한 것이 경력의 전부였던 터. 자신의 커리어를 위해 상업적인 성공이 절실한 상황에 관계자 대부분이 만류하던 〈건축학개론〉은 상당히 위험한 선택이었다. 하지만 10년을 매달리는 동안 수백 개의 수정본이 존재했을 만큼 감독의 손때와 애정이 묻어 있던 이 작품은 결국 크랭크인에 성공했고, 흥행과 평가라는 두 마리 토끼를 모두 잡게 되었다.

감독이 이 타이밍에 굳이 이 작품을 고집했던 이유는, 어느덧 나이를 먹어가며 사랑에 대한 관심이 시들해지고 관점도 변해가는 자신에게서 위기감을 느꼈기 때문이라고.

07+ 내 사랑 내 곁에

2009 / 박진표

말할 수도
움직일 수도 없는
그가 당신을 울립니다

출생의 비밀, 재벌 2세의 등장, 시한부 인생, 불륜과 이혼, '시월드'와의 갈등…. 우리가 흔히 이야기하는 막장드라마의 코드들이다. 순하게 얘기하자면 '한국식 소프오페라'의 특징이라고도 하겠는데 사람들은 이런 드라마들을 연신 욕하면서도 마지막회까지 열광적으로 보고야 만다.

영화에서도 이런 소재들은 무시할 수 없는 흥행코드이다. 〈내 사랑 내 곁에〉는 루게릭병에 걸린 남자 종우(김명민)와 그와 사랑에 빠진 장례지도사 지수(하지원)의 안타깝고도 아름다운 러브스토리를 그린 영화다. 비록 막장드라마의 주재료(시한부 인생)를 갖다 쓰긴 했지만 스타성, 친근감, 재능을 모두 겸비한 두 배우 하지원과 김명민의 훌륭한 연기를 감상하는 것만으로도 영화는 그 값어치를 한다. 거기에다가 6인실 병실에 동거하는 각 병상의 사연과 모습들이 실제 우리의 병원 풍경과 흡사해 공감을 흠뻑 자아낸다.

관전포인트 하지원의 '영원한 사랑'

무영보브로스 코멘트

○ 6인실 병실에 모인 각자의 사연이 드라마틱하죠? 코마에서 깨어나지 않는 남편이 너무 원망스러워 뺨까지 때리며 화를 내는 아내, 사랑하는 아내가 코마에서 깨어난 찰나의 순간을 놓쳐버린 순애보 남편, 큰병에 걸린 형 때문에 가산을 탕진하고 다니던 회사까지 관둬야 했던 동생, 부상으로 꿈을 포기해야 하는 상처 입은 피겨스케이팅 선수… 이 모든 에피소드들이 주인공 커플의 이야기를 더욱 풍성하고 리얼하게 만들어주는 위대한 양념들이었죠.

ㄱ 죽음 앞에서만큼 사람이 진실해지는 순간이 있을까요. 그래서 더 이 사랑이 진실하게 느껴졌어요. 김명민은 이 영화에서 너무 무리하게 살을 빼서인지 그 이후부터는 좀 아파 보이기도 하고, 멀끔하던 외모가 예전만 못한 것 같아서 안타까워요.

★ 곧 헤어질 것을 알고 시작하는 시한부 사랑이라는 설정부터가 가슴을 후벼파죠. 여자는 처음 사랑을 시작하면서 "내가 있고 싶을 때까지만 곁에 있기로 했어."라고 짐짓 쿨하게 말하지만, 결국 자기 손으로 직접 남자의 시신을 염하며 끝까지 그 곁을 지켜요. 신혼여행으로 간 바닷가에서 둘이 함께 '다시 태어나도'라는 노래를 부르는데, 원래 그렇게 절절한 가사였는지 예전엔 미처 몰랐어요. '우리 모두 언젠가 다 죽을 사람들인데… 주어진 시간의 차이만 있을 뿐이지 모두 다 똑같은 사랑이구나.'라는 생각도 들었고요.

BEHIND __ 실화 모티프가 아닌 박진표 감독의 첫 작품

KBS 시사교양 PD 출신인 박진표 감독은 실화를 모티프로 영화를 만드는 감독으로 유명했다. 데뷔작인 〈죽어도 좋아〉를 비롯해, 〈너는 내 운명〉, 〈그놈 목소리〉까지 모두 실화를 바탕으로 한 이야기들이었다. 〈내 사랑 내 곁에〉는 박 감독이 처음으로 완전한 픽션에 도전한 것인데, 이런 결론에 이르기까지 꽤 많은 어려움이 있었다고. 실제로 실화만을 영화화하겠다는 강박관념이 상당했지만 그것이 너무 많은 제약으로 작용하면서 결국 폭을 넓히는 방향으로 선회했다.

06⁺ 오아시스
2002 / 이창동

이창동의 영화는 불편하다.

우리가 애써 외면하고 잊으려는 이슈들을 굳이 파헤쳐 끌고 와 눈 앞에 주렁주렁 펼쳐놓고야 말기 때문이다. 관객은 불편함 속에서 감독의 사회의식과 역사의식에 일정한 자기 입장을 표명할 수밖에 없다. 이창동 영화가 탁월한 이유이다.

〈오아시스〉도 그러하다.

종두(설경구)와 공주(문소리)가 나누는 사랑은 아름다운 듯 구질구질하고 숭고하면서도 천박하다. 우리 사회 가장 그늘진 곳에 서 있는 두 사람의 "우리 그냥 사랑하게 해주세요!"라는 외침은 메아리가 되어 영화를 보고 난 뒤 한참 동안 우리를 졸졸 따라다닌다.

한편, 〈박하사탕〉에서 안타깝게도 사랑을 이루지 못한 두 주인공 문소리와 설경구가 〈오아시스〉에선 맘껏 사랑을 나누는데 우리는 영화를 보는 내내 왠지 불안불안하다. 둘의 연기가 완벽하니 더욱 그러하다.

관전포인트 안 어울릴 듯 어울리는 코끼리 신

무영보브로스 코멘트

- 외국인들이 권할 만한 한국영화가 뭐가 있느냐고 물어온다면 이창동 감독의 영화들은 '우리끼리만 볼게.'라며 숨기고 싶어요. 그만큼 리얼하고 가혹해서 외면하고 싶은 우리의 모습들이 적나라하게 드러나는 경우가 많죠. 〈오아시스〉도 우리가 쉽게 외면해 왔던 장애인 문제에 관해 외면해선 안 될 현실을 직시하고 있어요. 그래서 불편하지만 꼭 봐야만 하는 영화이기도 하고요.

- 저는 이 영화를 미스커뮤니케이션^{miscommunication}에 관한 이야기라고 봐요. 두 남녀의 사랑이 주변의 다른 이들에게는 전혀 다른 차원으로 오해될 뿐 아니라, 쉽게 설명도 되지 않거든요. 몇 장면에서 두 남녀가 갑자기 정상인의 모습으로 바뀌며 즐겁게 데이트를 하는데, 저는 감독이 말하고 싶어한 핵심 메시지가 이 장면에 녹아 있다고 생각해요. '세상을 바라보는 당신들의 눈이란 게 이렇게 간사하다. 이렇게 깊은 편견에 빠져 있다.'라는 말을 하고 싶었던 게 아닐까요?

ABOUT __ 한국과 미국의 대표적인 고무줄 인간, 설경구와 크리스천 베일

작품에 따라 자유자재로 몸무게를 늘렸다 줄였다 하는 것으로 유명한 배우들이 있다. 한국에서는 설경구, 할리우드에서는 크리스천 베일이 대표적이다.

설경구는 〈공공의 적〉을 위해 14kg을 늘렸다가, 촬영 종료 15일 만에 새롭게 들어간 〈오아시스〉에서는 18kg을 감량했다. 〈실미도〉에서 약 73kg이던 그가 〈역도산〉에서는 100kg 거구가 되기도 했다. 그리고 또

한 달 만에 〈공공의 적 2〉를 위해 18kg을 감량했다. 최근에도 〈살인자의 기억법〉을 위해 10kg을 또 감량했다고 한다.

크리스천 베일도 만만치 않다. 〈아메리칸 사이코〉에서 81kg이던 그는 〈머니시스트〉에서는 55kg, 〈배트맨 비긴즈〉에서는 86kg, 〈레스큐 던〉에서는 61kg, 〈다크나이트〉에서는 86kg, 〈파이터〉에서 66kg, 〈다크나이트 라이즈〉에서는 90kg로 고무줄 몸무게를 과시했다.

현실에서는 3-4kg 빼는 것도 녹록지 않은데 역시 배우는 아무나 하는 게 아닌가 보다.

무슨 영화를 보겠다고

05⁺ 봄날은 간다
2001 / 허진호

은수 : 라면 먹고 갈래요?

상우 : 어떻게 사랑이 변하니?

할머니 : 버스하고 여자는 떠나면 잡는 게 아니란다.

영화 〈봄날은 간다〉가 배출한 명대사들이다. 그다지 로맨틱하지도, 그다지 드라마틱하지도 않은데 많은 이들이 이 영화를 보고 고개를 끄덕인다. 왠지 우리의 모습을 들여다보는 것 같다. 뒤집어 얘기해 멜로영화의 신파적 요소가 거의 없다는 말이다. 그래서 〈봄날은 간다〉의 별 대단할 것도 없는 대사들이 우리의 귓가를 맴도는 것이다. 막상 사랑이 닥치면 비논리적이고 비합리적인 인간이 되어버리는 우리들의 초상이 이 영화에 오롯이 녹아 있다.

주인공이 무려 이영애와 유지태이지만, 허진호 감독은 예의 스타일대로 이들도 평범한 우리 중 하나처럼 그려내는 데 성공했다.

관전포인트 유지태의 소심한 복수

무영보브로스 코멘트

○ 전혀 상관이 없는 영화지만, 왠지 〈건축학개론〉의 이제훈이 대학을 졸업하고 나서 〈봄날은 간다〉의 유지태가 된 것만 같았어요. 아마도 순수하고 어리숙한 모습 때문이겠지요. 은수(이영애)는 〈하얀 궁전〉이란 영화에 나왔던 수잔 서랜든을 연상케 했어요. 이 영화의 탁월한 지점은 여자에겐 단순한 해프닝, 남자에겐 인생의 사랑이었던 관계를 다루면서도 대단한 클라이맥스를 연출하지 않았다는 거예요. 다시 웃으며 찾아온 은수에게 상우가 악수를 청하며 그냥 돌려보내는 장면이 참 좋았어요. 찌질한 모습을 반복하다가 마침내 사나이가 되는 거죠!

ㄱ 사랑에 빠진 남녀 중 더 깊이 사랑하는 쪽이 약자라는 생각이 들더군요. 끝없이 펼쳐진 갈대밭에서 바람 소리를 녹음하는 상우의 모습이 이 영화의 전체 스토리를 얘기해주는 것만 같아요. 바람 피우는 여자를 만나 그 세찬 바람을 온몸으로 견뎌내는 남자? 하하.

✱ 예전엔 상우의 입장에서만 영화가 보였는데, 다시 보니 은수의 입장도 이해가 돼요. '그때의 나도 미숙하고 어렸구나.'라는 생각도 들고요. 그래도 또다시 상우를 찾아와 그간 무슨 일이 있었냐는 듯 웃으며 말을 건네는 은수를 보니 여전히 밉긴 하네요.

ㅊ 젊을 때 성실하지 못했던 할아버지를 잊지 못해 늘 기차역에서 기다리는 치매 걸린 할머니한테 상우가 화를 내는 장면이 있잖아요? 이건 마치 은수를 잊지 못하는 자기 자신에게 화를 내는 것만 같더라구요.

ABOUT __ 수색에서 강릉까지 택시비는?

〈봄날은 간다〉를 관통하는 그 달콤 쌉싸래한 분위기 속에도 나름 설레는 장면이 하나 있다. 서울 은평구 수색에 사는 상우가 술자리에서 통화하다가 그리움을 못 이겨 강원도 강릉 해변 어딘가에 살고 있는 은수에게 택시로 한달음에 달려가는 장면이다.

이때쯤이면 분위기를 깨는 사소한 궁금증이 고개를 든다. 수색에서 강릉까지 택시비가 얼마나 나올까? 당시 두 사람이 있던 정확한 좌표는 알 수 없지만, 대략 위치를 찍어 지도 앱으로 거리를 측정해보니 약 3시간 15분(교통상황에 따라 상이)이 걸려 231km 정도를 달려간 것. 계산해보면 20여만 원의 택시비가 나온다. 거금이 드는 먼 길이지만, 다행스럽게도 상우에게는 마음씨 좋은 택시 운전사 친구가 있었다. 하지만 이렇게 적고 보니 그날 밤 장사 공친데다가 그 먼 길 갔다가 혼자 빈 차로 돌아올 그 친구는 무슨 죄냐 하는 생각도….

04⁺ 번지점프를 하다

2001 / 김대승

사랑을 느끼는 신비한 기억...

"다시 태어나도 너만을 사랑할 거야."
'손발 오글-닭살돋' 멘트지만 강력하고도 유서 깊은 사랑 고백이다.

그런데 "다시 태어났는데 너랑 같은 성性이라면? 그래도 사랑할 수 있겠어?"라고 되묻는다면?

〈번지점프를 하다〉에 그 가슴 아픈 답이 있다.

판타지와 동성애라는 다소 튀는 설정에도 불구하고 영화는 아주 자연스럽게 관객을 영화 속으로 끌어들인다. 그다지 넉넉해 보이지 않는 제작 여건에도 불구하고 작가 고은님과 감독 김대승은 그들의 데뷔작을 탄탄한 구성과 섬세한 연출로 완성해 내 평단과 관객 모두에게서 찬사를 받았다.

특히 배우 이병헌은 전작 〈내 마음의 풍금〉에 이어 다시 한번 로맨스에 연루되어 고뇌하는 선생님 역을 맡아 훌륭한 연기를 보여준다.

사족 : 할리우드로 진출해 이제는 월드스타가 된 이병헌과 한창 나이에 세상을 등진 이은주의 10년 후, 20년 후가 이 영화에 포개어져 회한을 자아낸다. R.I.P. 이은주.

관전포인트 비 오는 날 여관에서의 딸꾹질 신

무영보브로스 코멘트

○ 처음 개봉하고 영화를 봤을 때 허를 찔린 느낌이었어요. 당시 우리 영화에서 본격적인 동성애 코드가 나온 경우는 없었거든요. 그래도 아직 무르익지 않은 사회적 분위기 속에서 생길 수 있었던 논란들은 교묘하게 잘 피해간 것 같아요. 성의 종류와 상관없이 서로를 너무나 사랑하는 두 주인공이 다시 태어나도 서로 알아볼 수 있다는 확신이 영화 속에 잘 녹아 있었어요. 그래도 이 영화의 엔딩처럼 사랑을 위해 생을 포기하는 것은 저로서는 상상이 안 가네요. 심지어 일생을 해로한 부부도 한날한시에 죽는 게 드문 일이잖아요.

ㄱ 저는 그 근처까지는 가본 경험이 있어서 이해가 안 되는 것도 아니네요. 결국 실행에 옮기지는 못했지만, 같이 죽자고 떠나본 적은 있었죠. (오…)

ㅈ 제게는 이 영화가 엄청난 비극이나 동성애 영화라는 느낌으로 남아 있지 않아요. 오롯이 아름답고 예쁜 영화로 기억되네요.

BEHIND __ 불안불안했던 개봉 분위기, 뒤늦은 호평

팬들에 의해 11차례나 재개봉될 만큼 많은 사랑을 받고 있지만, 개봉 당시 분위기는 상당히 위태로웠던 것이 사실이다. 처음에는 평단의 반응도 크게 엇갈렸던 데다가 일반 관객들 사이에서도 호불호가 극명하게 갈렸다. 혹자는 '의도된 동성애 마케팅'이라며 비난의 목소리를 높였고, 개봉 첫 주 관객 수도 신통치 않았다. 당시 충무로 큰손 '태흥'의 이태원 사장도 영화를 본 후에 '너무 어려워서 안 되겠다'는 부정적인 평을 내놓았고, 직접 제작에 참여한 스태프들조차도 불안감을 감추지 못했다. 이러한 위태로운 출발에도 젊은 여성 관객을 중심으로 입소문을 타기 시작하며 관객 수는 늘어갔고, 2012년에는 뮤지컬로도 재해석될 만큼 오랫동안 깊은 감동을 주는 영화로 우리에게 남았다.

03⁺ 파이란

2001 / 송해성

한국 영화의 이른바 '조폭영화' 전성시대는 21세기가 되어서도 계속돼, 범죄물 장르에 머물지 않고 조폭코미디, 조폭스릴러, 조폭멜로 등으로 진화를 거듭한다. 그런데 이 살벌한 전쟁터 한복판에서 아름다운 한 떨기 꽃이 피어난다. 그 꽃의 이름은 파이란.

정작 〈파이란〉의 주인공은 한물간 3류 불량배 이강재이다. 밑바닥 인생 강재 역을 맡은 최민식의 연기는 그간 영화에서 수없이 봐온 깡패와는 사뭇 다른 그것이었다. 그리고 대사 몇 마디 없이 우리의 눈물샘을 공격하는 파이란 장백지의 캐릭터는 흡사 빅토르 위고 〈레 미제라블〉의 팡틴을 떠오르게 했다.

〈파이란〉의 탁월함은 남녀 주인공이 실제로 로맨틱하게 연애하는 신이 전혀 없다는 데 있다. 둘은 스치듯 두 번 만났을 뿐 손 한 번 잡아보지 못하는데 관객은 영화를 보는 내내 가슴이 미어진다.

관전포인트 약방의 감초 공형진

무영보브로스 코멘트

- 강재는 조폭이긴 한데 실속 없이 입만 살아 있는 스타일이에요. 속을 들여다보면 아주 불행한 사람이기도 하고요. 영화 〈똥파리〉에서도 비슷한 느낌을 받았는데, 안 그래도 너무너무 불행한 주인공을 엔딩에서 꼭 이렇게 죽여야 하는지 모르겠어요. 두 사람이 애절하게 사랑한 영화도 아닌데 보는 사람들에게 그들의 애절한 감정이 고스란히 전달된다는 게 참 신기하죠? 보는 것만으로도 한기가 느껴지는 바닷가 방파제에서 파이란의 편지를 읽고 오열하는 최민식의 연기는 정말 명품이에요.

- 엄밀하게 보면 두 사람의 감정이 사랑은 아닌 것 같아요. 깊은 연민인 거죠. 강재가 파이란에게 느끼는 뒤늦은 연민은 현실 속 코너에 몰린 자기 자신에 대한 연민처럼도 보여요. 얼핏 이야기만 들어서는 공감하기 힘든 내용인데, 명품 배우들이 연기로서 그 감정을 설득해낸 것이 경이로워요.

- 장백지의 어느 인터뷰를 보니 파이란 찍으면서 가장 기억에 남는 것이 '지독한 추위'였다고 하네요. 그 추위가 관객들에게도 고스란히 전달된 것 같아요.

BEHIND __ 〈파이란〉 할리우드 리메이크 군불만 피우네

할리우드에서도 이 특이하고도 가슴 저린 시간차(?) 로맨스에 매력을 느꼈는지 일찌감치 리메이크 판권을 사들이고 제작을 추진했다. 2007년 처음으로 판권을 구매하고 〈모래와 안개의 집〉을 만든 바딤 페렐만 감독이 연출을 맡았으나 이후 진행이 지지부진했다.

그로부터 7년이 지난 2014년 〈블루 카프라이스〉를 만든 알렉산드르 무어스 감독 연출에, 〈모터사이클 다이어리〉를 각색한 호세 리베라가 각색으로 참여해 리메이크 프로젝트가 가동될 거란 소식이 들려왔지만 또다시 제작이 무기한 지연되고 있는 모양새다.

한국의 조폭세계, 어수선한 인천의 풍경, 중국에서 건너온 외로운 이민자 여성, 살을 에는 한국의 추위…. 〈파이란〉에서 느낀 이런 작지만 중요한 감상의 요소들을 미국이라는 공간으로 고스란히 옮기는 것이 쉬운 작업은 아닐 터. 그래도 군불만 때던 할리우드 리메이크 소식이 언젠가는 현실화되길.

02⁺ 국경의 남쪽
2006 / 안판석

20세기 말 강제규의 〈쉬리〉, 박찬욱의 〈공동경비구역 JSA〉 등을 거치며 북한을 소재로 한 국내 영화에도 많은 변화가 일어난다. 한국전쟁 이후 숱하게 만들어진 반공영화에서 증오와 멸시의 대상이던 북한을 비교적 현실적이고도 객관적인 시선으로 보기 시작한 것이다.

안판석 감독의 〈국경의 남쪽〉은 액션, 스릴러, 스파이물 일변도인 북한 관련 영화들과 달리 탈북자들의 실제 생활과 사랑을 조망했다는 점에서 매우 각별하다. 게다가 한국인이라면 누구나 공감하는 '복장 터지는' 사랑 이야기가 진지하게 녹아 있다. 〈국경의 남쪽〉이 그 작품성과 무게에 비해 의외로 잘 안 알려진 것은 우리가 애써 외면하고 싶어하는 불편한 현실이 들어 있기 때문일지 모르겠다. 영화에서 주인공들의 사랑도 안타깝지만 그 잘난 이념 때문에 70년간 갈라져서 서로 총구를 겨누고 있는 우리 민족의 비극, 그 아이러니가 이미 너무도 무겁게 우리를 짓누른다.

관전포인트 연화의 아침밥상

무영보브로스 코멘트

○ 차승원이란 배우를 다시 보게 만든 작품이에요. 보면 볼수록 그 연기가 가슴을 후벼파죠. 남북관계가 조금씩 개선되고는 있다지만 아직까지 우리가 지구상에 남아 있는 유일한 분단국가인데, 자꾸 이런 비극적인 상황을 다룬 작품들이 나와줘야 무언가 물꼬가 트일 것 같아요. 두 남녀가 남쪽에서 재회해 어느 바닷가 여인숙에 묵는 장면이 인상적이었어요. 첩으로라도 살겠노라던 다짐과는 다르게 다음 날 아침밥을 지어놓고 연화는 몰래 떠나버리죠. 정말 가슴 아픈 장면이었어요.

ㄱ 조이진이란 배우가 이 영화에서만큼 살아 있는 캐릭터로 느껴진 적이 없었어요. 그냥 북한에서 온 여성 같아요. 언젠가 탈북 여성과 만나 대화한 적이 있는데, 뭔가 눈에 보이지 않는 큰 벽을 느꼈던 기억이 나요. 같은 민족이 이렇게 큰 거리감을 느끼는 게 정말 큰 비극이 아닐까요?

★ 그 가치와 만듦새에 비해 의외로 아는 사람이 많지 않은 영화예요. 이 영화에 대해 물어보면 들어본 적이 없다거나, 시큰둥한 반응을 보이는 사람 두 부류로 나뉘어요. 그래서 무려 이 리스트 2위에 올랐다고 하면 의아하게 생각하는 사람도 있을 거예요. 그러나 영화를 제대로 보았다면 누구라도 이 순위에 공감할 수 있을 거라고 생각해요. 가장 가슴 아팠던 장면은 천신만고 끝에 탈북해 남으로 내려온 연화의 망가진 얼굴을 마주한 선호의 표정이었어요. 너무 반가우면서도 미안해 어쩔 줄 몰라 하는 그 마음이 절절하게 전달되더라고요.

BEHIND __ 현장을 지킨 또 한 명의 감독

〈국경의 남쪽〉은 북한 출신 인물을 주인공으로 다룬 영화인만큼 북쪽 사람들의 일상과 모습을 제대로 묘사하는 것이 중요했다. 그래서 연출부에 매우 중요한 인물이 한 명 포함되었는데, 바로 2001년 탈북해 남한에 정착한 김철용 씨다. 김씨는 당시 한양대 연극영화과에 재학 중이었는데, 안판석 감독은 취재차 그를 만났다가 아예 스태프로 불러들었다.

북쪽 사람들의 실제 모습을 제대로 묘사해야 한다는 안 감독의 고집 때문에 의상, 소품, 미술 등을 담당한 스태프들은 모든 사안에 대해 감독보다 김씨의 허락을 먼저 받아야만 했다. 그는 이 영화에서 차승원 가족의 남행을 돕는 가이드로 직접 출연하였으며, 〈타짜〉에서는 백윤식에게 북한 사투리를 전수해주는 역할을 맡기도 했다. 이런 게 바로 진정한 남북합작 아니겠는가?

01⁺ 8월의 크리스마스
1998 / 허진호

사랑은 누군가에게는 호사일 수도, 누군가에게는 상처와 아픔일 수도 있다. 누군가에게는 사랑이 닳고 닳아 지루함과 일상에 삼키운 지 이미 오래겠지만, 누군가에겐 허락된 시간이 너무나 짧아 소중하다 못해 절망적이기까지 하다.

이제는 거의 사라진 직업들이지만 20년 전엔 쉽게 볼 수 있었던 사진관 주인과 구청 주차단속원. 이들이 스쳐 지나가듯 만나서 한 것이 사랑이라면 사랑은 8월에 찾아온 크리스마스인지도 모르겠다.

〈8월의 크리스마스〉는 황순원의 「소나기」처럼 한국인의 정서를 매만지는 영화다. 허진호 감독과 한석규, 심은하가 들려준 이 슬픈 동화는 당시 영화를 본 사람들의 마음 깊숙한 곳에 마법처럼 각인되었다.

우리가 주변에서 알아차리지 못할 정도로 숱하게 봐왔던 그런 평범한 사람들도 때로는 위대한 사랑을 나눈다. 그리고 그게 바로 나일 수도 있다.

관전포인트 아버지와 리모컨

무영보브로스 코멘트

○ 마치 한 폭의 그림처럼 마음 한편에 회화적인 이미지로 남는 영화예요. 사진관, 전자오락실, 레코드가게, 비디오대여점, 동네 서점, 초등학교 앞 문방구처럼 우리 곁에 있다가 사라진 풍경들을 아련하게 떠올리게 만드는 영화이기도 해요. 이런 추억들은 우리 존재의 일부인만큼 잊지 말고 계속 기억해야겠지요.

ㄱ 급변하는 세상을 살아가는 우리에게는 알게 모르게 변하지 않는 어떤 기억에 관한 욕구가 있는 것 같아요. 바빠지고 빨라지고 편해진 만큼 느린 것과 불편한 것에 대한 그리움이 동시에 커진다는 것이 아이러니하지요. 이 영화는 우리 안에 있는 그런 추억과 그리움을 아름답게 충족시켜줘요.

★ 처음 봤을 때는 심은하의 연기가 좀 어색하다고 생각했던 것 같아요. 그런데 한참 지나서 다시 보니 참 예쁜 연기였더라고요. 캐릭터와 완벽하게 하나가 되었다는 생각이 들었어요. 무거운 짐을 들고 가는데 한석규의 오토바이가 무심히 지나치자 토라졌다가 다시 오토바이가 저 멀리에서 돌아오자 배시시 웃는 심은하의 연기는 무척이나 사랑스럽죠. 서울랜드 놀러가자는 말을 돌리고 돌려서 하는 것도 정말 귀여웠어요. 작별인사 한 마디 없이 어느 날 증발해버린 남자에게 화가 나서 돌멩이로 사진관 유리창을 깨버리는 장면은 충분한 설명이 없음에도 그 감정이 고스란히 전달되었어요.

무슨 영화를 보겠다고

ABOUT __ 최대한 원작과 가깝게, 일본판 〈8월의 크리스마스〉

한류 열풍이 뜨겁던 2005년 〈8월의 크리스마스〉가 일본에서 리메이크 되었다. 나가사키 슈니치 감독이 메가폰을 잡고, 야마자키 마사요시와 세키 메구미가 정원(스즈키)과 다림(유키코) 역을 맡았다. 한류 열풍으로 기획된 리메이크인만큼 원작의 설정들이 고스란히 리메이크 버전으로 옮겨졌다.

원작처럼 사진사인 주인공은 스쿠터를 타고 돌아다니고, 마루에 앉은 남매는 수박씨 뱉기 놀이를 한다. 만취한 친구와 노상방뇨를 하거나, 아버지에게 리모컨 사용법을 가르쳐주는 것도 똑같다. 다만 일본판 〈8월의 크리스마스〉가 한국판보다 관객에게 조금 더 친절한 모양새다. 하지만 이 영화가 우리에게 친절해서 좋았던 것은 아니잖는가? 과유불급이란 말이 떠오른다.

최과장의
WHY NOT

내 머리 속의 지우개

2004 / 이재한

알츠하이머는 기억을 지운다.

사랑하는 연인과 부부에게는 물리적 거리와 상관없이 자신의 실체적 존재가 사라져버리는 청천벽력 같은 재앙이다. 그동안 알츠하이머를 다룬 영화는 꽤 많았다. 하지만 이 영화가 낭중지추가 될 수 있었던 것은 상실의 순간을 맞기 전 충실히 쌓아 올린 사전작업의 덕인 듯하다. 이 영화 전반부의 상당 부분은 이들이 얼마나 예쁘고 아름답게 (때로는 무모하게) 단단하고 커다란 사랑을 만들어왔는지를 설명하는 데 할애된다. 그러다 언제 그랬냐는 듯 이들의 사이를 단칼에 냉정하게 갈라버리니 당황스러움과 통증을 피하기가 여간 어렵지 않다. 어쨌든 '남겨진 자의 슬픔'을 제대로 체험하게 하는 데 알츠하이머만 한 소재도 없다.

첨언 : 오리지널 버전에 사족성 에피소드들이 추가된 디렉터컷은 오히려 두 남녀의 안타까움에 대한 집중력을 떨어뜨리므로 가능한 피할 것을 권한다. 도리어 더 큰 감정적 파장을 만들어내는 생략과 압축의 힘을 절감하게 된다.

사랑할 때 이야기하는 것들

2006 / 변승욱

자기 잘못도 아닌데, 삶의 무게에 제대로 짓눌려 있는 두 남녀가 있다. 동네 약국을 운영하는 약사지만 아픈 형과 노모를 모시느라 자기 돌볼 틈이 없는 남자, 돌아가신 아버지가 남긴 엄청난 빚에 짓눌려 있는 짝퉁 전문 디자이너인 여자. 서로를 알아본 두 사람은 강력한 자석 같은 끌림을 느낀다. 하지만 혼자 감당하기도 턱턱 숨이 막히는 짐을 함께 져달라고 말하기 미안해 그저 서로 물끄러미 바라만 보고 있다.

이 영화는 따지고 보면 눈물이 펑펑 날 장면은 하나도 없는데, 이상하게도 엔딩 크레디트가 올라갈 때쯤이면 펑펑 시원하게 울고만 싶어진다. 갑작스러운 사고로 세상을 떠난 노모의 영정 앞에 물끄러미 앉아 있던 남자를 찾아와, 말 한 마디 없이 문상을 마치고 장례식장 밖으로 나와서야 엉엉 서러운 눈물을 흘리는 여자의 심정이 이런 것이었을까? 이런 묵직한 감정 뒤로 감독은 '이들도 행복할 자격이 있노라.'고 넌지시 말하는 듯하다. 그 실낱 같은 희망이 고맙다.

호우시절

2009 / 허진호

'호우시절'이란 중국 시인 두보杜甫가 쓴 시의 한 구절이다. '좋은 비는 때를 알고 내린다'. 타이밍에 맞지 않는 비는 대체로 귀찮고 성가시지만 꼭 필요한 때에 내려주는 비는 좋은 비好雨가 아닐 수 없다. 사랑도 마찬가지. 아무리 좋은 상대라도 내가 받아들일 수 없는 상황에서는 의미가 없는 법이다.

미국 유학 시절, 서로에게 특별한 감정을 갖고 있던 국적이 다른 두 남녀는 그 감정을 제대로 확인할 기회조차 없이 각자 귀국길에 올라 다른 길을 걷는다. 우연히 쓰촨성 청두로 출장을 간 남자는 두보초당에서 관광가이드를 하고 있는 십수 년 전의 그 여자와 운명적으로 재회하고, 촉촉하게 젖어드는 비 속에서 희미했던 과거의 감정을 기억해낸다.

하지만 분리된 세월 속에 나름의 상처와 남모를 사정들은 있기 마련. 두 남녀는 숨겨져 있던 고통의 비밀이 풀리고 나서야 비로소 '때를 알고 내리는 좋은 비'를 받아들일 수 있게 된다. 고된 육체노동 후의 근육통처럼 은근한 통증과 잔잔한 파문이 남는 영화다.

9

침샘 대분출,
먹자영화
TOP10

성욕, 식욕, 수면욕이 인간의 3대 기본 욕구라는 주장이 있다. 욕구에 기본이 있고 추가가 있는지 잘 모르겠지만 일면 맞는 말 같기도 하다.

섹스와 잠은 인간이 동굴 속에서 살 때부터 지금까지 그 행태가 크게 바뀐 것 같지 않지만, 식욕을 해결하는 방법은 산업화, 세계화를 거쳐 현대사회로 오면서 종류와 방법이 가공할 수준으로 다양해졌다.

이제 먹는다는 건 단순히 배를 채우는 행위에서 정치 경제 사회 문화 전반의 중요한 수단과 목적, 그리고 가치기준이 되어버렸다(물론 단순히 배를 채우는 경우가 압도적으로 많긴 하지만).

재밌는 건 경제 수준이 발전할수록 사람들은 이상하게도 남이 먹는 걸 보는 것에 흥미를 갖는다는 점이다. 그래서 개발도상국의 딱지를 떼고 OECD에 가입한 대한민국은 21세기가 되어 먹방이라는 신조어가 등장하며 명실상부 '먹는 사회'로 변모하게 된다.

SNS엔 삼시 세끼 특별할 것도 없는 음식들을 찍어 올린 사진들이 홍수를 이루고 TV를 켜면 요리사와 엔터테이너들이 등장해 쉴 새 없이 요리하고 맛보고 식당을 찾아다닌다.

영화도 마찬가지. 주로 외국영화에서만 보던 '먹자영화'가 비슷한 시기 국내에서도 만들어지기 시작한다. 중국집 주방장, 제빵사, 한식 인간문화재에 프랑스, 이탈리아, 일본식 요리사들이 주인공으로 등장해 재미있고 신기한 요리의 세계를 보여준다.

이러다 보니 여러 폐해도 생긴다. 화면엔 향과 맛이 없다. 별 맛 없는 음식도 패널들이 입을 모아 '와 맛있다!' 하면 훌륭한 요리로 돌변하고 우리의 식욕을 한껏 자극한다. 저 요리사의 요리가 정말 맛있는지 우리는 알 길이 없다. 인터넷 가짜 블로그에 속아 맛없는 맛집에서 돈과 시간을 낭비하기도 하고 TV에서 소개한 변두리 오래된 식당은 삽시간에 명소가 되어 예전의 소박한 맛을 잃어버리기도 한다.

누가 뭐래도 내 입맛은 내가 잘 안다. 다른 이의 추천은 도움은 되겠지만 평가는 내 몫이다. 영화도 마찬가지.

10⁺ 라면 걸

The Ramen Girl. 2008 / Robert Allan Ackerman

우리가 즐겨 먹는 이른바 '봉지라면'은 1960년대에 일본에서 건너와 50년이 넘도록 사랑을 받고 있지만 우리에게는 어디까지나 인스턴트일 뿐이다. 그러나 라면이 현해탄을 건너 '라멘'이 되는 순간 이야기는 훨씬 복잡하고 다양해지며 구구절절해진다.

남자친구를 만나러 낯선 땅 일본에 온 미국인 애비(브리트니 머피)는 믿었던 남친에게 버림받고 졸지에 '도쿄 오리알' 신세가 된다. 절망에 빠진 애비는 영업이 끝난 라멘집에서 펑펑 울다가 주인 내외의 위로를 받게 되고 결국 사장님(니시다 도시유키)의 문하생이 되기로 결심한다. '라멘 웨스턴'이라 불리는 이타미 주조의 〈담뽀뽀〉(1985)를 향한 오마주가 강하게 느껴지는 이 미-일 합작 영화는, 라면도 라멘이지만 너무 빨리 떨어진 별 브리트니 머피(1977~2009)를 추억하는 영화가 되었다.

관전포인트 로스트 인 트랜슬레이션(요리도 통역이 되나요?)

무영보브로스 코멘트

o   일본 사람들에게 라멘은 우리의 된장찌개 정도가 아닐까 싶어

요. 일종의 Soul food죠. 이 영화는 이런 음식을 제대로 알아가면서 의존적이기만 하던 여주인공이 어떤 종류의 구원을 얻게 되는 이야기예요. 재밌는 건 제자와 스승 간에 한 마디 말도 통하지 않는다는 점이에요. 처음엔 말 한 마디 통하지도 않고, 탐탁지도 않던 푸른 눈의 제자에게 "너는 나의 수제자야."라고 말하는 장면은 참 감동적이었어요.

★ 동양을 배경으로 한 할리우드 영화는 아무래도 우리 눈엔 디테일이 부족하죠. 라멘을 만드는 장면에서 나오는 배경음악이 일본풍이 아니라 중국풍이더라구요. 그럼에도 불구하고, 낯선 곳에서 온갖 치욕을 당하면서도 자기에게 구원이 되어준 음식을 배우려고 한다는 이야기가 신선하게 다가왔어요.

★ 일본 라멘은 육수가 생명이에요. 이 육수를 만들어내는 과정에 굉장한 정성이 필요하지요. 아주 미묘한 차이로 맛이 크게 달라지기도 하고요. 전직 조리사로서 육수를 뽑아내는 정성스러운 과정이 영화 속에 잘 드러나 있는 것이 흥미로웠어요.

BEHIND __ 귀엽거나, 미쳤거나

촬영장에서 브리트니 머피는 감독 로버트 앨런 애커먼에게 주인공 애비를 너무 귀엽거나(cute) 혹은 미친(crazy) 캐릭터로 연기하게 된다며 어려움을 호소했다고 한다. 이에 애커먼 감독은 그녀가 보다 편하게 연기할 수 있게 나름의 디렉션 코드를 개발했다. C1은 'cute', C2는 'crazy'였는데, 예를 들면 이런 식이다.

"브리트니, 이번 연기엔 C2가 너무 많아. C2를 좀 줄여보는 게 어떨까?"

09⁺ 스키야키

極道めし. 2011 / Tetsu Maeda

스키야키는 얇게 썬 소고기를 야채 등을 넣은 육수에 데친 후 날달걀에 찍어먹는 일본식 전골요리다. 일본을 대표하는 요리 중 하나이면서 노래 제목이기도 하다.

영화 〈스키야키〉는 저마다 사연이 있는 다섯 명의 죄수가 자신이 가장 맛있게 먹은 음식 이야기로 서로 경합을 벌인다는 내용이다.

엄마의 집밥(황금밥), 쿠로한펜(어묵의 일종), 오므라이스, 라멘, 그리고 스키야키가 각자의 사연과 함께 실감나게 소개되는데, 교도소에 고립된 다섯 명의 죄수들과 함께하는 회상과 상상의 '먹방'에 흐르는 군침을 참을 수가 없다. 음식도 음식이지만 결국 그 음식을 만들어준 이의 사랑과 정성이 평생 잊지 못할 맛을 선사한다는 교훈도 따라온다.

특히나 일본 음식은 쌀밥과 반찬이라는 기본 콘셉트가 우리와 비슷하기에 요리 영화의 공감이 서양의 그것보다 극대화되는 현상을 경험할 수 있다.

관전포인트 너무나 순수한 범법자들

무영보브로스 코멘트

o 감옥에 있는 남자들이 새해를 맞아 제공되는 특식을 걸고 자기의 인생 요리를 설명하는 대결을 해요. 요리도 요리지만 각자의 인생 이야기를 하는 거죠. 한 명이 얘기를 시작하면 그 사람에게 스포트라이트가 향하며 조명이 바뀌어요. 지극히 연극적인 연출법이죠. 중간에 간수가 잠깐 찬조 출연해 "여름에는 바닷가에서 마시는 시원한 얼음맥주지!!"라는 한 마디를 남기고 나갈 때 보이는 죄수들의 표정이 참 재미있어요.

ㄱ 좀 단순화하면 감옥에 갇힌 남자 다섯이 요리 이야기로 시간을 때우는 스토리죠. 우리 같은 성인 남자들은 군대 있을 때 기억이 떠올라서 더 공감하게 되는 것 같아요. 군대랑 감옥이 비슷한 면이 있잖아요.

★ 이번 TOP 10 리스트에서 시즐감*으로만 보면 가장 강렬한 영화 같아요. 재미도 있고, 전반적으로 참 귀여운 영화죠.

ABOUT __ 일본 국민가요 〈위를 보고 걷자〉가 〈스키야키〉로 불리게 된 사연

이 영화에서 반복적으로 사용된 사카모토 큐坂本 九의 '스키야키'라는 노래는 1963년 아시아 음악 최초로 빌보드 차트 1위를 기록하며 전 세계에 알려진 일본의 대중가요다.

이 노래의 원제는 '스키야키'가 아닌 '위를 보고 걷자'인데, 일본어를 어렵

---

* 시즐sizzle : 후라이팬으로 고기를 구울 때 지글지글 익는 소리의 의성어로, 광고 분야에서 잠재 소비자의 구매 의욕을 돋구기 위해 관능을 자극하는 표현기법. 특히 식료품 광고에서 최대한 먹음직스럽고 싱싱하게 표현하는 시청각적인 자극을 뜻함.

게 여긴 미국인 아나운서가 자기가 아는 유일한 일본말인 '스키야키'로 노래를 소개하는 바람에 제목이 그렇게 되었다고 한다. 이 에피소드의 진위 여부야 정확히 알 수는 없지만, 어쨌든 실제로 미국에서 발표된 제목이 '스키야키'인 것은 틀림없는 사실이다.

전후 일본인들을 위로한 국민가요인 이 곡은 이후에도 수차례 리메이크됐다. 우리나라에서도 1964년 이시스터즈가 '위를 보고 걸어요'라는 제목으로 소개했다. 왜색문화를 금지하던 우리나라에서 이 노래가 번안되어 소개된 것은 매우 이례적인데, 당시 정부의 가요 담당자가 빌보드 차트 1위곡이라 미국 노래로 오해했기 때문이라는 해석도 있다.

무슨 영화를 보겠다고

08⁺ 라따뚜이

Ratatouille. 2007 / Brad Bird, Jan Pinkava

식당에 쥐가 나타난다면? 생각만 해도 끔찍한 일이다.

그런데 레스토랑, 그것도 주방에 쥐가 마구 출몰하는데도 전혀 이상하지 않은 영화가 있다.

픽사Pixar 스튜디오가 제작한 애니메이션 〈라따뚜이〉는, 천부적 미각을 가진 쥐 레미가 프랑스 파리의 고급 레스토랑에서 신참 요리사 루와 함께 맛있는 요리들을 만들어낸다는 내용이다. '요리는 누구나 할 수 있다'라는 작고한 레스토랑 주인 구스토의 좌우명은 소심하고 얼빠진 청년은 물론 쥐한테까지 적용되는 신나는 모토가 된다.

〈라따뚜이〉에 등장하는 몇몇 캐릭터는 실제 프랑스의 요리사들을 모델로 하고 있다. 특히 혼령으로 등장하는 전설적인 요리사 오귀스트 구스토의 캐릭터는 미슐랭 별 3개이던 자신의 레스토랑이 별을 하나 잃는다는 소문에 스스로 목숨을 끊은 실제 인물 베르나르 루아소를 오마주한 듯하다.

요리가 이미 예술의 경지인 세상이 있고 우리도 점점 그쪽으로 뒤뚱뒤뚱 가고 있는 느낌인데, 좋은 건지 나쁜 건지는 잘 모르겠다. 어쨌거나 절대미각의 쥐가 해주는 프랑스 요리, 한번 먹어보고 싶기는 하다.

관전포인트 기시감 생기는 '마리오네뜨' 상황

무영보브로스 코멘트

- **o** 애니메이션의 절대 흥행공식 디즈니와 픽사의 작품이죠. 쥐가 요리사로 성공한다는 황당무계한 내용이지만, 어쨌든 재밌고 유쾌해요. 가혹한 평론가 안톤 이고가 어린 시절 엄마가 해주던 맛을 떠오르게 하는 라따뚜이를 먹어보고, 어린아이 같은 표정으로 돌아가는 장면에선 마음이 울컥하지요.

- **ㄱ** 저는 그 잔인한 평론가 안톤 이고가 이 영화를 완성했다고 생각해요. 완고하던 캐릭터의 봉인이 풀리며 팽팽하던 갈등이 해소되는 쾌감을 선사했어요.

- **★** 마치 만화 '철인 28호'처럼 쥐가 요리사의 모자 속에 들어가서 머리채를 잡고 조종을 하죠. 현실감이 매우 떨어지는 설정이지만, 그래서 더 재미있기도 해요.

- **ㅈ** 라따뚜이는 가정식 메뉴인데, 야채를 중심으로 만든 스튜의 일종이에요. 양파, 토마토, 애호박, 가지, 파프리카 등을 이용해 만듭니다. 아이들에게 가지를 좀 편하게 먹이려고 요즘 우리나라 가정에서도 많이 요리한다고 하네요. 요리하는 사람 입장에서 쥐는 극도로 경계하는 대상인데, 어떻게 음식영화에서 쥐를 주인공으로 쓸 생각을 했을까요? 재미있는 역발상입니다.

BEHIND __ 발가락보다 털?

〈라따뚜이〉를 만든 픽사의 애니메이터들은 쥐의 움직임과 털, 코, 귀,

꼬리 등을 제대로 묘사하기 위해 스튜디오에서 실제로 쥐들을 1년 넘게 키우며 면밀히 관찰하고 연구했다. 쥐 전문가 데비 듀코뮨은 애완용으로 키우던 쥐들을 스튜디오에 데려다놓고 애니메이터들이 충분히 관찰하면서 캐릭터를 창조할 수 있도록 했다. 그 결과 주인공 쥐 레미는 총 115만 개의 털을 가진 섬세한 캐릭터로 창조되었다. 반면 애니메이팅 시간과 메모리를 절약하기 위해 사람 캐릭터는 모두 발가락이 없는 형태로 작업했다고.

07⁺ 남극의 셰프

南極料理人. 2009 / Shuichi Okita

1997년, 펭귄은커녕 바이러스도 살 수 없는 평균 기온 영하 54도의 남극 기지.

일본 해상보안청에서 파견된 조리사 니시무라 준이 그곳에서 열심히 8인분 밥상을 준비하고 있다. 극지에서의 식사는 SF 영화에서 우주인들이 먹는 것 같은 신기한 음식이 아니고 의외로 평범하다는 게 포인트.

〈남극의 셰프〉는 일본 제38차 남극 월동대 여덟 명이 고립무원 남극 오지에서 만나는 우스꽝스러운 일상을 주로 '먹방'에 빗대어 보여준다. 사람들은 뜨끈한 된장국에 열광하고 라멘이 떨어졌단 말에 절망하며, 주방에 몰래 들어가 버터를 통째로 우걱우걱 베어먹는다.

실제 남극에서 근무한 니시무라의 에세이를 영화화한 것으로, 음식이 인간을 얼마나 인간답게 만드는지 보여주는 동시에 음식이 인간 존엄성 최후의 보루라는 걸 확인하게 한다.

고국에 있는 아내와 딸 생각에 닭튀김을 먹다가 훌쩍거리는 주인공의 모습에 그만 코끝이 찡해지는 건 단지 닭튀김이 먹고 싶어서가 아니다. 우리에게 음식이란 추억과 그리움인 동시에 유대와 사랑이니까.

관전포인트 모또상 song

무영보브로스 코멘트

○ 사랑하는 아내와 어린 딸을 두고 1년 반 동안 일본이 운영하는 남극기지 돔 후지스테이션에 떠밀리듯 파견 나간 셰프의 이야기죠. 실화 에세이를 원작으로 해서 그런지 영화도 고증이 잘 된 것 같아요. 이 요리사가 지독한 향수병에 걸려 음식을 안 하니까 패닉에 빠진 동료들이 대신 음식을 만들지요. 동료들이 만든 형편없는 가라아게에 아내를 떠올리며 눈물을 터트리는 장면이 가슴 찡했어요.

ㄱ 향수병을 치료할 수 있는 가장 좋은 약이 바로 고향의 음식 아닐까요?

ㅊ 극한의 남극에서 1년 반이나 지내니 일과 외에 무슨 재미가 있겠어요. 유일한 낙이 먹는 거겠지요. 확성기로 점심 메뉴가 소개되자 일하던 대원들이 미친 듯 간절하게 복귀하는 장면은 공감하지 않을 수가 없죠. 재미있는 디테일이 많은 영화이기도 해요. 마작 두는 소모임의 이름(중국문화연구회)이라든가 너무 비싼 유료전화 앞에 써놓은 경고문구 같은 게 그중 하나지요.

ㅈ 영하 70도를 찍은 기념으로 상의를 벗은 채 밖에서 다같이 기념촬영을 하거나, 라멘이 떨어져 괴로워하던 중 간수를 만들 방법을 생각해내고 정성스럽게 라멘을 만들어 먹는 에피소드들이 재미있어요.

ABOUT __ 음식영화만을 다루는 영화제가 있다?

음식영화를 개별 장르로 보기는 다소 어려운 측면이 있지만, 맛있는 음식과 그에 관한 이야기를 다루는 영화에 관한 영화팬의 니즈needs는 확실히 존재하는 것 같다. 이러한 영화팬들의 욕구를 충족시키기 위해 일본에서 매우 특별한 영화제가 기획되었다. 음식을 주제로 한 영화들을 모아 상영하는 '고항 영화제'가 바로 그것이다.

'고항'이란 '식사'나 '음식'을 뜻하는 일본말이다. 이 영화제는 도쿄와 오사카를 중심으로 2010년부터 개최되었고, 〈남극의 셰프〉도 2012년 오사카 나카노시마 고항 영화제의 상영작 리스트에 이름을 올렸다. 우리나라에서도 2015년부터 음식과 영화를 매개로 세계의 다양한 삶과 문화를 이해하자는 취지를 담은 '서울국제 음식영화제'가 메가박스 이수 아트나인에서 매년 개최되고 있다.

06⁺ 빅 나이트

Big Night. 1996 / Campbell Scott, Stanley Tucci

미국이라는 나라는 세계 각국에서 건너온 사람들이 모여 사는 곳이다. 그러다 보니 각 나라의 문화가 섞이기도 하고 나름 보존, 발전하기도 한다. 음식문화 역시 그러하다.

〈빅 나이트〉는 이탈리아 이민자들 하면 떠오르는 무시무시한 단어 '마피아'에 대항해 '파스타'란 이미지를 심으려 노력한 영화이다.

1950년대, 이탈리아에서 건너와 레스토랑을 차린 두 형제 프리모(토니 샬호브)와 세콘도(스탠리 투치). 둘은 전설적인 가수 루이스 프리마의 깜짝 방문으로 망해가던 레스토랑이 유명해지리란 희망에 열심히 'Big Night'를 준비한다. 이제는 전 세계인이 즐겨먹는 피자와 파스타가 60년 전 미국에서 어떻게 자리잡았는지 가늠해볼 수 있다.

배우로 더 유명한 스탠리 투치와 캠벨 스코트가 함께 감독으로 데뷔한 작품으로, 흥행도 성공적이었고 평단에서도 호평을 받았다.

두 형제가 대사 한 마디 없이 프라이팬에 달걀을 부쳐 나눠먹는 마지막 '오믈렛 신'은 소박하고 일상적이지만 왠지 잊히지 않는다.

관전포인트 남자들을 설레게 하는 미니 드라이버의 밤바다 신

무영보브로스 코멘트

o   미국으로 건너온 자존심 강한 이탈리안의 삶을 엿볼 수 있는 영화예요. 여기에 출연하는 기라성 같은 배우들이 사실은 여러 나라 출신인데, 이들이 모두 이탈리아계 미국인을 연기하는 게 재미있죠. 재능은 있으나 이민 정착에는 실패한 두 요리사 형제의 이야기가 흥미로워요. 국면 전환을 위해 빅 나이트를 준비하지만 크게 실패하고 두 형제는 대판 몸싸움까지 벌이죠. 하지만 아침에 부스스 일어나 함께 아무 말도 없이 오믈렛을 만들어 먹는 엔딩 장면이 따뜻하게 느껴지더라고요.

ㅈ   그 오믈렛 만드는 장면은 정말 유심히 봤어요. 심지어 점화 스위치 각도까지 꼼꼼히요. 이게 쉬운 요리 같지만 자칫 신경 안 쓰면 쉽게 태워버릴 수도 있거든요. 그런데 화면 트릭 하나 없이 굉장히 능숙하게 한 번에 그 요리를 만들어내더라고요.

ABOUT __ 영화 속 촌스러운 이름이 주는 특별함

두 형제의 이탈리아어 이름 프리모Primo와 세콘도Secondo는 영어로 번역하면 퍼스트first와 세컨드Second이다. 두 형제가 태어난 순서로 지은 이 이름들은 우리말로 '일용이', '두식이' 정도가 될 터. 다소 무심하고 성의 없어 보이는 이 이름들이, 이런 이름을 잘 쓰지 않는 세상에서는 도리어 뭔가 특별한 느낌을 주는 부작용(?)을 낳기도 한다.

다른 영화에서도 촌스러운 이름에 특별한 캐릭터를 입혀낸 사례들이 꽤 있다. 거대 기업 미란도그룹을 상대로 천신만고 끝에 '옥자'를 구해낸 '미자'가 대표적이다. 악인을 상대로 특별한 복수를 해내는 친절했던 '금자 씨'도 둘째가라면 서럽고, 엄청난 카리스마 속에 숨어 있는 깊은 모성애를 보여준 '미옥 씨'도 빼놓을 수 없다. 영화 속 특별한 캐릭터들에게 지금은 잘 쓰지 않는 시대착오적(?)인 이름을 붙여주는 이유가 분명 있지 않을까?

05+ 바베트의 만찬

Babettes Gaestebud. 1987 / Gabriel Axel

프랑스 요리는 자타공인 세계 최고의 요리라고들 한다. 대관절 요리라는 게 올림픽 메달처럼 순서가 매겨질 수 있는 건지 의문스러운 우리 같은 불신자들이 봐야 할 영화가 한 편 있다. 화려한 고급 레스토랑이 등장하지도 않고, 조수들을 여럿 거느린 카리스마 작렬하는 셰프가 주인공인 것도 아니다. 결정적으로 프랑스 영화도 아

니다. 바로 1987년 개봉한 덴마크 영화 〈바베트의 만찬〉이다.

19세기 덴마크의 한 해변마을. 내전을 피해 이 마을에 온 프랑스 여인 바베트는 독실한 기독교인인 필리파와 마르티나 두 자매의 집에 기거하게 된다. 바베트는 이후 가정부인 듯 딸인 듯 두 할머니의 시중을 들며 내전이 끝난 후에도 고향으로 돌아가지 않고 이들과 함께 산다.

1만 프랑이라는 큰 복권 상금을 타게 되는 바베트는 목사님 '탄신일'을 맞아 자신을 거둬준 두 할머니와 동네 사람들을 위해 일곱 가지 프랑스 코스요리를 계획한다. 소머리와 거북, 메추리 등 다소 과격한(?) 식재료들이 보여 마을 사람들은 물론 관객들도 흠칫 놀라지만 바베트는 노련한 안목과 솜씨로 만찬을 준비한다. 아무도 몰랐지만 그녀는 사실 파리의 최고급 레스토랑 셰프였던 것.

이 영화가 주는 감동은 200년 전 덴마크의 한 시골마을에 사는 순수한 청교도들이 서로 배려하고 사랑을 나누는 모습에 있다. 식사에 초대된 사람들은 이 엄청난 요리를 만든 바베트를 만나지 못한다. 그러나 단 한 번 만찬을 통해 누린 호사로 서로 용서하고 화해하고 과거를 추억한다. 〈바베트의 만찬〉은 프란치스코 교황이 가장 좋아하는 영화라고도 한다.

관전포인트 절대지존 바베트의 무표정

무영보브로스 코멘트

- 손이 쉽게 가지는 않는데, 일단 보고 나면 좋은 보약을 먹은 듯한 느낌이 드는 영화죠. 프랑스의 유명한 세프지만, 개인적인 상처를 안고 덴마크로 건너온 바베트가 자기를 거둬준 두 자매와 그녀들의 아버지를 위해 최고의 정찬을 준비한다는 이야기예요. 극도로 절제된 소란스럽지 않은 영화지만, 그 음식을 먹는 사람들의 표정들이 절대 잊히지 않을 것 같아요. 바베트가 혼신을 다해 준비한 만찬이 작은 마을의 화해와 치유로 연결되는 엔딩이 잔잔한 여운을 줍니다.

- 부모님으로부터 독립해 이 나이쯤 되고서야 비로소 음식을 해서 누군가를 먹여 살린다는 게 그렇게 고된 일이라는 것을 깨닫고 있어요. 요리를 준비하고 먹이는 것은 참 위대한 일입니다.

- 영화 속에 자세한 설명이 곁들여지지 않아서 이유를 정확히 알 수 없지만 다툼이 있던 마을 사람들이 이 만찬을 마치고 서로

화해하는 모습이 나와요. 맛있는 음식이 사람의 관계까지도 바꿀 수 있다는 걸 깨달았어요.

ABOUT __ 원작소설의 저자 이자크 디네센 또는 카렌 블릭센

이 영화는 1958년에 출판된 『운명의 일화Anecdotes of Destiny』를 원작으로 한다. 이 소설의 저자 이자크 디네센의 실제 이름은 카렌 블릭센. 카렌은 당시 사회 분위기 속에서 여성의 이름으로 책을 내면 불이익을 받을까 우려해 남자 이름인 이자크에 처녀 때의 성인 디네센을 붙인 필명을 사용했다. 『운명의 일화』는 여러 이야기의 모음집인데, 이 영화 외에 오손 웰즈의 1968년작 〈불멸의 이야기The Immortal Story〉의 소재로도 사용되었다. 카렌 블릭센의 가장 유명한 작품은 뭐니 뭐니 해도 자전적 이야기를 소설로 옮긴 『아웃 오브 아프리카』. 1913년부터 케냐로 건너가 커피 농장을 운영하며 18년을 살았던 자신의 삶을 다룬 이 소설은, 그녀의 탄생 100주년인 1985년에 메릴 스트립, 로버트 레드포드 주연으로 영화화되었다.

04⁺ 카모메식당

かもめ食堂. 2006 / Naoko Ogigami

핀란드 헬싱키.

이름만 들었지 여간해서는 가보기 힘든 도시. 그곳에 일본인 여성 사치에가 카페 겸 레스토랑 '카모메(갈매기)식당'을 열었다. 장사는 영 신통치 않지만 일본에서 온 미도리와 마사코 두 친구도 생기고 사치에의 오니기리(주먹밥)와 계피롤빵을 맛보러 핀란드인들도 하나둘 식당을 찾기 시작한다.

이역만리 타국에서 필사적으로 홀로서기를 시도하는 세 여성은 서로 의지하고 동기를 부여하며 희망을 키워간다.

주인공들이 여성해방론자나 남성혐오자, 레즈비언은 아니지만 이 영화엔 중요하거나 의미 있는 남자가 별로 등장하지 않는다. 그래서 카모메식당은 조용하고 따뜻한 페미니즘 영화이기도 하다.

오기가미 나오코 감독은 이듬해 개봉한 〈카모메식당〉의 스핀오프 영화인 〈안경〉에서 다시 한번 '사람과 음식, 그리고 소통'에 관한 이야기를 이어간다.

관전포인트 미도리

무영보브로스 코멘트

○   일본 영화 특유의 왁자지껄함이 없죠? 낯선 땅 핀란드에서 일본 여성 세 명이 희한한 인연으로 묶여 함께 생활하게 되는 이야기예요. 특이한 점은 영화가 이들의 과거에 관한 얘기는 거의 다루지 않고, 현재와 미래를 함께 바라본다는 점이에요. 저는 이 영화를 보면서 〈바그다드 카페〉가 생각났어요. 왠지 두 작품이 시리즈 같은 느낌이 있어요.

ㄱ   '갈매기식당'이라는 이름에도 의미가 있다고 봐요. 갈매기가 대표적인 텃새거든요. 세 사람이 쉽게 자리잡지 못할 것만 같은 낯선 곳에서 함께 의지하며 안정을 찾아가는 것이지요.

♣   새로운 가족의 탄생을 말하는 것만 같아요. 전 이 작품이 요리 영화이기도 하지만 한편으로 완벽한 여성영화라고 생각해요. 당당하고 씩씩하게 자기의 길을 살아가는 사치에라는 여성을 중심으로 상처받은 여성들이 하나둘 모여들기 시작하거든요. 왠지 일본 사회에서는 부적응자였을 것 같은 미도리, 부모님 병수발하다 청춘을 다 보내고 이제는 무엇을 해야 할지 몰라 헤매는 마사코까지 합류하면서 서로를 통해 상처들을 치유해가는 이야기지요.

ㅈ   전 영화 보는 내내 사치에의 여유로움이 부러웠어요. 장사가 되든 안 되든 별로 부담이 없어 보였거든요. 현실에서 그러기란 쉽지 않죠. 사치에에 관한 디테일 중 눈에 띄는 게 하나 있는데, 칼을 쓰고 나서 칼등을 몸 쪽으로 딱 놓는 모습이에요. 요리를 제대로 배웠다는 생각이 들었어요. 마침내 만석을 이룬 식당의

손님들 중 절반 이상이 젓가락을 무리 없이 쓰는 것도 무척 신기했어요.

ABOUT __ 킨포크 라이프스타일을 다룬 영화들

킨포크Kinfolk란 '친척, 친족과 같이 가까운 사람'을 뜻하는 말이다. 가까운 사람들과 어울리며 느리고 여유롭게, 친자연적이면서 소박한 삶을 사는 것을 지향하는 현상을 뜻한다. 2011년 미국 포틀랜드에서 40여 명의 지역 주민이 자신들의 일상을 기록하며 만든 계간지 『킨포크』가 시작인 것으로 알려져 있다.

'잘 먹고 잘 살자'라는 킨포크 정신이 확산하는 세계적 현상을 반영하듯 관련 영화들도 자주 등장하고 있는데 〈카모메식당〉의 스핀오프 작품인 〈안경〉(2007)을 비롯해 〈하와이안 레시피〉(2009), 〈마더워터〉(2010), 〈해피해피 와이너리〉(2014), 〈우드잡〉(2014) 같은 일본 영화가 대표적이다. 그 외에 다양한 국가에서 제작된 〈먹고 기도하고 사랑하라〉(2010), 〈에브리씽 머스트고〉(2010), 〈타이페이 카페스토리〉(2010), 〈꾸뻬 씨의 행복여행〉(2014) 등의 영화도 만나볼 수 있다.

03⁺ 미스틱피자
Mystic Pizza. 1988 / Donald Petrie

미국 코네티컷 주의 조그만 바닷가 마을에 있는 식당 '미스틱피자'는 주인 리오나의 신비한ᵐʸˢᵗⁱᶜ 레시피로 만든 피자로 유명하다. 그리고 이곳엔 평범하지만 사랑스러운 세 명의 젊은 알바생 캣, 데이지, 조조가 있다.

영화 〈미스틱피자〉는 이 셋이 사랑하고 고통받고 연대하며 꿋꿋하게 세상으로 나아가는 과정을 담아낸 성장영화이다. 흥행 성적은 저조했지만 평론가와 영화 애호가들에게 호평을 받으며 지금까지도 사랑받고 있다는 점에서 결국 '까탈스러운 음식평론가에게 별 4개를 받은' 리오나의 피자 같은 영화가 되었다.

이 영화는 1990년대 할리우드를 호령한 슈퍼스타 줄리아 로버츠의 출세작으로도 유명한데, 스무 살 갓 넘은 로버츠의 순수하고 청초한 모습이 실로 감탄을 자아낸다.

관전포인트 맷 데이먼을 찾아라.

무영보브로스 코멘트
- 포르투갈 이민자들이 모여 있는 미국의 작은 마을을 다뤘다는

게 특이하죠? 그 마음을 둘러싼 계층 간의 문제도 살짝 들여다 볼 수 있고요. 예일대 합격 통지를 받고 열심히 아르바이트를 하며 등록금을 모으는 캣이, 유부남과 사랑에 빠지고 또 상처 받으며 성장하는 그런 내용이에요. 20대 초반의 여성이 보면 남 다른 느낌을 받을 것 같아요.

★   이 영화를 보면서 '줄리아 로버츠가 괜히 줄리아 로버츠가 아니 구나.' 하는 생각이 들었어요. 〈노팅 힐〉에서는 극강의 엘레강스 한 아름다움을 볼 수 있었는데, 이 영화에서는 그와 완전히 다 른 종류의 매력이 느껴지더라고요. 젊고 생동감 넘치는 아름다 움이랄까요. 이렇게 아름다운 배우란 걸 까맣게 잊고 있었네요.

★   이 영화가 왜 침샘 대분출 영화 리스트에 속해 있는지는 잘 모 르겠어요. 피자 만드는 장면은 다 합쳐 1분도 안 되는 것 같고, 시즐감이라고는 찾아볼 수도 없거든요. 그냥 오샥 형이 줄리아 로버츠가 예뻐서 리스트에 넣은 것 같아요.

BEHIND __ 영화 덕에 맛집으로 거듭난 미스틱피자

영화 속 '미스틱피자'는 창조된 장소가 아니라 미국 코네티컷 미스틱 지 역에 존재하는 실제 피자집이다. 작가인 에이미 홀든 존스는 어느 여름 미스틱에 휴가를 갔다가 이 피자집에서 영감을 얻어 이 작품을 썼다. 영 화가 개봉된 이후 이 피자집은 엄청난 유명세를 탔고 길게 줄을 서서 먹어야 하는 맛집으로 거듭났다. 하지만 실제 대부분의 영화 촬영은 미 스틱이 아니라 코네티컷의 다른 지역과 로드 아일랜드에서 이뤄졌다는 건 아이러니.

02⁺ 줄리 & 줄리아
Julie & Julia. 2009 / Nora Ephron

줄리아 차일드(1912~2004)는 〈더 프렌치 셰프〉란 TV 요리 프로그램을 통해 1960~70년대 미국인들의 음식 문화에 지대한 영향을 끼친 요리사이다. 이 프로그램은 최근까지도 끊임없이 재방송되며 그녀의 책 『프랑스 요리 마스터하기』와 함께 '그닥 고급스럽지 않은' 미국인들의 입맛을 업그레이드하는 데 지대한 공헌을 했다는 평가를 받는다.

영화 〈줄리 & 줄리아〉에서 줄리아는 바로 이 유명한 요리사 줄리아 차일드이다. 그렇다면 줄리는? 하나도 안 유명한 뉴욕에 사는 평범한 여성. 요리를 좋아하는 그가 줄리아의 요리책에 나오는 524개의 요리를 1년 동안 만들겠다는 블로그를 야심차게 개설하며 영화는 시작된다. 이야기는 50년을 플래시백, 줄리아 차일드의 프랑스 체류기로부터 펼쳐진다. 영화는 1950년대 파리와 2000년대 뉴욕을 오가며 줄리아와 줄리의 요리들과 그들의 삶을 문자 그대로 '맛깔나게' 보여준다.

줄리아 차일드와 줄리 파웰의 책들을 토대로 두 여성의 이야기를 쓰고 감독한 에프론은, 철저히 여성의 시각으로 두 인물을 그려내는 데 성공했다. 이 영화는 〈해리가 샐리를 만났을 때〉의 작가이자 〈시애틀의 잠 못 이루는 밤〉의 감독인 노라 에프론(1941~2012)의 유작이기도 해서 더욱 각별해졌다.

관전포인트 거인 자매 메릴 스트립과 제인 린치

무영보브로스 코멘트

- ○ 줄리아 차일드는 미국에 프랑스 요리를 소개한 전설적인 인물이죠. 두 주인공도 그렇고 이 영화를 연출한 노라 에프론도 그렇고, 한 분야에 뛰어난 족적을 남긴 여성들의 모습을 볼 수 있어서 참 좋았어요. 안타까운 것은 시절이 많이 달라졌지만 아직도 여성이 성공을 거두기에는 사회적 장애물이 많다는 사실이에요.
- ㄱ 살아가면서 내 위치를 주변 다른 사람과 비교하지 않기가 참 어렵죠. 그러다 보면 왠지 화가 날 때도 있고요. 어쨌든 자신만의 영역에서 자기만의 스타일로 남들 시선에 얽매이지 않고 무언가를 계속하는 것이 중요한 것 같아요.
- ★ 다른 시대를 살아가는 두 부부의 이야기가 나오는데 아내를 힘껏 지원하는 두 명의 좋은 남편이 눈에 들어왔어요. 아마도 두 사람 모두 남편의 지지가 없었다면 뜻을 쉽게 이룰 수 없었겠죠. 저는 줄리에게 감정 이입이 많이 됐어요. 어떻게 살아야 할지 모르겠고 실패한 것만 같은 느낌 속에서 길을 잃었다고 생각할 즈음 제게 꿈을 잃지 말라고 외쳐주는 것만 같았거든요.
- ♓ '당신은 내 빵의 버터이고 내 삶의 숨결'이라는 줄리아 차일드 남편의 고백이 너무 멋있었어요. 어쩜 저렇게 한결같이 아내에

대해 끝없는 열정을 가질 수 있을까요?

BEHIND __ 최대한 줄리아 차일드처럼, 최대한 맛있게

키 167cm의 메릴스트립이 188cm의 장신이었던 줄리아 차일드를 연기하기 위해서는 카메라, 세트, 의상 등에 걸쳐 다양한 트릭들이 총동원되어야 했다. 부엌의 싱크대는 낮게 설계되었고, 메릴 스트립은 굽이 매우 높은 신을 신어야 했다.

카메라 앵글도 인위적 원근법(forced perspective : 사물을 실제보다 더 멀리 혹은 더 가까이, 더 크게 혹은 더 작게 보이도록 찍는 방법)을 섬세하게 설계하여 적용했다. 음식을 맛보는 배우들의 연기도 실제와 가까워야 한다는 감독의 믿음에 따라 카메라 앞에는 소품이 아닌 매우 맛있고 질 좋은 진짜 음식들이 완벽하게 제공되었다.

01⁺ 식객
2007 / 전윤수

허영만이 쓰고 그린『식객』은 2002년 동아일보에 연재된 이래 여러 해에 걸쳐 단행본만 27권이 나온 만화.『미스터 초밥왕』,『맛의 달인』등 주로 일본의 요리만화들이 널리 읽히던 와중에 나온 허영만의『식객』은 단기필마로 대한민국의 자존심을 지켜낸 참 장한 작품이다. 그래서인지 TV 드라마로도 만들어지고 영화도 두 편이나 나왔다.

원작에서 식객 성찬이 소개하는 깨알 같은 디테일과 다양한 한식요리들을 영화에 전부 담아내긴 불가능했으나, 경연이라는 큰 얼개에 원작의 여러 에피소드를 적절히 배치해 흥미와 감동을 매끄럽게 녹여냈다. 영화의 만듦새를 떠나 한국인이라면 누구나 공감할 수밖에 없는 역사적·문화적 정서, 무엇보다 친근한 음식들이 프리미엄 효과를 일으킨다. 하긴 외국인이 학교 앞 분식집의 떡볶이와 라면 맛, 삼겹살에 소주 맛, 양푼에 이것저것 섞어 먹는 비빔밥 맛 같은 걸 어찌 알겠는가.

우리 것, 소중한 것.

관전포인트 허영만의 카메오 출연

무영보브로스 코멘트

○ 〈식객〉을 1위로 한다면 반발이 있을 수 있다는 생각은 했어요. 그래도 어쨌든 원작이 갖는 아우라가 분명 영화에서도 나타나거든요. 전 허영만의 만화 원작을 보면서 우리 음식, 우리 정서를 제대로 다룬 작품이 나왔다는 생각에 정말 즐거웠어요. 우리만의 감정을 깊숙이 만져주는 만큼 영화에 원작 만화까지 더해서 음식영화 1위의 가치는 충분하다고 생각해요. 이 영화가 원작 만화로 인도하는 길이 되었으면 하는 바람도 있습니다.

ㄱ 이 영화가 '음식에 과연 혼이라는 것이 있는가?'라는 우리의 질문에 어느 정도 답을 해주는 것 같아요. 물론 그 소재가 다른 나라 사람들에게는 쉽게 이해가 되지 않을 수 있겠지만, 최소한 우리에게는 더없이 설득력이 있지요.

✱ 우리 음식을 제대로 소개하는 첫 영화라는 점은 높이 살 만하지만, 대령숙수 이야기가 나오면서 반일反日 소재가 강화된 데서는 고개가 갸우뚱해졌어요. 굳이 이렇게까지 할 필요가 있었나 싶었지요. 우리의 음식과 그 속에 담긴 정서를 얘기하다가 반일 소재로 흐르니 도리어 이야기가 약간 구태의연해진 게 아닌가 하는 아쉬움이 있었어요.

✱ 저도 원작 만화에서는 정말 감동적으로 봤던 요리사의 정신이라든가 다양한 요리 같은 것이 영화에서는 제대로 소개되지 못했다는 점이 아쉬웠어요. 그리고 영화 속 성찬처럼 소고기를 직접 부위별로 손질할 수 있고, 복 요리까지 할 수 있는 요리사를 현실에서 만나기는 쉽지 않답니다. 하하.

BEHIND __ 맛의 영상화?

음식이 맛없게 보이는 음식영화란 상상조차 할 수 없다. 한국 음식을 전면으로 다룬 거의 유일한 영화 〈식객〉에서도 등장하는 음식을 최대한 맛깔스럽게 연출하기 위한 각고의 노력이 있었다. 음식 연출만을 전담하는 음식팀이 꾸려졌는데 그 수장은 한류음식문화연구원장인 김수진 음식감독. 영화 〈음란서생〉과 〈왕의 남자〉에 나오는 화려한 궁중음식들을 연출한 주인공이다.

그와 함께 현장에 네 명의 푸드 스타일리스트가 상주했지만, 황복회 같은 전문 요리는 그 분야 최고의 전문가가 별도로 참여하기도 했다. 강렬한 조명 탓에 음식이 계속 맛있어 보이기가 어려워, 음식의 상태를 수시로 확인하고 새로 요리한 음식을 올려야 했다. 아름다운 화장발(?)을 위해 젤라틴을 바르기도 했다고.

지누기의
Why Maat

아는 사람은 알고 모르는 사람은 모르는 사실이지
만 무영보브로스의 막내 지누기는 조리학을 전공
한 프로 요리사. 그래서 이번 리스트에는 '최과장의
와이낫' 대신 '지누기의 와이맛'이 등장했다. 집에
서 손쉽게 만들어 먹을 수 있는 간단하고도 재미있
는 메뉴를 소개한다.
레시피 및 사진 제공: 지누기

마늘버터 러스크

1 버터, 다진 마늘, 파슬리와
   식빵을 준비한다.

2 버터를 전자레인지에 넣고
   약 20초간 가열한다.

3 녹은 버터에 마늘, 파슬리를
   잘 섞어준 후 준비된 식빵에
   골고루 발라준다.

4 접시에 담아 전자레인지에 넣고
   다시 2분간 가열한다.
   기호에 따라 설탕, 과일잼 등을
   곁들여 와그작 소리내어 먹는다.

내 집 밥솥 맥반석 계란

1 깨끗이 씻은 달걀 8~10개를
준비한다.

2 밥솥 안에 키친타월이나 면보를
깔고 달걀을 넣은 뒤 약 200ml의
물을 붓는다. 취사 버튼을 누른다.

3 취사가 끝난 뒤 같은 양의 물을 넣
고 취사 버튼을 한번 더 누른다.

4 취사가 끝나면 완성. 호호 불어가며
맛있게 먹는다.

무슨 영화를 보겠다고

내 멋대로 치즈소스

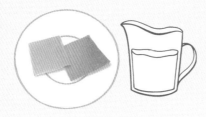

1 나초와 치즈 2장, 우유를 준비
한다.

2 치즈를 적당한 크기로 자른 후
우유에 넣고 전자레인지에
30초간 가열하면 소스 완성.

3 소스를 잘 저어준 뒤 나초,
맥주와 함께 먹는다.

10

등골 오싹한
호러영화
TOP10

사람들은 도대체 왜 공포영화를 보는 걸까?

왜 놀러가서 즐겁게 먹고 즐기다가도 밤만 되면 하나둘 귀신 이야기를 시작하는 걸까? 왜 어릴 적 엄마나 할머니는 잠들기 전에 망태할아버지나 홍콩할머니 같은 무시무시한 괴담을 들려줘서 우릴 악몽에 시달리게 만들었을까? 갖가지 설명, 학설, 연구, 실험이 있지만 결론은 뭐 '보고 싶고 듣고 싶으니까'이다. 흡사, 현대인들이 쓴 커피와 독한 술을 먹는 현상과 비슷하다.

그래서인지 공포영화horror film는 영화 자체의 역사와 그 궤를 같이한다. 프랑스에서 영화가 발명되자마자 영화 선구자 조르주 멜리에스의 기괴한 단편 무성영화들이 선을 보였고 미국의 에디슨 스튜디오에선 〈프랑켄슈타인〉(1910) 같은 영화가 만들어진다.

독일 감독 프리드리히 무르나우의 〈노스페라투〉(1922)는 여러 모로 공포영화의 원조라 불릴 만한데 뱀파이어인 올록 백작의 모습은 거의 100년이 지난 지금 봐도 섬뜩하다.

공포영화는 유서 깊은 역사에 걸맞게 그 진화를 계속해 이제는 액션호러, 심령호러, 코믹호러, 뱀파이어, 슬래셔, 오컬트, SF호러, 좀비 등 수많은 하위 카테고리를 거느린 중요 영화 장르가 되었다.

특히 일본, 한국, 태국 등 월드시네마의 이른바 '비주류 영화판' 나라들에서 제작한 호러영화들이 최근 세계적으로 각광받으며 컬트가 되는 현상이 일어나고 있다. 무서움이 국경을 초월한 우주적인 공감이란 걸 방증한다.

겁쟁이들에게 공포영화는 문자 그대로 '사서 고생'이다. 깜짝깜짝 놀랄 때마다 수명이 몇 분씩 줄어드는 것 같고 영화에서 본 괴물이나 악마는 밤길과 꿈자리의 불청객이 되기도 한다.

그래도 "그 영화 되게 무서워."란 얘기를 들으면 왠지 보고 싶어져 극장을 찾는다. 그리고 또 사서 고생을 한다. 귀와 눈을 손으로 가리고 전전긍긍하다가 기어이 수명을 몇 분쯤 단축시키고야 마는 것이다.

10⁺ 장화, 홍련

2003 / 김지운

『장화홍련전』은 조선시대부터 지금까지 꾸준히 읽히고 구전되어온 이야기다. 설정과 스토리가 비극적이고 암울해서 한번 접하면 쉽게 잊히지 않는다. 그래서인지 이미 20세기 초부터 여러 차례 영화로 만들어진 바 있는 한국인들의 '호러고전'이다.

김지운 감독의 〈장화, 홍련〉은 모티프만 『장화홍련전』에서 따왔을 뿐, 내용과 형식은 당시 세계적으로 유행하던 샤말란이나 아메나바르 감독의 작품과 유사한 심리 호러물이다. 〈샤이닝〉이나 〈나이트메어〉 같은 호러 교과서에 등장하는 어린 소녀들이 주는 등골 서늘한 이미지가 장화 홍련이라는 공포코드에 버무려져 외국에서도 주목하는 작품이 되었다. 특히 로맨틱 코미디나 멜로에 어울릴 듯한 '국민 여동생' 임수정과 문근영의 서늘한 연기가 시종 팽팽한 긴장과 공포를 선사한다.

관전포인트 침대 밑

무영보브로스 코멘트

- 공포영화지만 깔끔하고 스타일리시한 영화예요. 할리우드에서

도 〈안나와 알렉스 : 두 자매 이야기〉라는 제목으로 리메이크했
는데, 김지운 감독의 원작이 더 좋았던 것 같죠? 딸이 아빠를 차
지하려고 하는 '엘렉트라 콤플렉스'를 표현한 영화라고 보는 시
선도 일부 있어요.

★   염정아 특유의 극과 극을 오가는 분위기가 만들어낸 공포가 있
어요. 강렬한 포스터도 흥행에 제대로 한몫한 것 같고요. 염정
아는 어떻게 이렇게 그로테스크한 느낌과 아름답다는 느낌을
동시에 줄 수 있는지 궁금해요. 아름다운 느낌을 준다고 해서
무섭지 않은 건 아니니 절대 긴장 풀지는 마시고요.

✘   그만해요. 무서워요.

BEHIND __ 공포영화지만 아름다운 이유는?

서늘한 귀신이 등장하고 선혈이 낭자하는 공포물임에도 불구하고 이
작품이 아름다운 영화로 기억되는 이유는 미술과 음악 두 가지 요소 때
문이다. 김지운 감독은 기존 공포영화에서는 볼 수 없었던 새로운 색감
과 감상적 선율을 통해 정서적인 공포영화를 만들려고 했다. 그는 한
번도 보지 못한 색감을 만들기 위해 세트, 촬영, 조명에 큰 공을 들였
다. 전남 보성에 지은 세트는 설계도만 1천 장이 넘을 정도였고, 28억
원의 순제작비 중 세트와 소품, 미술에만 7억 원을 쏟아부었다. 색깔 있
는 천에 비친 빛을 활용하는 조명으로 마치 색 안에서 인물이 호흡하
는 듯한 느낌을 주려고 했다. 기타리스트이자 듀오 '어떤 날'의 멤버로도
유명한 음악가 이병우가 스트링을 중심으로 구성한 서정적인 OST도 영
화에 아름다움을 더했다.

09⁺ 텍사스 전기톱 살인

The Texas Chainsaw Massacre. 1974 / Tobe Hooper

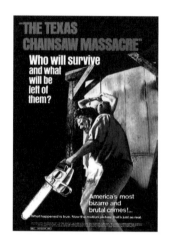

체인소chainsaw의 우리말 번역은 '벌채용 휴대 전동 쇠사슬톱'이다. 줄여서 쇠사슬톱, 또는 전기톱이라고 한다. 매사커massacre는 '학살, 살육'이란 뜻이니 '텍사스 체인소 매사커The Texas Chainsaw Massacre'는 말 그대로 '텍사스에서 일어난 전기톱 살육'이다.

〈텍사스 전기톱 살인〉은 레더 페이스('가죽얼굴'이란 뜻)라는 살인마가 시골에 내려온 남녀 청년들을 전기톱으로 닥치는 대로 죽인다는 심히 단순한 내용이다. 요즘 흔히 볼 수 있는 전형적인 B급 슬래셔무비처럼 보인다.

문제는 이 영화가 1974년 개봉했다는 점이다. 당시 몇몇 나라는 이 영화를 수입 금지했고 미국 내 여러 극장도 그 폭력성 때문에 상영을 중단했다. 이런 사실들이 뉴스와 입소문을 통해 퍼지며 오히려 노이즈 마케팅이 되어 영화는 제작비의 100배가 넘는 떼돈을 벌어들였고, 제작자이자 감독이었던 토브 후퍼는 단박에 세계적 명성을 얻었다.

이 영화가 칭송의 대상이 된 것은 관객을 살육의 현장으로 바짝 당겨오는 신비한 흡인력 때문이다.

〈텍사스 전기톱 살인〉은 단돈 30만 불의 제작비로 찍은 영화. 그 때문

무슨 영화를 보겠다고

인지 다큐멘터리를 방불케 하는 촬영과 편집이 마치 나도 희생자들 틈에 섞여 있는 듯한 착각을 하게 만든다. 게다가 대사 한 마디 없이 전기톱을 들고 죽자고 달려드는 레더 페이스는 영화사에 손에 꼽는 '악역 캐릭터'가 되었다.

관전포인트 살인마 가족의 밥상

무영보브로스 코멘트

- ○ 명실공히 고어무비의 교과서라고 할 수 있죠. 이 영화의 특이점 은 극영화가 아니라 마치 다큐영화처럼 찍었다는 것에 있어요. 더 잔인하게, 더 진짜처럼 느껴지거든요. 살인마 가족이라는 설 정도 충격적인데, 망치 들 힘조차 없는 자기 할아버지에게도 살 인의 맛을 보라고 희생자를 끌어다주는 설정은 정말 끔찍하죠. 한여름에 스크린 앞에 모여 슬래셔무비를 보는 나름의 재미도 있겠지만, 더 좋은 영화들도 많으니 잘 생각해서 고르시길 바랍 니다.

- ★ 이 집안은 가풍이 '사이코패스'인 것 같아요. 피해자의 얼굴 가 죽을 벗겨서 살인자가 자기 얼굴에 덮는다는 아이디어는 정말 끔찍했어요.

ABOUT __ 레더 페이스의 실제 모델 에디 기인

텍사스 살인마의 모델이 된 실제 인물은 위스콘신 출신의 에디 기인 Eddie Gein이다. 1957년 위스콘신에서 체포될 당시, 그의 집에서는 수많은 사체들과 사체의 일부를 이용해 만든 괴상한 물건들이 발견되었다. 그의 기괴한 살인 행각은 큰 뉴스가 되어 전 세계적으로 엄청난 관심을 끌었고, 기인은 유명인사 취급을 받기까지 했다.

하지만 당시 그는 심각한 정신병자로 분류되어 1급 살인죄를 면할 수 있었고, 10년 동안 정신병원에서 치료를 받았다. 10년 간의 치료 후 다시 재판이 시작되었지만, 살인 당시 정신적으로 거의 혼수상태였다는 점이 참작되어 또 한 번 전기의자를 피하게 되었다. 결국 그는 여생을 정신병원에서 모범적인 환자로 평가받으며 평화롭게 보내다가 1984년 암으로 사망했다.

에디 기인은 이 영화뿐 아니라 로버트 블로흐의 소설 속 주인공 '노먼 베이츠'의 모델이 되기도 했고, 이 소설은 알프레드 히치콕의 〈싸이코〉로 영화화되었다. 또한 〈양들의 침묵〉의 버팔로 빌 캐릭터에도 영감을 준 것으로 알려지고 있다.

08⁺ 알포인트

2004 / 공수창

베트남 전쟁(1955~1975)은 이른바 '30년 동아시아 대전쟁'의 대단원을 장식한 길고도 잔혹했던 내전이다. 베트남과 미국 다음으로 많은 군인이 투입되어 5천 명이 넘는 전사자를 기록한 대한민국 군대는 생판 일면식도 없는 베트남인들을 죽이고 그들의 손에 죽어갔다.

베트남전 패전국인 미국에서는 베트남전을 소재로 한 영화들이 많이 나왔지만 우린 6·25전쟁의 충격과 파장이 워낙 컸기 때문인지 베트남전에 관한 영화가 손에 꼽을 정도이다. 2004년에 개봉한 공수창 감독의 〈알포인트〉는 이 베트남전이 배경인데 특이하게도 그 장르는 공포영화이다. 전쟁이 이미 호러인데 호러영화가 웬말이냐라는 자세로 봤다간 큰코다친다. 이 영화는 한 명씩 죽어 사라지는 '뺄셈' 공포영화가 아니라 누군가 있었다는 '덧셈' 공포영화이기 때문.

1972년 맹호부대원 9명이 실종한 지역이 바로 이곳 알포인트였다는 팩트가 관객을 더욱 공포스럽게 만든다.

관전포인트 사진

무영보브로스 코멘트

○ 베트남 전쟁에 파병간 한 소대가 '손에 피를 묻힌 자는 돌아가지 못한다'라고 새겨져 있는 비석을 지나 이상한 기운을 지닌한 지역으로 흘러 들어가면서 겪게 되는 공포스러운 자중지란에 관한 영화예요. 그 지역에서 프랑스 식민지 시대에 벌어진 것으로 짐작되는 집단 유혈 사건과 실종된 또 다른 군인들, 그리고 그곳에 들어간 군인 개개인의 죄악에 관한 스토리들이 얽히면서 기괴한 분위기를 만들어내죠.

ㄱ 군대 다녀온 남자라면 보통 괴기스러운 경험 하나씩은 있어서도통 남의 일처럼 느껴지지가 않아요. 이 군인들은 원래 함께움직이던 단위가 아니라 서로 잘 모르는 사람들의 우연한 조합이었어요. 각자의 원죄를 가진 자들이 알 수 없는 어떤 힘에 이끌려 모이게 된 거죠. 그리고 그들 속에는 귀신이 섞여 있었던것이고요. 저처럼 공포영화를 싫어하는 사람도 끝까지 볼 수 있었던 이유는, 무섭긴 한데 그 장면 장면이 꺼버리고 싶을 정도는 아니었기 때문이에요. 하지만 공포는 계속 누적되어서 영화가 끝날 때 가장 무서워요.

BEHIND __ 군대 이야기를 영화화할 수 있는 거의 유일한 방법

〈하얀 전쟁〉, 〈텔 미 썸딩〉 등의 작가이기도 한 공수창 감독은 온갖 괴담이 떠돌아다니는 억눌린 집단인 군대와 전쟁에 관한 영화를 만들고싶어했다. 〈알포인트〉는 베트남 전쟁을 배경으로 하는 황석영의 단편소설 『탑』에 등장하는 이름이기도 하다.

무슨 영화를 보겠다고

"해병대원으로 베트남에 갔던 친구 삼촌이 사진을 찍어왔다. 토막난 베트콩 시체를 테이프로 감아놓은 거였는데, 멋있게 보이기도 했지만 어린 마음에도 너무 심하다 싶었다."

이러한 반감과 자신이 군대에서 겪었던 끔찍했던 기억까지 더해 언젠가는 전쟁과 군대에 관한 이야기를 하고 싶었다고 한다. 하지만 일반 대중들이 군대 이야기라면 보통 꺼려하는 게 현실. 대부분의 동료들은 군대 이야기로 접근하면 자세히 들으려고조차 하지 않았고, 결국 공 감독은 대중적 관심이 높은 무서운 이야기로 방향을 전환해 전쟁호러라는 흔치 않은 장르를 시도하게 되었다고.

07⁺ 스크림

Scream. 1996 / Wes Craven

2015년 작고한 미국의 웨스 크레이븐 감독은 40여 년 동안 혈흔 낭자한 영화들을 만들며 '공포영화의 마스터'란 칭호를 얻었다. 특히 1984년 〈나이트메어〉에서 만들어낸 괴물 프레디 크루거는 웬만한 프랜차이즈 영화의 주인공 캐릭터 못지않은 인기(?)를 얻었다. 〈스크림〉은 웨스 크레이븐이 만들어 낸 두 번째 호러 프랜차이즈이자, B급 영화나 비디오용 영화로 전락해가던 공포영화에 새로운 활력을 불어넣은 일등공신이 되었다.

〈스크림〉의 탁월함은 이 영화가 〈나이트메어〉, 〈할로윈〉, 〈13일의 금요일〉 등 기존의 인기 공포영화들에 으레 등장하는 이른바 '호러 클리셰'들을 노골적으로 비꼰 블랙코미디를 포함했다는 데 있다.

팔짱을 끼고 '얼마나 무서운지 한번 볼까?' 하는 관객들을 아주 그냥 쥐락펴락하는 영화.

관전포인트 드류 배리모어가 주인공이 아니라니….

무슨 영화를 보겠다고

무영보브로스 코멘트

○ 언젠가부터 식상하다고 느낀 과거의 방식을 오히려 역이용해서 재미를 본 호러영화의 '신형엔진'이죠. 공포영화에 관한 클리셰가 워낙 많다 보니 '공포영화에서 마지막까지 생존하는 30가지 방법' 같은 흥미로운 글도 있더라고요. "장난으로라도 악마를 불러내는 주문을 말하지 마라", "목욕하지 마라, 샤워도 금물", "어떠한 일이 있더라도 여름캠프는 가지 마라", "주제음악이 들려오면 괴물이 가까이 있다는 증거", "모든 미신과 전설은 사실이다", "누군가에게 당신에게 돌아보지 말라면 제발 말 좀 들어라" 같은 것들이에요. 공감하지 않을 수 없죠? 하하.

BEHIND __ 크리스마스 시즌에 공포영화를 성공시킨 좋은 사례

이 영화는 크리스마스를 닷새 남겨놓은 시점에 개봉되었다. 이것은 사실 도박에 가까웠다. 크리스마스 시즌에는 주로 따뜻한 가족영화들이 개봉되기 때문이다. 이는 곧 동일 장르의 경쟁 없이 독보적 존재가 될 수도 있지만, 가족 중심으로 영화 소비가 이뤄지는 시즌에 공포물이 선택될 가능성이 적다는 위험성도 내포한다. 우려대로 〈스크림〉의 개봉 첫 주 흥행 수익은 640만 불로 저조했고, 첫 성적표를 받아든 제작사는 실패를 예감했다.

하지만 작품이 입소문을 타기 시작하면서 반전이 일어나기 시작했다. 시간이 흐르며 흥행 성적은 올라가거나 유지되었고 결국 미국에서만 총 1억 불의 수익을 거둬들였다. 크리스마스에 성공한 공포영화의 좋은 사례를 남긴 셈.

06⁺ 오멘
The Omen. 1976 / Richard Donner

인간이 느끼는 공포심은 대동소이하지만, 그 호러코드는 나라마다 문화권마다 조금씩 다르다. 우리 한국인들은 '무서운 이야기'를 그냥 '귀신 이야기'라고도 한다. 공포영화에서도 귀신 정도는 나와줘야 비로소 좀 무섭다고들 하기 때문. 우리가 귀신을 선호(?)하는 데 비해 서양에서는 선혈이 낭자한 슬래셔물이 대세다. 우리가 좋아하는 '귀신영화'는 슈퍼내추럴supernatural 호러필름이라고 분류하고 그중에서도 사탄이나 악마, 악령이 등장하는 영화를 따로 오컬트occult 영화라고 한다.

대표적 오컬트 영화 중 하나인 〈오멘〉은 성경의 예언서에 등장하는 '적그리스도'를 실감나게 그렸다. 예수가 태어난 2000년 후 사탄의 아들인 적그리스도가 태어나 성장한다는 설정. 1976년 오리지널 영화에선 그레고리 펙이 적그리스도 데미안의 아버지로 등장해 비밀을 깨닫고 필사적으로 데미안을 제거하려 한다.

〈슈퍼맨〉과 〈리썰 웨폰〉 시리즈를 감독해 '흥행의 보증수표'라 불리는 리처드 도너 감독의 출세작이기도 한 〈오멘〉은 이후 4편까지 그 속편이 나왔고, 2000년대 리메이크가 되기도 했을 만큼 인기를 끌었다. 또

무슨 영화를 보겠다고

한 소설도 줄줄이 출판되었고 TV 시리즈로도 거푸 제작되고 있나, 하긴 기독교 문화권에서 적그리스도만큼 공포스러운 존재가 또 있을까.

관전포인트 데미안의 스마일

무영보브로스 코멘트

o 문학이든 영화든, 예수의 탄생에 대비되는 악마적 안티크라이스트의 탄생에 관한 이야기는 여러 방식으로 계속 창조가 되고 있어요. 이 작품이 그중 대표격이죠. 2006년에 리메이크 작품도 나왔는데 원작에 비견될 만큼 상당히 공포스러웠어요. 특히 같은 오컬트 영화인 '악마의 씨'에 나왔던 미아 패로가 리메이크 버전에서 악마의 하수인으로 나오는데 이 캐스팅이 절묘하게 공포감을 가중시켰어요.

ㄱ 영화 수입이나 국내 심의가 빠르게 이뤄지지 않던 과거에는 이런 영화들을 시간이 한참 흐른 뒤에야 볼 수 있었죠. 그런데 라디오 방송에서는 국내 개봉 전이라도 세계적인 화제작들의 영화 음악이 주요 내용과 함께 먼저 소개되곤 했어요. 주요 줄거리와 음악만 접하는 그 기간 동안 상상력은 엄청나게 증폭되지요. 이 영화도 그런 작품 중 하나였어요.

★ 최종 목적을 이룬 악마의 아들 데미안이 마지막에 돌아보며 씨익 웃는 장면은 소름 끼치는 명엔딩이지요. 원래 감독의 디렉션은 절대 웃지 말라는 거였는데 아역배우가 웃음을 참지 못해서 발생한 NG였다고 하네요. 그게 오히려 명장면이 된 거죠.

✠   얼음판이 깨지며 사람이 빠진 구멍이 즉시 다시 얼어버리는 장
     면은 아직도 생생한 공포로 남아 있어요.

BEHIND __ 〈오멘〉의 실제 저주?

이 영화는 불길한 소재만큼이나 제작 참여자들에 관한 불길한 뒷이야
기들이 무성하다. 스마트한 마케팅의 결과물일 수도 있지만 우연치고는
너무 많은 사례들이 있어서 그냥 웃고 넘어갈 수만은 없는 수준.

주인공인 그레고리 펙과 시나리오 작가 데이비드 셀처는 각자 영국으로
가는 다른 비행기에 올라탔는데, 그 두 비행기가 모두 번개를 맞았다.
프로듀서 하비 번하드는 로마에서 번개를 맞을 뻔한 위기를 가까스로
피하기도 했다. 감독인 리처드 도너가 머무르던 호텔은 아일랜드공화국
군IRA이 일으킨 폭탄 테러를 당했다. 그리고 그 자신이 자동차에 치이는
사고를 당하기도 했다. 그레고리 펙은 이스라엘로 가는 비행기를 취소
했는데 그 비행기는 사고로 추락했고, 타고 있던 모든 사람이 사망하였
다. 〈오멘〉의 촬영 첫날 촬영장으로 가던 몇 명의 주요 스태프들은 자동
차 정면 충돌사고를 겪었다.

불길한 징크스는 포스트 프로덕션까지 이어졌다. 특수효과 담당이던
존 리처드슨은 이듬해 〈머나먼 다리〉(1977) 촬영 중 벌어진 교통사고로
큰 부상을 당했고, 그의 여자친구는 목이 잘려나가며 사망했다. 사고
직후 정신을 차린 리처드슨은 표지판 하나를 발견했는데 그곳이 오멘
Ommen이라는 마을 근처였고, 사고가 나던 순간 속도계는 '66.6km/h'
를 가리키고 있었다고 한다.

05⁺ 샤이닝

The Shining. 1980 / Stanley Kubrick

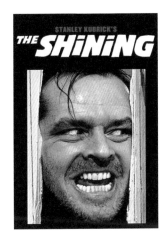

'공포왕' 스티븐 킹은 세계적으로 4억 권에 달하는 천문학적 숫자의 책을 팔아치웠다. 게다가 그의 소설은 영화로 끊임없이 만들어져 40년이 넘도록 영화팬들을 괴롭혀(!) 왔다.

1976에 나온 〈캐리〉가 그 첫 번째 영화이고, 두 번째가 바로 1980년 나온 〈샤이닝〉이다.

〈샤이닝〉은 20세기를 대표하는 미국의 작가(스티븐 킹), 감독(스탠리 큐브릭), 배우(잭 니콜슨)의 컬래버레이션이었다. 셋 다 한성질 하게 생겼지만 자신의 분야에서 각각 최고라 인정받는 프로페셔널이라는 데는 별로 이견이 없다. 특히 1975년 시대극 〈배리 린든〉 후 5년간의 정적을 깨고 돌아온 스탠리 큐브릭은 급기야 공포영화에까지 그 마수(?)를 뻗어 평정해버리는 위용을 과시한다.

〈샤이닝〉은 밀폐된 공간에 오래 있다가 미쳐가는 현상, 이른바 캐빈 피버cabin fever를 소재로 큐브릭 특유의 독창적이고 강렬한 이미지를 가득 채운 영화. 개봉 당시 의견이 분분했지만 시간이 흐를수록 공포영화의 걸작으로 평가받게 된다. 2018년 개봉한 〈레디 플레이어 원〉에서 스티븐 스필버그는 〈샤이닝〉의 세트와 설정을 재현해 큐브릭에 대한 존경과 찬사를 표시하기도 했다.

뭐니 뭐니 해도 〈샤이닝〉의 압권은 잭 니콜슨의 광기 어린 연기.

관전포인트 피바다 신

무영보브로스 코멘트

- ㅇ 고립되고 저주받은 한 호텔에서 겨울 한철을 나려던 관리인 가족이 서서히 미쳐가는 이야기죠. 대사 한 마디 없이 표정만으로 악마성을 보여주는 잭 니콜슨의 연기가 압권이에요. 『캐리』, 『스탠 바이 미』, 『쇼생크 탈출』, 『미저리』, 『런닝맨』 같은 작품들로 유명한 베스트셀러 작가 스티븐 킹의 소설이 원작이에요.

- ㄱ 역시 귀신 사는 집은 집값이 싸지요. 하하. 제발 들어가지 말란 방에는 들어가지 않았으면 좋겠습니다.

- ★ 스산한 호수길을 따라 호텔로 향하는 자동차를 찍은 을씨년스러운 첫 항공촬영 장면과, 가족의 아들이 호텔의 넓은 복도를 자전거를 타고 돌아다니는 장면이 정말 인상적이고도 무서웠어요. 스산한 배경 음악과 바퀴 굴러가는 음향효과들이 톡톡히 제 역할을 감당했죠.

BEHIND __ **공포영화에 출연한 아역배우를 보호하라!**

공포영화에 출연하는 아역배우들은 그 공포의 무게를 어떻게 감당해낼까? 관객 입장에서 은근히, 하지만 상당히 궁금한 지점이긴 하다. 끔찍하게도 무서운 이 영화에서 꽤 큰 비중을 차지하는 어린 아들 역을 맡은 대니 로이드는 촬영 당시 나이가 겨우 여섯 살에 불과했다. 스탠리

무슨 영화를 보겠다고

큐브릭 감독은 이 아역배우를 보호하기 위해 각별히 신경을 썼다고. 대니가 촬영하는 현장에서는 이 영화가 호러물이라는 인상을 조금이라도 주지 않기 위해 노력했으며, 엄마 웬디가 아빠 잭에게 소리를 지르며 대니를 끌고 다니는 장면에서는 진짜 대니 로이드가 아닌 비슷한 크기의 인형을 대역으로 썼다. 결국 개봉하고 몇 년이 지날 때까지 대니는 이 영화를 그저 드라마물이라고 알고 있었고, 상당량의 편집이 이뤄진 버전을 보고 나서야 작품의 정체를 깨달았다. 그가 무삭제 풀버전을 본 것은 영화가 만들어지고 11년이 흐른 17세 때라고. 인권의 디테일함이 돋보이는 비하인드다.

04+ 여고괴담
1998 / 박기형

학교마다 선배에게서 후배에게로, 선생님에게서 학생에게로, 입에서 입으로 전해지는 괴담이 있기 마련이다.
'학교 터가 예전에는 공동묘지였다, 전교 2등 하는 학생이 옥상에서 뛰어내려 죽었다, 왕따당하던 누군가가 체육관에서 목을 맸다…'
슬프기도 하고 오싹하기도 한 이런 얘기들은 인구에 회자되면서 으레 더 무서워지고 더 그럴듯해진다.

1998년에 나온 〈여고괴담〉은 한국인이라면 누구나 겪었을 법한 '학창시절의 서늘함'을 자극해 커다란 인기를 끌었다. 서양에서도 학교를 배경으로 한 공포영화들이 왕왕 나오지만, 대부분 살인마가 학생들을 차례차례 죽이는 슬래셔물. 반면 한국의 〈여고괴담〉은 역시 귀신이 등장해 충격적인 반전과 '깜놀'을 선사한다.

〈여고괴담〉은 공포영화로는 이례적으로 속편들이 계속 나오며, 한국의 〈나이트메어〉, 〈13일의 금요일〉, 〈스크림〉이 되어 지금도 틴에이저들을 계속 죽이고(!) 있다.

관전포인트 알고 봐도 무서운 '점프컷'

무슨 영화를 보겠다고

무영보브로스 코멘트

o 　군대괴담, 도시괴담, 여러 괴담들이 있지만 뭐니 뭐니 해도 학교 괴담이 최고죠. 이 영화는 드디어 우리나라에도 제대로 된 호러 영화가 나오기 시작했다는 신호탄을 쏘아올린 작품이에요. 해외 에서도 꽤 인기를 끌며 K-호러라는 말을 만들어냈지요.

ㄱ 　이 영화는 단순한 공포영화로만 보기는 어려울 거 같아요. 실제 여고에서 여학생들이 겪는 심리상태가 아주 잘 녹아 있거든요. 학교라는 공간에서 우리는 좋은 친구도 많이 만나지만, 큰 상처 를 주는 것도 바로 친구이지요.

★ 　자살의 핵심적 심리기제가 나의 자살로 인해 상대에게 고통을 주고 싶은 것이라고 하더라구요. 그만큼 학교라는 곳이 학생들 에게 고통스러운 공간이라는 뜻이 될 수도 있겠네요.

ㅊ 　누구나 학교는 다녔잖아요. 그러다 보니 자신의 경험과 어울려 서 학교괴담은 예외없이 대부분 공감할 수 있는 것 같아요.

ABOUT __ 〈여고괴담〉 시리즈가 배출한 스타들

여고괴담 시리즈는 1998년에 시작되어 1999년, 2003년, 2005년, 2008년 까지 총 다섯 편이 나왔다. 여고괴담 시리즈는 국내를 대표하는 여배우 를 다수 배출한 것으로 각광받고 있다. 최강희, 박진희(이상 1편), 김규리, 박예진, 공효진, 이영진(이상 2편), 박한별, 송지효(이상 3편), 김옥빈, 서지 혜, 차예련(이상 4편), 오연서(5편) 등 스크린과 드라마를 오가며 이름값 을 톡톡히 하고 있는 국내 대표 여배우들이 모두 〈여고괴담〉 출신이라는 사실이 새삼 (훈훈한) 괴담처럼 느껴지기도.

03$^+$ 나이트메어

A Nightmare on Elm Street. 1984 / Wes Craven

공포영화의 악당 트로이카라고 하면 아마도 〈할로윈〉의 마이클 마이어스, 〈13일의 금요일〉의 제이슨 보히스, 그리고 〈나이트메어〉의 프레디 크루거를 꼽을 수 있을 것이다. 처음 선보인 지 35−40년이 지났는데 이들은 늙지도 죽지도 않는다. 감옥도 안 갔다. 심지어 제이슨과 프레디는 한 영화에 함께 등장하기도 한다. 셋 다 밤길에 별로 마주치고 싶지 않은 캐릭터들인데 그중 가장 공포스러운 비주얼은 단연 프레디 크루거. 결정적으로 이놈은 꿈에도 나타난다.

2019년 현재 영화만 아홉 편이 나온 나이트메어 프랜차이즈의 시작은 1984년 '공포마스터' 웨스 크레이븐이 제작비 180만 불로 찍은 B급 공포영화였다. 그러나 오리지널 작품은 호러영화 팬들의 절대적 찬사를 받는 '호러고전'이 되어 지금까지도 상영되곤 한다.

악몽은 누구나 갖고 있는 개인적이고도 공포스러운 경험이다. 〈나이트메어〉는 그 제목처럼 꿈과 현실을 넘나들며 우리 무의식 깊숙한 곳의 공포심을 집요하게 공략한다.

강력한 불면증 유발 호러영화.

무슨 영화를 보겠다고

관전포인트 이 영화로 데뷔한 스물한 살의 조니 뎁

무영보브로스 코멘트

○   인간 공포심의 근원이라고 할 수 있는 악몽을 정면으로 다룬 작품이죠. 이 작품이 웨스 크레이븐을 B급 공포영화의 대가로 만들었어요. 공포영화의 가장 기본적인 연출방법이라고 할 수 있는 '깜짝깜짝 놀래키기'가 매우 효과적으로 반복되었고, 이후 많은 공포영화의 텍스트가 됐어요.

BEHIND __ 〈나이트메어〉의 기초가 된 흐몽족 난민의 연이은 죽음

파산 직전의 뉴라인시네마를 다시 일으켜세운 이 성공적인 시리즈(그래서 생긴 뉴라인시네마의 별명, '프레디가 지은 집')는 놀랍게도 실제 벌어진 사건들에서 착안되었다. 〈킬링 필드〉의 소재가 되기도 했던 폴 포트의 가혹한 학살을 피해 미국으로 망명한 흐몽족 중 일부가 지독한 악몽에 시달리다가 알 수 없는 이유로 연달아 사망했다는 LA타임스의 기사를 읽은 웨스 크레이븐이 이를 영화적 상상력으로 확장시킨 것이다.

젊고 건강했지만 지독한 악몽에 시달려 최대한 잠을 이루지 않으려고 했던 이 실존 인물들은 결국 탈진에 가까운 상태로 잠이 들었고, 괴성을 지르며 깨어나는 즉시 사망했던 것. 하지만 부검을 해도 명확한 사인을 밝히기 어려웠다고 한다. 누군가는 흥미롭게 즐기는 공포의 소재가 또 다른 누군가의 실존하는 극한 공포로부터 기인했다는 가혹한 사실이 왠지 모를 씁쓸함을 남긴다.

02⁺ 링
リング. 1998 / Hideo Nakata

1990년대까지 대한민국에 일본 대중음악이나 영화가 공식적으로 수입되는 경우는 흔치 않았다. 일본 문화는 우리 문화 전반에 이미 크고 작은 영향을 주고 있었지만, 드러내놓고 향유되기는 어려운 이중적인 지위를 가지고 있던 것이다.

그러다가 1998년 김대중 정부가 일본 문화 개방정책을 실시한 것과 때를 같이해 이제 막 걸음마를 시작한 PC통신과 인터넷을 통해 입에서 입으로 흉흉하게 떠돌던 수근거림이 하나 있었으니 "너 〈링〉 봤어? 진짜 무서워…."가 바로 그것이다.

〈링〉은 청년층을 중심으로 불법복제 비디오테이프와 CD 등을 통해 삽시간에 퍼졌고 사람들을 공포의 도가니에 빠뜨렸다. 신은경, 정지영이 나온 한국판 리메이크 〈링〉이 상영된 후 오리지널 〈링〉이 정식 개봉했을 때 대부분의 국내 영화팬은 이미 어떻게든 이 원작을 본 상태였다. '이 영화보다 무서운 영화는 없다'란 한 줄 평에 많은 이들이 고개를 끄덕인다. '너무 무서워 다시는 보고 싶지 않은 영화 TOP 10'을 만든다면 당당히 1위 자리를 노려볼 만한 영화.

무슨 영화를 보겠다고

관전포인트 사다코 동영상

무영보브로스 코멘트

○ 이번에 다시 한번 도전해봤는데요. 도입부 2분 보고 등골에 식은땀이 쭉 나길래 바로 끄고 다른 일에 집중하려고 노력했습니다. 이건 공포영화가 아니라 그냥 공포 그 자체인 것 같아요. 처음 우리나라에 소개됐을 때 장안의 화제였죠? 〈링〉이라길래 권투영화인 줄 알았는데 무서운 공포영화더라고요. 그래서 이리저리 핑계대며 피하다 결국 한참 후에나 봤죠. 정체를 알 수 없는 기괴한 분위기의 비디오, 소복을 입은 귀신, 우물 등의 소재가 같은 문화권에 있는 우리에게 특히 잘 먹혔던 것 같아요. 어쨌든 전 이 영화 이후에 공포영화와 완전히 결별했습니다.

★ 저는 처음 비디오가 출시되었을 때 군복무 중이었어요. 시커먼 남자들이 주말 저녁에 내무반에 옹기종기 모여서 봤죠. 사회서 이 영화가 난리라고 하니 기대심을 잔뜩 가지고서요. 건장하고 혈기왕성한 20대 초중반의 군인들이 모두 관물대에 붙어서 괴성을 지르는 모습이 볼 만했지요.

ㅈ 저는 어머니랑 같이 봤는데 어머니의 예상치 못했던 반응에 깜짝 놀랐어요. 영화가 끝나고 전 꼼짝도 못하고 있는데 어머니는 아무렇지도 않게 "이게 뭐야?" 하면서 주방으로 총총 가시더라고요. 어머니 세대와 공포 코드에 어떤 차이라도 있는 걸까요?

ㄱ 여러분, 무서우니까 이제 그만 합시다.

ABOUT __ (쉽진 않지만) 조금 덜 무섭게 〈링〉 DVD 감상하기

〈링〉을 보면서 '안 무섭기'는 사실 어렵다. 그래서 극한의 공포를 피하고 싶다면 그냥 안 보는 게 상책이지만, 만약 〈링 스페셜박스〉 DVD를 갖고 있다면 아주 조금 덜 무섭게 보는 방법이 있기는 하다. 바로 여기에 일명 '각기춤'을 추며 TV에서 튀어나오는 '사다코'에 대한 무한 공포를 (아주 약간) 누그러뜨릴 수 있는 비결이 숨어 있다! 서플먼트에 수록된 메이킹필름에서 배우가 선생님에게 공포스러운 동작을 배우는 장면을 확인할 수 있는데, 이걸 보면 세계 최강 호러 캐릭터 사다코가 한 방에 개그 캐릭터로 바뀐다. 그 어려운 동작을 선생님의 지도에 따라 최선을 다해 따라 하는 배우의 모습이 안쓰럽기까지 하다. 그럼에도 불구하고 정색하고 나타나는 사다코는 여전히 무섭다는 게 함정.

01⁺ 엑소시스트

The Exorcist. 1973 / William Friedkin

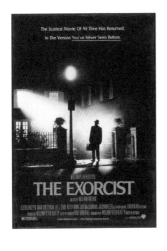

동서양을 막론하고 오래 전부터 '귀신 들린 사람'에 대한 묘사와 기록이 수 없이 많이 전해진다. 악귀, 악령, 빙의 같은 말들을 지금까지도 쓰고 있는 것으로 미루어보아 이러한 초자연적 인 현상은 과학과 의학이 발달한 21 세기에도 여전히 그 증명과 해결이 요 원해 보인다.

엑소시즘exorcism은 악령이나 귀신을 쫓는 의식이다. 이는 고대 샤머니즘부터 지금까지 거의 모든 종교에서 행해져왔는데, 특히 중세 이후 가톨릭 교회는 체계적인 매뉴얼을 갖추 고 공식·비공식적으로 엑소시즘을 시행해왔다.

1971년 윌리엄 피터 블래티의 소설 『엑소시스트』는 '1949년 롤랜드 도의 엑소시즘 기록'에 착안한 호러물이다. 2년 후 윌리엄 프리드킨이 이를 영화화했고, 영화 〈엑소시스트〉는 흥행에 성공했을 뿐만 아니라 공포영화 최초로 아카데미 작품상 후보에 오르는 기염을 토하며 세계 적인 센세이션을 일으켰다.

표현의 수위, 소재의 민감함, 영화의 만듦새 등 모든 부분에서 기존 공 포영화의 경계와 한계를 허물고 새로운 장을 열었다는 평가를 듣는다. 거의 50년이 지난 지금 보면 그다지 쇼킹하진 않지만 당시 〈엑소시스트〉를 상영하는 극장에는 자리마다 '구토봉지'가 구비되어 있었다는 사실이 이 영화의 위용(?)을 방증한다.

인간이 무엇을 가장 두려워하는지 가늠해볼 수 있는 궁극의 공포영화.

관전포인트 리건 액션(거미걷기, 쉬하기, 토하기, 목돌리기 등등)

무영보브로스 코멘트

- 악령을 쫓는 퇴마영화의 효시라고 할 수 있어요. 처음 나왔을 때 충격적인 내용과 묘사들 때문에 관객이 심장마비로 죽기도 했고 종교계의 반대도 심했다고 하지요. 〈링〉이나 〈여고괴담〉 같은 영화를 보며 느끼는 공포와는 약간 결이 달라요. 나약한 인간의 고뇌, 종교적 공포심과 초현실적인 사건들을 버무려서 사람들을 경악하게 만들지요.

- 공포는 인간이 갖는 동물적 생존본능의 발현이라고 하더라고요. 공포를 느끼면 우리 몸에서는 그것을 경감시키려는 마약 같은 호르몬이 나온다고 하네요. 그래서 사람들이 중독처럼 공포영화를 찾아보는 걸까요?

BEHIND __ 우연한 실수가 만든 명장면(?)

엑소시즘을 행하던 카라스 신부(제이슨 밀러)의 얼굴에 리건(린다 블레어)이 강력한 초록빛 토사물을 쏘아대는 장면은 당시 관객들을 위해 극장이 준비해두었다는 구토봉지를 주섬주섬 찾게 만든 위력적인 명장면이다. 하지만 이 장면은 애초 계획과는 달리 실수로 발생한 한 테이크로

무슨 영화를 보겠다고

완성되었다고. 원래 토사물은 카라스 신부의 가슴에 쏘는 것으로 계획되어 있었는데, 토사물 튜브가 정확히 조준되지 않아 얼굴로 분사된 것. 제이슨 밀러가 충격과 혐오 속에 얼굴을 닦아내는 리액션은 진심이 담긴 것이었고, 후에 인터뷰를 통해 당시 굉장히 화를 냈다는 사실도 인정했다. 우연히 발생한 사고였지만 촬영 직후 표정을 관리하던 프리드킨 감독. 아마도 화장실에 가서 회심의 미소를 짓지 않았을까?

최과장의
WHY NOT

아이덴티티

Identity. 2003 / James Mangold

• 최과장의 지극히 개인적인 공포가 반영된 선정임을 밝혀둔다. 사실 이 영화는 반전 스릴러에 가까운 흥미로운 영화다. 〈여고 괴담〉이나 〈링〉 같은 영화에 비한다면 마냥 즐거운 마음으로 볼 수 있는 수준이다.

Identity is a secret. Identity is a mystery. Identity is a killer.

JOHN CUSACK RAY LIOTTA AMANDA PEET ALFRED MOLINA CLEA DUVALL and REBECCA DE MORNAY

IDENTITY
The secret lies within.

한 치 앞도 내다보기 힘들 만큼 심한 폭풍우가 몰아치던 어느 날 밤, 한적한 국도변에 고립된 한 모텔에 하나둘씩 사람들이 모여들기 시작한다. 죄수를 호송하던 경찰관, 여배우와 매니저, 신혼부부, 중년부부, 그리고 방탕한 생활을 정리하고 고향으로 돌아가던 창녀. 그들이 한 명씩 살해되기 시작하고 남은 자들은 범인을 찾으며 서로를 의심하기 시작한다.

마침내 이들은 자신들을 이곳에 모이게 한 단서를 찾는다. 그것은 바로 같은 고향 출신에 생일이 같다는 점. 그리고 연속적으로 일어나는 소름 끼치는 반전들은 심장을 뛰게 하고 동공을 확장시킨다. 제한된 공간 속에서 벌어지는 사건인만큼 팽팽한 긴장감이 연극적인 연출 속에서 극대화된다.

최과장이 극도의 공포를 느낀 이유? : 한 명씩 죽어나가는 등장인물들의 생일이 바로 최과장의 생일이라는 어이없는 우연의 일치. 캄캄한 방에서 혼자 영화보다 심장 멎는 줄 알았다는 후문.

검은 물 밑에서

仄暗い水の底から. 2002 / Hideo Nakata

개봉 당시 세계 최강 호러물 〈링〉의 감독이 신작을 냈다는 사실만으로도 큰 관심을 불러일으켰다. 이번에도 공포의 대상은 귀신이다. 〈링〉의 귀신이 TV, 비디오, 전화 3콤보의 정보통신+우물 귀신이라면 이번엔 물+아이 귀신이다. 그리고 그 귀신의 통제권 아래 있는 축축하고 음습한 물이 시각화된 공포로 다가온다.

이혼 후 양육권 소송에 시달리며 경제적 어려움에 처해 있는 엄마와 어린 딸이 어느 허름한 아파트로 이사가며 이야기는 시작된다. 그리고 벌어지는 기괴한 사건들. 잠시 사라졌던 딸이 아파트 옥상에서 발견되는데 알 수 없는 빨간 가방을 메고 있다. 깰 수 없는 악몽의 클리셰처럼 버리고 버려도 다시 돌아오는 빨간 가방과 집 천장 한구석에서 계속 커져만 가는 물자국은 묵직한 공포로 다가온다. 그리고 그 동네에서 2년 전 실종된 노란 우비에 빨간 가방을 멘 한 아이의 정체에 점점 다가간다. 깊은 모성애와 공포심리의 상관관계를 탁월하게 그려냈다. 머리카락과 엘리베이터에 관한 두 번 가량의 충격 장면에서는 뚝 떨어져 내리는 가슴을 잘 달래야 할 것.

1408

2007 / Mikael Hafstrom

공포소설 베스트셀러 작가가 있다. 공포스러운 초자연적 현상을 흥미롭게 써내려가는 작가이지만, 정작 보이지 않는 것은 어떤 것도 믿지 않는 철저한 현실주의자이다.

어느 날 그에게 도착한 한 통의 엽서가 호기심을 자극한다. 뉴욕에 있는 돌핀호텔 1408호에는 절대 들어가지 말라는 불친절한 메시지가 담긴 엽서.

마침 새 작품을 구상하던 그는 무언가에 이끌리듯 호텔을 찾아간다. 지난 95년간 그 방에 묵은 사람들은 모두 한 시간을 채 못 버티고 죽었다는 지배인의 만류에도 자신만만하게 투숙을 결정하는 작가, 그리고 이내 마주하게 되는 초자연적 현상들.

이 영화의 공포는 혼령이나 환상 같은 초현실적 존재로부터 비롯되지 않는다는 점에서 다른 작품들과 구별된다. 이곳의 공포는 '똑바로 바라보기 두려워 외면하고 봉인했던 자신의 과거와 정면으로 대면할 수 있는가?' 하는 질문이다. 스웨덴 출신 감독의 손길답게 토종(?) 할리우드의 공포물과는 또 다른 매력을 선사한다. 마지막 5분을 남기고 벌어지는 충격의 반전은 극성 호러물 팬이라도 실망스럽지 않은 수준이다.

무 영 보 브 로 스

에
—
필
—
로
—
그

최 | 과 | 장

돌아보면 제게 '영화 애호가로 산다는 것'은 참 행복한 일이었습니다. 힘들고 외롭던 시기에도 늘 좋은 영화는 오래된 좋은 친구처럼 제 마음을 어루만지며 토닥토닥 위로를 건네주었거든요.

처음 무영보를 시작할 때만 해도 사실 그 어떤 거창한 생각도 못 했습니다. 도리어 무수한 영화 애호가 중 평범한 한 명에 불과한 제가 팟캐스트라는 미디어를 통해 영화를 논한다는 것이 주제넘게 느껴질 때도 있었죠.

하지만 어느새 저희가 사랑방에 둘러앉아 두런두런 나누던 소박한 영화 이야기에 많은 청취자들이 함께해주시고, 큰 위로와 기쁨을 얻고 있다는 것을 느끼는 순간부터 모든 것이 달라진 것 같아요. 연대의식도 생기고, 더불어 책임감도 생겼죠.

무영보가 이렇게 온 것은 모두 청취자 여러분의 힘이에요. 제 인생에서 어느덧 무영보가 이렇게 큰 자리를 차지해버렸으니, 청취자 여러분도 부지불식간 제 인생의 일부분을 채워주신 겁니다.

함께할 수 있어서 영광이었습니다.

지 | 누 | 기

"지누기, 영화 보는 거 좋아하지? 영화 얘기로 녹음을 해보려고 하는데 와 봐."

6년 전, 전화 한 통으로 이렇게 무영보를 시작했어요. 그때는 미처 알지 못했어요. 남자 넷이 모여 영화 얘기로 울고 웃으며 밤을 보낼 줄은, 또 얼굴도 이름도 모르는 누군가가 우리와 함께 울고 웃으며 잠을 청할 줄은….

무영보를 하며 저에게 작은 변화가 일어났어요.

어떤 감독과 배우의 영화를 찾아보거나, 잊혔던 기억 속 영화를 다시 꺼내보거나, '언제 한번 봐야지.' 하고 제목만 기억해뒀던 영화를 찾아보는 등 정말이지 좋은 영화를 찾아 여기저기 기웃거리는 히치하이커가 되기 시작한 것이죠. 무영보와 함께 영화 얘기를 나눌 수 있어서 행복했어요. (형들, 고마워요) 그리고 주말이면 '무영보 녹음하겠지.'라고 당연하게 생각해준 가족에게도 감사해요.

지난 6년 동안 무영보 패밀리가 보내주신 수천 개의 사연과 수십 마리 치킨, 그리고 크기를 헤아릴 수 없을 정도로 고마운 마음과 마음들이 머릿속을 스쳐갑니다. 확신 없는 시작이었지만 이제는 자신있게 얘기할 수 있어요.

"세상은 무영보 중심으로 돕니다. 무영보는 여러분 덕분에 돕니다."

김 | P | D

과거에는 라디오 방송을 하려면 엄청난 장비와 비용이 필요했습니다. 고품질 마이크와 음향 조정기는 물론 네트워크와 전파 송출시설까지 갖추어야 했기 때문에, 일반인이 자신의 이야기를 라디오와 같은 매체를 통해 다른 사람에게 전달한다는 것은 꿈과 같은 일이었습니다.

무영보는 6년 전에 시작됐습니다. 6년 전의 방송환경은 틈새와 구멍을 만들어냈습니다. 팟캐스트였습니다. 팟캐스트에 담긴 소규모 라디오 방송들이 아이디어와 콘텐츠만으로 거대자본의 방송 네트워크와 겨뤄보는, 아니 겨뤄보는 것이 아니라 거대자본 방송이 도저히 흉내낼 수 없는 독창적이고 재미있는 색깔로 콘텐츠를 만들고 그것에 열광하는 팬들을 만들어가는 과정은 비용과 규모 면에서 보면 그야말로 기적과 같은 일이었습니다. 무영보는 그 기적 속에서 청취자들을 만났고, 그 청취자들의 애정과 조언 속에서 기적처럼 이어져왔습니다.

50회의 에피소드를 완성하는 것은 청취자와 팬들이 없었다면 결코 이뤄질 수 없는 꿈과 판타지였습니다. 이제 무영보는 결국 길고 긴 스크롤에 담긴 음성으로 남아 있습니다. 언젠가 이 팟캐스트도 유행이 사라지듯 사라질지 모르지만 무영보의 소리는 여전히 세상 어딘가에 존재할 것입니다. 그 사실에 깊이 고개를 숙이고, 무영보를 알고 있는 모든 분께 감사드립니다.

오 | 샥

6년간 〈무슨 영화를 보겠다고〉를 진행하면서 팟캐스트도 생활이 되었
고, 오디오 편집도 생활이 되었고, 영화도 생활이 되었습니다.

가장 중요한 건 그동안 함께한 무영보브로스(김피디, 최과장, 지누기)도
생활이 되었다는 점입니다.

잘나가는 록밴드도 몇 년 지나면 멤버 교체가 이뤄지고 싸우다가 해
산하기 십상인데, 우리 4인조는 6년간 별 위기 없이 잘 지냈다는 게 새
삼 대견하고 장합니다.

결국 무슨 영화를 본 셈입니다.

감사합니다.

무슨 영화를 보겠다고

펴낸날 2019년 5월 3일
펴낸이 유윤희
글쓴이 권오섭, 최상훈
교정 교열 신현신, 유윤희
마케팅 유정희
본문 디자인 행복한 물고기
제작 제이오
펴낸곳 오늘산책

출판등록 2017년 7월 6일(제 2017-000141호)
주소 서울 서초구 서초중앙로 20길 23, 4층(서초구 창원빌딩)
전화 02.588.5369
팩스 02.6442.5392
이메일 yuyunhee@naver.com
ISBN 979-11-965830-0-2 03680

이 도서의 국립중앙도서관 출판시도서목록(CIP)은 서지정보유통지원시스템 홈페이지
(http://seoji.nl.go.kr)와 국가자료공동목록시스템(http://www.nl.go.kr/kolisnet)에서 이용
하실 수 있습니다.(CIP제어번호 : CIP2019011824)